사도 바오로

첫 단 추 시 리 즈

사도 바오로

E. P. 샌더스 지음

전경훈 옮김

교유서가

일러두기

1. 이 책은 『사도 바오로』(뿌리와이파리, 2016)의 일부 오류를 수정하여 재출간하였다.
2. 이 책의 제목 및 성경에 등장하는 인명과 지명은 가톨릭 성경의 번역 표기를 따랐다.
3. 이 책 원서의 성경 인용문은 저자가 히브리어/그리스어 성경을 직접 번역했다. 번역 본에서는 주로 직역체인 가톨릭 성경을 따랐으나, 성경 구절에 대한 저자의 해석에 따르고자 번역자가 저자의 해석을 직역한 부분이 있다.
4. 성경 제목은 가독성을 높이고자 줄여 썼다.
   (예: 코린토 신자들에게 보내는 첫째 서간→코린토1서)
5. 원문에서 이탤릭체로 강조한 부분은 굵은 글씨로 표기했다.

차례

제 I 장

바오로의
사명과 선교

1. 토르첼로성당, 성 바오로 모자이크화畵

기원후 50년대 초반, 늘 선교 여행길 위에 있던 바오로는 코린토에 머물며, 인류를 향한 하느님의 계획에서 마지막 단계에 자신이 이바지할 바를 지도 위에 그려넣고 있었다. 그는 동쪽과 서쪽을 동시에 바라보았다. 가던 길을 계속 밀고 나가 복음이 닿지 못한 에스파냐까지 말씀을 선포하고 싶었지만, 그보다 먼저 동방에서 중대한 사명을 완수해야 했다. 그는 그리스도교로 개종한 이방인들(이방인들gentiles은 그리스어 신약성경의 에트네ἔθνη를 번역한 말이며 이 또한 본래 '민족들'을 뜻하는 히브리어 구약성경의 고임מ을 번역한 것이다. 우리말 성경들에서는 대부분 '이방인'으로 번역하였으나 가톨릭 성경에서는 본래 단어의 뜻을 살려 '다른 민족들'로 번역했다. 이 책에서는 단순히 다른 민족들이 아닌, 비非유다인들을 지칭하는 용어로서 '이방인'으로 번역했다―옮긴이)의 대표자들과 함께, 자신이 세운 이방인들의 교회가 바친 봉헌금을 가지고 예루살렘으로 올라가야 했다(로마서 15:23~29. 이 여행의 동반자들에 대해서는 코린토2서 8:16~24 참조). 배를 기다리며 여행을 준비하는 동안, 그는 에스파냐로 가는 항로의 중간 기착지가 될 로마에 미리 서신을 보내놓았다. 바오로는 로마 신자들이 그의 편지를 돌려 읽고 그가 로마에 도착하기 전에 미리 대비해놓기를 바랐다. 또한 그의 예루살렘 여행이 성공적이길 기도해줄 것과, 이후 이어질 에스파냐 여행에 금전적으로 지원해줄 것을 부탁했다(로마서 1:11~15, 15:24, 15:30).

그러나 그의 마음은 그가 떠난 뒤 남을 분쟁에 대한 걱정으로 가득차 있었고, 이것이 출발 전부터 여러 가지로 우려스러운 예루살렘 여행에 어두운 그림자를 짙게 드리웠다. 그는 로마 신자들에게 그가 "유다의 순종하지 않는 자들에게서 구출되고", 예루살렘을 향한 그의 사역이 "성도들에게 기꺼이 받아지도록" 기도해달라고 부탁했다. 다시 말해, 바오로는 비非그리스도인 유다인들에게 위협받으리라 예상하고 있었으며, 한편으론 그리스도 운동 내부의 유다인들에게 배척당할까 두려워하고 있었다. 이때까지 그의 이력은 온통 다툼으로 채워져왔으며, 예루살렘에 있는 예수의 걸출한 추종자들 또한 그와 대립각을 세웠다. 예루살렘의 다른 사도들과 만날 생각을 하면서, 바오로는 과거에 있었던 분쟁들에 대해 다시 생각해보고, 어떻게 하면 자신의 입장을 가장 잘 진술할 수 있을지 숙고했다. 소아시아와 그리스 선교 여행을 마친 뒤, 그는 잠시 멈춰 그리스도교 복음 전파의 진행 과정 전반을 성찰하고 이 모든 일들이 어떠한 결과로 드러날 것인가 궁리했다.

바오로는 논쟁이 된 주제들(유다인들의 율법은 계속 유효한가? 하느님의 계획에서 이방인들이 맡을 몫은 무엇인가? 율법을 포기한다면 어떠한 행위 기준이 적용돼야 하나?)과 관련해 다른 그리스도교 지도자들에 맞서는 자신의 논지와 함께, 유다인과 그리스인 모두를 향한 하느님의 의지가 담긴 거룩한 계획과 이 계획 안에서 그 자신이 해낼 역할을 자세히 기록했다. 그리고 그는 자신이 쓴 바를 편지 형태로 로마에 보냈는데, 이것이 훗날 서구 역사에 가장 영향력 있는 문서 중 하나가 되는 '로마서'다. 하지만 이 문서는 명확히 알아볼 수 있는 맥락에서 구체적 문제와 계획들을 논의하는 매우 특수한 편지로서 시작되었다.

이 편지를 통해 우리는 먼저 바오로가 자기 자신을 누구라고 생각했는지 알게 된다. 이 문제는 바오로의 편지들을 둘러싼 수많은 논쟁을 이해하는 데 절대적으로 중요한 사안이며, 그의 신학을 이해하고자 할 때 가장 손쉽게 들어설 수 있는 입구이기도 하다. 바오로의 신학은 하느님의 계획 안에서 자기 자신 및 자신의 소임에 대한 관점에 단단히 묶여 있다. 그의 신학이 전적으로 그 자신의 자기 인식으로써 규정된다고는 할 수 없지만, 그와 뗄 수 없다는 것만은 확실하다.

바오로는 누구였나? 그는 예언자들의 기대만이 아니라, 어쩌면 예수 자신의 기대까지도 실현할 사람이었다. 그는 이스라엘의 하느님을 경배하도록 이방인들을 모아들일 자였다. 바오로는 그의 편지에서 이에 대해 확고한 믿음을 여러 차례 드러냈으며, 강한 인상을 남기도록 편지 처음과 끝에 강조했다.

〔나는〕 바로 그분을 통하여 사도직의 은총을 받았습니다. 이는 그분의 이름을 위하여 모든 민족들에게 믿음의 순종을 일깨우려는 것입니다(로마서 1:5).

〔……〕 나는 여러분에게 가려고 여러 번 작정하였습니다. 이방인들에게서처럼 여러분에게서도 내가 어떤 성과를 거두려는 것입니다. 나는 그리스인들에게도 비非그리스인들에게도, 지혜로운 이들에게도 어리석은 이들에게도 다 빚을 지고 있습니다. 그래서 로마에 있는 여러분에게도 복음을 전하는 것이 나의 소원입니다(로마서 1:13~15).

이제 나는 이방인인 여러분에게 말합니다. 나는 이방인들의 사
도이기도 한 만큼 (……) (로마서 11:13)

로마서 15장에서 바오로가 자신의 역할을 정의한 바가 더
욱 명확하게 드러난다. 바오로는, 그리스도 자신이 "할례받
은 이들의 종"이 되신 것은 한편으로 하느님께서 이스라엘 민
족의 조상들과 맺은 약속들을 회복하려는 것이었고, 다른 한
편으로는 이방인들을 모아들여 이스라엘의 하느님을 찬양하
게 하려는 것이었다(15:8~9)고 적고 있다. 바오로 자신이 바
로 이 일을 맡은 사람이다. 그는 "이방인들을 위하여 그리스
도 예수님의 종"으로, 하느님의 복음을 전하는 '사제직'을 수
행하는 자였으며, 이는 이방인들을 "하느님께서 기꺼이 받으
시는 제물"이 되게 하려는 것이었다(15:16). 이에 대해 바오
로는 다만 "이방인들을 순종하게 하시려고" 하느님께서 자신
을 통해 이루신 일이라고 말할 따름이다(15:18).

로마서 15장을 읽어보면, 바오로가 자기 자신을 그저 이방
인들에게 파견된 사자使者라고 생각했던 것만은 아니었음을
알 수 있다. 바오로가 보기에 이 일은 역사적 맥락, 더 중요하
게는 하느님의 계획이라는 맥락 속에서 이루어진 일이다. 하
느님은 이미 이전에 이 모든 일을 계획하셨다. 곧, 하느님이
자신의 아들을 보내셨던 것은 한편으로 이방인들을 불러모

으기 위한 것이었다. 이방인들을 개종시킴으로써 바오로는 '사제직'을 수행해왔고, 이방인들을 예루살렘 성전에 봉헌하는 "제물"로서 불러모으고 있었다. 우리는 이러한 일이 어떠한 세계관, 또는 구원사관에서 비롯했는지 알고 있다. 이방인들이 모여 와서 이스라엘의 하느님을 경배하리라는 것은 유다인들의 오래된 기대였다. 이방인들은 봉헌 제물을 들고 시온산을 오를 것이며, 와서 하느님을 섬길 것이다. 이것이 유다인들이 종말에 관해 품었던 표준적 기대의 후반부다. 곧, 하느님께서 먼저 이스라엘을 회복하시고, 그러고 나면 이방인들이 그리로 들어오리라는 것이다. 15장에서 바오로는 이방인들이 이스라엘의 하느님을 경배하러 오리라는 희망을 표현한 구약성경 대목을 인용해놓았다. 바오로는 자기 자신을 바로 이것, 곧 하느님의 계획 후반부를 실현할 대리인이라 여겼다. 메시아 시대에 이방인들에게 파견된 사도, 이것이 바오로의 사명이었다.

바오로가 자신의 사명을 어떻게 바라보았는지를 더욱 선명하게 고찰하려면 그가 이스라엘에 대한 자신의 책무를 어떻게 묘사했는지, 곧 자신의 선교활동이 어떤 식으로 하느님의 전체 계획 중 그 후반부에 기여하리라고 생각했는지에 주목해야 한다. 베드로와 다른 사도들은 유다인들을 설득해 예수의 제자가 되도록 하는 일을 맡았으나(갈라티아서 27), 그다지 성공하지 못했다. 바오로는 이방인들 사이에서 자신이 하는 일이 유다인들을 설득하는 데 다만 간접적으로 기여하는 것이라 보았다. 그는 '이방인들의 사도'라는 자신의 직분을 '영광스러워' 했으며, 이것은 그가 그의 "살붙이들을 시기하게 만들어 그들 가운데에서 몇 사람만이라도 구원할 수 있을까" 했기 때문이다(로마서 11:13~14). 이스라엘 민족이 이방인들에게 선교하기 시작한 이후에, 그리고 그 때문에 간접적으로 그리스도께 인도된다고 하는 주제는 이후 로마서 11장 25절~26절, 30절~31절에서 두 번 더 나타난다. 이렇게—유다인이 먼저가 아니라 이방인이 먼저라는 식으로—순서가 뒤바뀌는 것에 대해서는 이 책 제11장에서 다시 논의할 것이다. 여기서는 바오로가 자기 자신의 역할을 "마지막 때"에 이방인들이 하느님의 백성 안에 들게 된다는 성경의 약속에 비춰 바라보았다는 점만 주시하면 되겠다.

종말이 가까이 와 있었다. 유다인들이 예수를 메시아로 받아들이길 거부하긴 했지만, 그럼에도 하느님의 계획은 완성돼가고 있었다. 시간이 정말 얼마 남지 않았고, 그래서 바오로는 다급해졌다. 그가 보기에, 몇 안 되긴 하지만 그 자신이 소아시아와 마케도니아와 그리스에 세운 교회들로 인해 이 지역들에서 더는 '활동할 만한 여지가 남아 있지 않았다'. 그리고 그는 지난 20년 동안 활동을 펼치면서 그 자신이 "예루살렘에서 일리리쿰까지 이르는 넓은 지역에 그리스도의 복음을 선포하는 일을 완수"했다고(로마서 15:19, 개역 표준성경 RSV〔Revised Standard Version〕에서는 "완수했다completed"를 "남김없이 설파했다fully preached"라고 번역했는데, 독자에게 오해를 불러일으킬 수 있다) 생각했다. 바오로는 자신이 세운 교회들에서 새로이 복음을 전파할 사람들이 나와, 이들이 더 먼 곳까지 그리스도교 선교를 확장해나가리라 생각했을 것이다(에파프라스가 이미 그러했던 것처럼 말이다. 콜로새서 1: 7 참조). 그리고 소아시아와 그리스에서 많은 선교사들이 바오로와 별도로 활동하고 있었음이 분명하다. 바오로의 편지 속에서 이 선교사들에 대한 언급을 볼 수 있다. 아폴로는 바오로의 통제 아래 있지 않았으며(코린토1서 1:12, 16:12 참조), 선교사 부부로 보이는 안드로니코스와 유니아 또한 바오로에게서 독립해 있었다(로마서 16:7). 또다른 선교사 부부인 프리스카와 아퀼라는 때때로 바오로와 협력하기도 했지만 독자적으로 활동했던 것 같다(로마서 16:3, 사도행전 18:2). 이들 말고도 다른 선교사들이 많았던 것은 의심할 여지가 없다. 그러나 서둘러 에스파냐에 이르는 선교 여행을 계속하려던 그의 열망은, "주님"이 다시 오시기 전에 임무를 완수하려는 그의 헌신적 의지를 반영한다.

로마서 15장 19절에서 바오로가 복음을 넓은 "지역"(그리

스어로 원κύκλῳ으로 표현한다. 지중해 전역을 염두에 두었다고 볼
수 있다―옮긴이) 안에서 "완수"했다고 말하고는 있지만, 그
뒤에 이어지는 절들을 보면 그 자신도 아직은 정말로 자신의
사명을 완수한 것이 아니라고 보았다는 것을 알 수 있다. 그
는 여전히 에스파냐까지 갈 계획을 세우고 있었다. 게다가,
그가 따르고 있는 여정이란 (지중해 동쪽 끄트머리에서부터 북
서쪽으로 휘어졌다가 계속 서쪽으로 이동한 뒤, 다시 남서쪽으로
휘어져 에스파냐에 이르는) 커다란 호弧를 이룰 뿐 원과는 거리
가 멀다. 북아프리카 지역에 복음을 전하려는 계획에 대해서
는 신약성경에 아무런 언급이 없다는 점이 의아하다. 당시 북
아프리카에는 인구가 많았고, 이집트와 키레네(현재 리비아
의 지중해 해안에 있던 고대 도시―옮긴이)를 비롯한 여러 곳에
매우 중요한 유다인 정착지들도 있었다. 아마 계획은 있었지
만 바오로가 언급하지 않았던 것 같다. 알렉산드리아는 2세
기경 그리스도교의 주요 중심지로 갑작스레 떠오르지만, 오
늘날까지도 언제 어떻게 그리스도의 말씀이 알렉산드리아
에 들어왔는지는 알려져 있지 않다. 어찌됐든, 우리는 바오
로의 편지들 전체에서, 특히 로마 신자들에게 보낸 서간에
서 그가 느꼈던 긴박감을 볼 수 있다. 하느님은 오래 지체하
지 않으실 것이다. 서둘러 세계를 복음화하는 일이 바오로와
그 밖의 다른 선교사들에게 맡겨졌다. 이미 밤이 깊었고 아침

이 가까웠다. 로마인들이 처음 신앙을 받아들였을 때보다 구원사업의 완성이 눈에 띌 만큼 가까이 다가와 있었다(로마서 13:11~12).

그러나 하느님의 계획이 이루어지는 것은 마땅한 일일지라도, 어디까지나 인간 역사 안에서 일어나야 하는 것이었다. 하지만 잘 알려져 있듯이 인간들은 성품이 곱지 않았고, 대체로 하느님의 원대한 계획에 협조하려 들지 않았다. 우리는 바오로가 이 편지를 쓸 당시, 곧 떠날 예루살렘 여행에 대해 걱정하고 있었다는 것을 앞에서 보았다. 로마 신자들이 기도해주지 않는다면, 바오로가 그들에게 기쁜 마음으로 갈 수 없을지도 몰랐다(로마서 15:30~32). 다시 말해, "믿지 않는 이들"이 그에게 해코지할 수도 있었고, 그리스도의 "성도들"이 그의 공로를 부정할 수도 있었다.

바오로에게는 이 두 가지 일을 걱정할 만한 이유가 충분했다. 그는 이미 비非그리스도인 이방인들뿐 아니라 비그리스도인 유다인들과 그리스도인 유다인 양쪽 모두를 대하면서 어려움을 겪어왔다. 로마 신자들에게 편지를 쓰기 얼마 전, 바오로는 다른 선교사들과 비교하면서 자신이 다음과 같이 그리스도를 위해 일해왔다고 주장했다.

나는 수고도 더 많이 하였고 옥살이도 더 많이 하였으며, 셀 수 없이 매질도 당하였고 죽을 고비도 자주 넘겼습니다. 유다인들에게 다섯 차례나 맞았습니다. 그리고 채찍으로 맞은 것이 세 번, 돌질을 당한 것이 한 번, 파선破船을 당한 것이 세 번입니다. 밤낮 하루를 꼬박 깊은 바다에서 떠다니기도 하였습니다. 자주 여행하는 동안에 늘 강물의 위험, 강도의 위험, 동족에게서 오는 위험, 이방인에게서 오는 위험, 고을에서 겪는 위험, 광야에서 겪는 위험, 바다에서 겪는 위험, 거짓 형제들 사이에서 겪는 위험이 뒤따랐습니다. 수고와 고생, 잦은 밤샘, 굶주림과 목마름, 잦은 결식, 추위와 헐벗음에 시달렸습니다(코린토2서 11:23~27).

윗글을 보자면, 모든 장소와 모든 집단이―바오로 자신이 끌어들인 그리스도교 신자들을 제외하고는―위험했다. "마흔에서 하나를 뺀" 매질은 유대교회당의 공식적인 처벌이었고, 막대기로 때리는 것은 로마의 사법 담당관이 자기 재량으로 가할 수 있는 가장 간단한 형벌이었다. 돌질은 성난 군중이 택하는 방식이었다. 바오로가 과장된 수사修辭를 구사하고 있다고 생각할 수도 있을 것이다. "셀 수 없는 매질" 같은 것이 그 예인데, 그는 바로 다음 문장에서 맞은 매의 숫자와 횟수를 말하고 있다. 우리는 그 숫자를 정확하다고 받아들일 수 있다.

위에 인용한 부분을(바오로 서간의 최초 편집자는 이 부분이 좀더 이른 시기에 쓰인 것이라 보고 더 앞에 두었다) 쓴 직후에, 바오로는 그의 고난과 수고에 관한 이야기로 돌아간다. 그는 "온갖 환난을 겪어도 억눌리지 않고〔……〕박해를 받아도 버림받지 않고, 맞아 쓰러져도 멸망하지 않았다". 그러나 그는 이 모든 일들을 그리스도에게로 참여하는 과정의 고유한 한 부분이라 여겼다. "우리는 살아 있으면서도 늘 예수님 때문에 죽음에 넘겨집니다. 우리의 죽을 육신에서 예수님의 생명도 드러나게 하려는 것입니다."(코린토2서 4:8~11) 바오로가 순교자 콤플렉스를 지니고 있었던 것은 아니다. 그는 고통을 추구한 것이 아니라 고통을 견뎠다. "장차 우리에게 계시될 영광에 견주면, 지금 이 시대에 우리가 겪는 고난은 아무것도 아니라고 생각"했기 때문이다(로마서 8:18).

"거짓 형제들"은 심각한 문제를 일으켰다. 바오로는 유대 교회당이나 로마 사법당국이 가하는 처벌보다 거짓 형제들이 불러일으키는 위협을 더욱 걱정했던 듯하다. 예수를 메시아로 믿고 있었으므로(바오로식으로 말하자면, 그들은 그리스도를 믿었다) 그들도 "형제들"이긴 했다. 그러나 가르치는 내용을 보면 그들은 "거짓"된 자들이었다. 로마서 15장 30절에서 바오로는 로마 신자들에게 자신의 활동이 "성도들에게 기꺼이 받아들여지도록" 하느님께 기도드리며 자신과 함께 "싸위"주기를 부탁하고 있다. 다시 말해, 바오로가 로마 신자들에게 기도해달라고 부탁하고 있던 것은 예루살렘 교회가 "거짓 형제들"이 아닌 자신의 말을 듣고, 이제까지 그가 해온 일들이 옳았다는 데 동의하며, 그가 개종시킨 이들이 모두 같은 '믿음의 집안'에 속한다고 인정하는 일이었다.

문제는 바오로의 선교가 유효하다는 데 동의하지 않는 그리스도교 선교사들이 있었고, 예루살렘 교회 지도부에도 그러한 이들이 존재할 가능성이 있었다는 점이다. 어떤 이들은 바오로에 반하는 "다른 복음"을 전하고 있었다(갈라티아서 1:8~9, 코린토2서 11:4). 이런 자들은 단순히 체벌을 가하는 이들보다 더욱 나빴다. 바오로는 갈라티아 신자들에게 자신이 전한 것과 다른 복음을 전한 이들에 대해 저주를 퍼부었으며(갈라티아서 1:8~9), 더 나아가서 그들의 신체가 절단당하기를 바랐다(갈라티아서 5:12). 갈라티아 신자들이 그들을 따랐다면 그리스도에게서 끊겨나간 것이다(갈라티아서 5:4). 코린토에서 그에게 대항하던 자들은 대체로 그리스도의 사도들로 여겨졌음이 분명한데도, 바오로는 그들을 가리켜 "그리스도의 사도로 위장한 거짓 사도이며 사람을 속이려고 일하는 자들", "사탄의 일꾼들"이라 불렀다. 바오로에 따르면, 그들의 종말은 결국 그들의 행실대로 이루어질 것이었다(코린토2서 11:13~15).

자신의 사목활동을 성공 사례로 여기고 있는 이에게 이러한 상황은 의아하지 않을 수 없다. 바오로는 자신이 개종시킨 이방인 신자들에 대해 자랑할 만했으며, 그들이 이스라엘의 해방을 가져올 방편이 되리라 보고 있었다. 그가 보기에 소아시아와 그리스에서 기울인 그의 노력은 대단히 성공적이어서 "이 지역에는 더이상 일할 곳이 없"었다(로마서 15:23). 무엇이 문제였을까? 무슨 일을 했기에 바오로는 사방에, 심지어 그리스도 운동 내부에조차 적을 두게 됐을까? 어떻게 해서 그는 자신의 일을 성공적이라고 보면서도 받아들여지지 않을까 두려워하는 위치에 놓이게 된 것일까?

이러한 질문에서부터 두 갈래로 연구가 뻗어나간다. 한 갈래는 바오로의 복음에 대한 분석이다. 특히 그의 복음이 다른 이들의 복음과 어떻게 대치되는가를 보는 것이다. 이를 살펴다보면 바오로의 저술에서 그의 신학을 이루는 중요 부분들을 다루게 된다. "율법이 아닌 믿음에 의한 의로움"에 대한 논쟁이나 "예수 그리스도 안에 있는 생명"이라는 말의 의미와 같은 것들이 그 예다. 그러나 한편으로, 그리스도 운동에서 그가 행한 역할이나, 스스로 성공했다고 생각하면서 실패할지도 모른다고 느끼는 기묘한 감정에 대해 이해하려면 그의 생애를 좀더 전체적으로 살펴볼 필요가 있다. 이 책에서 우리는 먼저 그의 활동과 개인적 기질에 대해 무언가를 알 수 있

을 때까지 충분히 오랫동안 그의 삶의 궤적을 따라가보려 한
다. 그러고 난 뒤, 그가 살았던 과거부터 오늘날 우리 시대에
이르기까지 끊임없는 논쟁의 근원이 되고 있는 그의 사상에
대해 다루도록 하겠다.

제 2 장

바오로의
생애

바오로는 소아시아 지방 남동쪽 구석에 위치한 도시 타르수스(튀르키예 중남부 지중해 연안의 도시) 출신의 유다인이었다. 그의 생년월일은 알려져 있지 않으나, 아마도 예수와 비슷한 시기에 태어났을 것이다. 그가 역사에 지워지지 않을 이름을 남길 업적들을 성취한 시기는 기원후 36년에서 60년 사이의 기간이다. 대부분의 학자들은 그가 로마에서 죽은 해가 기원후 62년이나 64년일 것으로 본다.

그는 삶의 전반前半을 바리사이('분리주의자'라는 뜻. 사제나 귀족계급이 아닌 평민 대중에 속했으나 시대 변화나 외세의 영향에 적응하고 동화되기보다는 전통을 유지하고 지켜나가는 것을 더 중요한 덕목으로 믿고 실천했다. 신약성경에서는 예수와 교류하기도 했지만, 주로 위선적인 율법주의자들로 그려져 비판 대상이 된다. 초기 그리스도교와 대립했으며 로마가 예루살렘을 파괴한 뒤로 흩어진 유다인들 사이에서 유대교와 민족 전통을 유지해나가는 데 구심점 역할을 했다―옮긴이)로 살았다. 바리사이로 살았던 때의 바오로에 대해서는 거의 알려진 바 없으나, 그 자신의 평가에 따르자면 그는 매우 훌륭한 바리사이였다(뒤에 자세히 다룰 것이다). 우리는 그리스어를 하면서 소아시아에 살았던 바리사이의 삶이 어떠했을지 거의 알지 못한다. 바리사이들은 바오로가 그러했던 것처럼 부활을 믿었다(코린토1서 15장). 또한 그들은 '전통'을 준수했는데, 이는 성문화된 율법에 우선하며, 그 율법을 넘어서는 것이었다. 바오로는 자신이 조상의 전통을 지키는 일에 매우 열심이었다고 분명히 밝혔다(갈라티아서 1:14). 그러나 그가 살았던 시대와 장소에서 전통이란 것이 무엇이었는지 분명치 않다. 사도행전 22장 3절에서 바오로는 그 당시 바리사이 지도자인 가말리엘 1세 문하에서 공부했다고 하지만, 이는 바오로가 눈에 띄는 바리사이였다는 사실과 가말리엘이 당시 바리사이들의 지도자였다는 사실을 바탕으로 사도행전의 저자가 추론한 것일 뿐인지도 모른다. 우리는 이제부터 바오로가 유년기와 청년기를 예루살렘에서 보냈는지 여부에 대해 의심할 만한 이유들을 살펴볼 것이다.

  바리사이 바오로가 한 일이라고 확실하게 이야기할 수 있
는 한 가지는 그리스도 운동을 탄압했다는 것이다. 이것이 바
리사이의 사상에서 비롯한 게 아니라, 바오로가 지닌 열성에
서 비롯했다는 점에 주목하는 것이 중요하다. 사도행전에서
가말리엘은 그리스도 운동에 대한 관용을 언급한 것으로 그
려진다(5:33~39). 따라서 바오로가 정말 가말리엘의 제자였
더라도, 그의 문하에서 공부했기 때문에 그토록 모질게 그리
스도인들을 핍박했던 것은 아니다. 바오로가 가말리엘의 제
자였든 아니든, 그리스도인들을 박해한 까닭이 바리사이들
이나 그들의 사상 때문이라고 할 만한 근거는 없다. 사도행
전에서는 여러 증거를 내세워 성전 대사제들을 그리스도 운
동의 적으로 제시한다(사도행전 4:1 및 사도행전 전반). 이는
예수의 형제인 야고보가 사두가이(유대교의 사제계급에 속하
는 이들. 언제나 기득권 정치세력과 결탁해 있었으며, 당시에는 로
마제국에 우호적이었다. 모세오경에만 배타적으로 집착하고, 기타
주석과 전승들을 거부했다. 천사나 악마의 존재뿐 아니라 부활이
나 내세에 대해서도 믿지 않았다―옮긴이)에 속하는 대사제 아
나나스의 명령으로 사형당한다는 사실로써 확증할 수 있다
(요세푸스, 『유대 고대사Antiquitates Judaicae〔Jewish Antiquities〕』
20:199~203). 더욱이, 사도행전에서 바오로에게 다마스쿠스
에 있는 유대교회당들에 가서 예수를 받아들인 유다인들을

예루살렘으로 잡아 오도록 권한을 주었던 사람 또한 대사제였으며(9:1~2) 그 또한 사두가이였다(5:17). 바로 이 여행중에 바오로는 그리스도의 박해자에서 그리스도의 사도로 변신하게 된다(9:3~9).

바오로의 편지들을 보면 그가 박해자였음을 확인할 수 있지만, 사도행전에 있는 자세한 이야기들이 빠져 있다. 갈라티아서를 읽어보면, 정말 그가 예루살렘에서 다마스쿠스로 가는 길 위에서 예수의 부름을 받았는지에 대해 의심하지 않을 수 없을 것이다. 바오로는 자신이 예수의 부름을 받은 이후 아라비아로 갔다가 다마스쿠스에 돌아왔다고 기록했는데, 이 기록에 따르면 이 기간 동안 그는 줄곧 아라비아에만 머물렀던 것으로 보인다(갈라티아서 1:17). 게다가, 갈라티아서의 이야기는 바오로가 예루살렘에서 신자들을 박해했으며 그 도시를 자신의 근거지로 삼았다고 하는 사도행전의 내용에 의심을 불러일으킨다. 갈라티아서 1장 22절에서 바오로는 자신이 유다에 있는 여러 교회에 얼굴이 알려져 있지 않다고 했으며, 이는 그가 박해자로 활동했던 무대가 예루살렘이었을 가능성이 거의 없다는 것을 의미한다. 그렇지만 그가 그리스도 운동을 박해했다는 사실만은 의심의 여지가 없다. 갈라티아서 1장 13절과 23절, 코린토1서 15장 9절, 필리피서 3장 6절에는 자세한 내용이 모두 빠져 있지만, 바오로 자신이 박해자였음을 직접 언급하고 있다. 일찍이 그가 박해자였을 때 했던 일은 예수를 받아들인 이들에게 회당에서 내릴 수 있는 가장 심한 형벌, 즉 바오로 자신도 나중에 당하게 되는 서른아홉 대의 매질을 내리도록 유대교회당을 돌면서 설득하는 것이었을지도 모른다.

바오로가 자신이 박해하던 바로 그 운동의 사도로 변신한 때는 기원후 33년경이다. (사도행전에 기술된 것처럼) 다마스쿠스로 가는 길 위에서였든, (갈라티아서를 토대로 추론해본 것처럼) 다마스쿠스 안에서였든, 하느님은 그에게 그리스도를 계시했다. 사도행전의 저자에 따르면, 바오로는 이 계시를 하나의 밝은 빛으로 묘사하고, 이 빛으로 한동안 앞을 보지 못하게 됐다고 한다(사도행전 22:6~11). 그러나 바오로 자신은 다만 "하느님이 당신의 아드님을 계시해주셨다"라고만 말한다(갈라티아서 1:16). 다른 곳에서는 밝은 빛이 아니라, 부활해 승천하신 주님을 보았다고 주장한다(코린토1서 9:1). 바오로는 이것을 부활 후에 제자들에게 나타난 예수를 목격한 것과 동일시했으며, 이러한 생각은 그 자신이 예수의 제자들이었던 본래의 사도들과 동등하다고 보는 근거가 됐다(코린토1서 9:1, 15:8). 하느님이 그를 부른 것은 그리스도를 섬기라는 것만이 아니라 특별한 과업, 곧 이방인들의 개종(갈라티아서 1:16)을 이루라는 것이었다. 이것이 이후 30여 년에 걸쳐 그

2. 귀스타브 도레Gustave Doré 〈성 바오로의 회심〉
바오로는 다마스쿠스로 가는 길에서 하느님의 빛을 쐬어 잠시 눈이 멀었다.

가 벌인 활동의 전부가 됐다.

다행히도 바오로는 편지를 썼으며, 또한 다행히도 누군가 그의 편지들을 모아서 편집하고 출판했다. 이 편지들을 통해 뛰어났던 한 인물의 말들이 여전히 전해진다. 이 편지들 속에서 우리는 섬광과 화염, 열정과 활력, 재치와 매력, 긍지와 겸손, 엄청난 자신감, 공포와 전율로 가득찬 남자, 바오로를 만나게 된다.

바오로의 서간들은 그 개인의 여러 특징들을 보여주며 그의 삶에 대해서도 적지 않은 내용을 알려준다. 바오로는 예수의 가장 영향력 있는 대변인이 될 운명이었지만, 예수를 직접 만난 적도 없었고, 예수의 주요 제자들을 처음 만나게 된 것도 그가 회심한 후 대략 3년이 지나서였다(갈라티아서 1:18). 바오로를 한편에 놓고, 예수와 베드로 및 다른 갈릴래아 사람들을 다른 한편에 놓고 보았을 때 둘 사이의 대조는 너무나 뚜렷하다. 예수는 매우 작은 마을 출신이었다. 그는 목수였거나, 목수의 아들이었거나, 아니면 둘 다였을 텐데, 어느 경우든 지중해를 넘나들던 상인들보다는 땅을 일구며 먹고사는 농민에 가까웠다. 서로 다른 문화들을 비교하고 여러 사회와 그 가치들을 경험해볼 만한 기회를 누릴 만큼 멀리까지 여행해본 적도 없었다. 그러나 바오로는 도시 출신이었을 뿐 아니라 세계시민으로서 그리스-로마 문명 전역을 쉽사리 돌아다닌 사람이었다. 그는 아람어(히브리어와 친족 관계에 있는 셈족 계통의 고대 언어로 아시리아, 바빌로니아, 페르시아 등의 제국에서 국제어로 사용되었다. 구약성경 중 일부가 아람어로 기록됐으며, 예수는 아람어 방언을 사용했을 것으로 추정된다. 시리아를 중심으로 한 고대 동방 그리스도교에서도 주된 언어로 사용됐다—옮긴이)(또는 히브리어, 또는 둘 모두. 사도행전 21:40)를 할 줄 알았으며, 라틴어도 구사했을 것이다. 그렇지만 그의 기본 언어는 당대 최고의 국제어였던 코이네 그리스어(코이네κοινή는 '공통'이라는 뜻으로, 코이네 그리스어는 헬레니즘 시대와 로마 시대에 사용된 국제어이며 그 이전에 사용된 고전 그리스어와는 구분된다—옮긴이)였다.

바오로의 편지들은 요즘 식으로 말하자면 그가 이른바 중산층 자제였음을 알려준다. 고대사회의 신분 분류가 오늘날의 계층 분류와 똑같지는 않지만, '중산층'이라는 용어는 여러 가지 면에서 적절하다. 그의 그리스어는 명료하고 박력 있지만, 우아하지는 않다. 동시대의 부유한 유다인 철학자, 알렉산드리아의 필론(헬레니즘의 세례를 받은 대표적 유다인 지식인이다. 유대교와 그리스 철학의 융합을 시도한 최초의 인물로 유명하며, 이후 신플라톤주의 철학에 영향을 주었다—옮긴이)에 견주면, 바오로는 우아한 산문을 구사할 정도로 교육받지는 못했다. 사도행전 18장 3절을 보면, 바오로는 '천막 제작'

을 생업으로 삼았다. 자기 자신의 천막을 가지고 여행할 여유가 있는 사람들은 해충이 들끓기 십상인 여관에 머물지 않을 수 있었으므로 운좋은 편이었고, 아마도 바오로의 사업은 이러한 사람들을 상대로 했을 것이다. 그는 직접 일해서 번 돈으로 생계를 꾸려갔다는 사실을 자랑스러워했다(코린토 1서 4:12). 이는 바오로에 대해 흥미로운 사실을 드러낸다. 가난한 사람들은 자기 손으로 직접 해야 하는 일이 특별히 주목받을 만큼 가치 있다고 생각하지 않기 때문이다. 아마 바오로는 소유주나 경영자가 되는 데 필요한 훈련을 받았을 것이다. 그는 비서를 부릴 줄 알았고, 그의 편지들을 받아 적게 했다(갈라티아서 6장 11절에서 그는 손수 편지를 쓰고 있다는 점을 언급하고 있다. 로마서 16장 22절에서는 그의 서기가 자신의 인사를 전하고 있다). 그는 또한 조직하고 계획하는 법을 알았다. 대부분의 경우 조력자가 한 명 이상 있었고, 그 자신이 다른 곳으로 여행하는 동안 직접 가보지 못하는 이곳저곳으로 이들을 파견했다. 그뒤에는 다시 모여서 상황을 평가하고 다음 계획을 세웠다.

그러나 그가 사도가 된 뒤에도 중산층의 편안한 삶을 살았던 것은 아니다. 그는 비천하게 살 줄도 알고 '풍족하게' 살 줄도 알았지만(필리피서 4:11~12), 자신의 대의大義에 헌신함으로써 물질적으로 풍족하지 못한 경우가 많았다. "지금 이 시간까지도, 우리는 주리고 목마르고 헐벗고 매 맞고 집 없이 떠돌아다니고 있습니다."(코린토1서 4:11) 그는 "수고와 고생, 잦은 밤샘, 굶주림과 목마름, 잦은 결식, 추위와 헐벗음"(코린토2서 11:27)과 같이 매우 절망적인 환경에서 일했다. 하지만 이러한 궁핍은 그가 자처했던 바다. 바오로의 편지가 그리스-로마 사회 최하층민의 목소리를 내고 있는 것은 아니다. 더욱이 그는 때때로 '풍족했다'. 원래 따로 분리된 편지였다고 여겨지는 로마서 16장에서 바오로는 포이베를 소개하며 그를 후원자라고 설명하고 있다(16:2. 개역표준성경RSV에서는 후원자patroness를 "돕는 이helper"로 번역했는데, 별로 도움되지 않는 번역이다). 또한 필레몬에게 개인적으로 편지를 보내면서 그를 위해 손님방 하나를 마련해놓으라고 일러두고 있다(필레몬서 1:22). 이로 미루어 보건대 가끔씩은 바오로도 안락하게 지냈던 것이다.

바오로는 그가 속한 사회의 표준 가치들을 지지했는데, 특히 유다인 공동체에서 수정돼 통용되던 방식들을 따랐다. 그는 남자가 머리를 기르는 것이 자연에 반하는 일이라 보았고, 여자가 머리를 가리지 않고 기도하는 것은 부끄러운 일이라고 했으며(코린토1서 11:4~16), 이는 당시 차림새의 표준을 바오로가 받아들였음을 보여준다. 그 자신은 독신이었던 것으로 보이는데(코린토1서 7:7), 결혼한 부부들에 대해서는 어김없이 성행위에 응할 것을 권하고 있다(코린토1서 7:5). 그는 이혼에 대해 눈살을 찌푸리면서도 이혼을 용인했는데, 예수의 이혼 금칙을 인용하고 나서는 이를 수정했다(코린토1서 7:10~16). 이교도들과 달리, 다른 유다인들과 마찬가지로 그는 동성애 행위를 혐오했다(로마서 1:26~27). 그는 성령의 은사를 지나치게 드러내는 것을 좋아하지 않았으며(코린토1서 13:1~14:19), 외부인들이 그리스도인들은 실성했다고 생각하지 않게끔, 개종한 이들은 모든 일을 "품위 있고 질서 있게" 하기를 권했다. 방언하거나 예언할 때는 한 번에 한 사람씩만 말해야 했다. "하느님은 무질서의 하느님이 아니라 평화의 하느님이시기 때문"이다(코린토1서 14:22~40).

바오로의 신학은 사회적 혁명을 일으킬 잠재력을 지니고 있었다. "유다인도 그리스인도 없고, 종도 자유인도 없으며, 남자도 여자도 없습니다. 여러분은 모두 그리스도 예수님 안에서 하나입니다"(갈라티아서 3:28)라고 그는 말했다. 그러나 이것은 어떤 사회적 강령이 아니었다. 그가 이루고자 했던 것은 다만 유다인과 이방인들의 일치였다. 노예들 또한 그리스도 안에서 온전한 "형제"이긴 하지만(필레몬서 1:16), 주인의 손에서 벗어나 자유를 되찾으려 해서는 안 된다(코린토1서 7:21~23). 바오로는 여자들에게 여러 가지로 동등한 자격을 부여하고 있지만(코린토1서 7:4, 11:8~12), 일반적인 성性 역할 구분이 유지되기를 바랐다(코린토1서 14:33~36). "때가 얼마 남지 않았"고 "이 세상의 형체가 사라지고 있"었다(코린토1서 7:29~31). 사회를 개조할 시간은 없었다.

간단히 말하자면, 바오로는 자신의 열성에 침착함과 훌륭한 판단력, 그리고 경영관리 기술을 결합했으며, 혁신적이고 도전적인 그의 신학에 사회적 실제를, 종교적 열정에 구체적 계획을 결합했다. 그는 그리스-로마 세계 안에 새로운 종교를 성립시키는 작업을 하기에 이상적인 사도였다.

부름을 받아 사도가 된 것이 바오로의 인생행로를 뒤집어 놓기는 했지만, 다른 여러 가지 면에서 그는 이전과 달라지지 않았다. 사도 바오로와 바리사이 바오로는 여러 특성을 공유했다. 중요한 특성들 가운데 하나는 하느님이 그를 불러주신 길로 나아가고자 할 때 완전히, 남김없이 투신하는 열성이었다. 게다가 바오로는 자신을 겸손하게 평가하고 있지만, 사실 두 가지 이력 모두에서 최상급이었다.

내가 한때 유대교에 있을 적에 나의 행실이 어떠하였는지 여러분은 이미 들었습니다. 나는 하느님의 교회를 몹시 박해하며 아예 없애버리려고 하였습니다. 유대교를 신봉하는 일에서도 동족인 내 또래의 많은 사람들보다 앞서 있었고, 내 조상들의 전통을 지키는 일에도 훨씬 더 열심이었습니다(갈라티아서 1:13~14).

다른 어떤 사람이 육적인 것을 신뢰할 수 있다고 생각한다면, 나는 더욱 그렇습니다. 여드레 만에 할례를 받은 나는 이스라엘 민족으로 벤야민 지파 출신이고, 히브리 사람에게서 태어난 히브리 사람이며, 율법으로 말하면 바리사이입니다. 열성으로 말하면 교회를 박해하던 사람이었고, 율법에 따른 의로움으로 말하면 흠잡을 데가 없는 사람이었습니다(필리피서 3:4~6).

사도가 된 바오로 또한 그러했다.

사실 나는 사도들 가운데 가장 보잘것없는 자로서, 사도라고 불릴 자격조차 없는 몸입니다. 하느님의 교회를 박해하였기 때문입니다. 그러나 하느님의 은총으로 지금의 내가 되었습니다. 하느님께서 나에게 베푸신 은총은 헛되지 않았습니다. 나는 그들 가운데 누구보다도 애를 많이 썼습니다(코린토1서 15:9~10).

바오로는 그뒤에 "그것은 내가 아니라 나와 함께 있는 하느님의 은총이 한 것입니다"(필리피서 4:13 참조)라고 덧붙이고 있다. 그러나 그는 적어도 하느님께서 사도들 중 하나를 잘 고르셨다고 생각했다.

코린토에서 다른 사도들이 그의 권위에 직접적으로 도전해왔을 때, 그는 다시 한번 자신의 자격과 능력에 대해 역설했다.

나는 그 특출하다는 사도들보다 떨어진다고는 생각하지 않습니다. 〔……〕 자랑하는 일과 관련하여 이제 내가 하는 말은, 주님의 뜻에 따라 하는 것이 아니라 어리석음에 빠진 자로서 하는 말입니다. 많은 사람이 속된 기준으로 자랑하니 나도 자랑해보렵니다. 그들이 히브리 사람입니까? 나도 그렇습니다. 그들이 이스라엘 사람입니까? 나도 그렇습니다. 그들이 아브라함의 후손입니까? 나도 그렇습니다. 그들이 그리스도의 일꾼입니까? 나는 더욱 그렇습니다(코린토2서 11:5, 21~23).

바리사이로서나 사도로서, 바오로는 자신이 최상위에 든다고 할 만했으며, 그의 말을 의심할 만한 이유는 없다.

코린토서는 바오로의 또다른 측면을 보여준다. 위에서 말한 여러 가지 자랑 중간에, 그는 "내가 비록 말은 서툴러도 지식은 그렇지 않습니다"(코린토2서 11:6)라고 말했다. 앞서 그는 자신을 아폴로와 비교하면서 이렇게 말했다. "사실 여러분에게 갔을 때 나는 약했으며, 두렵고 또 무척 떨렸습니다. 나의 말과 나의 복음 선포는 지혜롭고 설득력 있는 언변으로 이루어진 것이 아니었습니다."(코린토1서 2:3~4) 그의 적들은 "그의 편지는 무게가 있고 힘차지만, 직접 대하면 그는 몸이 약하고 말도 보잘것없다"(코린토2서 10:10)고 말했고, 바오로는 이 점을 인정해야 했다. 그는 "말이 서툴"렀고 외모도 그다지 인상적이지는 않았다.

바오로는 자신에 대한 공격에 대해 두 가지 방식으로 맞섰다. 첫째, 그는 자신이 아폴로처럼 뛰어난 언변이나 지혜를 가지고 설교하지는 못하지만 전혀 모자랄 것이 없다고 주장했다. 그는 세상 사람들에게는 어리석어 보이는 "하느님의 지혜", 곧 "예수 그리스도 곧 십자가에 못박히신 분"을 이야기하고, 성령에 의해 "그리스도의 마음"을 이야기하기 때문이다(코린토1서 1:18~2:16). 둘째, 바오로가 그 개인의 부족함에도 자신을 방어하고자 사용한 방식은 더 효과적이었고, 그의 민첩함과 뛰어난 수완을 더 잘 보여주고 있다. 그는 자신의 단점들을 장점으로 바꿔놓았으며, 그의 약함은 그의 힘이 됐다.

내가 자랑해야 한다면 나의 약함을 드러내는 것들을 자랑하렵니다(코린토2서 11:30).

이 일과 관련하여, 나는 그것("내 몸에 가시")이 나에게서 떠나게 해주십사고 주님께 세 번이나 청하였습니다. 그러나 주님께서는, "너는 내 은총을 넉넉히 받았다. 나의 힘은 약한 데에서 완전히 드러난다" 하고 말씀하셨습니다(코린토2서 12:8~9).

나는 그리스도의 힘이 나에게 머무를 수 있도록 더없이 기쁘게 나의 약점을 자랑하렵니다. 나는 그리스도를 위해서라면 약함도 모욕도 재난도 박해도 역경도 달갑게 여깁니다. 내가 약할 때 오히려 강하기 때문입니다(코린토2서 12:9~10).

이런 분위기 속에서 그는 자신이 개종시킨 이들의 '강함'에 대해 비웃어줄 수 있었다.

여러분은 벌써 배가 불렀습니다. 벌써 부자가 되었습니다. 여러분은 우리를 제쳐두고 이미 임금이 되었습니다. 여러분이 정말 임금이 되었으면 좋겠습니다. 우리도 여러분과 함께 임금이 될 수 있게 말입니다. 내가 생각하기에, 하느님께서는 우리 사도들을 사형 선고를 받은 자처럼 가장 보잘것없는 사람으로 세우셨습니다. 그래서 우리가 세상과 천사들과 사람들에게 구경 거리가 된 것입니다. 〔······〕 우리는 세상의 쓰레기처럼, 만민의 찌꺼기처럼 되었습니다(코린토1서 4:8~13).

이로부터 우리는 바오로가 다만 신체적 풍채나 언변에서 빈약했던 것만이 아니라, "내 몸에 가시"(구체적으로 밝힌 바 없는 만성질환. 코린토2서 12:7, 4:10, 갈라티아서 4:13~14 참조)를 앓으며 고생하고 있었다는 것을 알 수 있다.

이러한 바오로의 논쟁 속에서 우리는 긍지와 겸손, 활력과 허약이 결합한 모습 말고도 그의 정신적 기민함을 볼 수 있다. 바오로는 보통 공적 인물에게 결점으로 여겨지는 자질들을 오히려 장점으로 제시하고 있는 것이다.

앞에서 우리는 그가 대략 기원후 33년 무렵에 사도로 부름받았다는 것을 보았다. 로마서는 그로부터 대략 20년 뒤에 쓰였다. 그 기간 동안 바오로는 안티오키아에서부터 소아시아를 가로질러 마케도니아와 그리스의 주요 도시들에 교회를 세우며 계속해서 서쪽으로 나아갔다. 복음을 완수했고, 동쪽 지중해 지역에서는 이제 더 일할 곳이 없다(로마서 15:20/23)고 말했을 때 그는 상징적인 뜻으로 생각하고 있었던 것이다. 그가 실제로 교회들을 세우긴 했으나, 일부 선택된 지역에만 교회를 세웠던 것이 사실이다.

이 20여 년 동안에 그는 예루살렘을 두 번 방문했다. 첫 방문은 그가 그리스도의 환시를 보고 3년이 지난 뒤였다. "케파(베드로)를 만나려고" 갔던 것이지만, "다른 사도는 아무도 만나보지 않"고, 오직 "주님의 형제 야고보만 보았"다(갈라티아서 1:18~19). "14년 뒤"에(첫번째 방문 뒤로 14년인지, 그가 하느님의 부르심을 받았을 때로부터 14년인지 확실치 않지만) 그는 다시 예루살렘을 찾았고, 이번에는 그의 선교활동에 관해 일었던 신학 논쟁에 결판을 내고자 했다. 그는 이때 이방인 출신 개종자로 그의 소중한 조력자였던 티토를 대동했는데(갈라티아서 2:1), 그가 바로 논쟁의 직접적 대상이 되었다. 이로써 바오로가 개종시킨 이방인들이 유다인이 돼야 하는가에 대한 논쟁이 전면에 대두되었다. 이 주제에 대해서는 이 책 제6장과 제7장에서 다룰 것이므로, 여기에서는 다만 바오로가 예루살렘을 떠나기 전에 야고보, 베드로, 요한을 상대로 협상을 타결시켰다는 점만을 짚어보고자 한다. 협상 결과는 다음과 같았다. 바오로는 앞으로 이방인들을 대상으로 선교를 계속하되, 그들에게 할례를 받고 유대교로 개종할 것을 요구하지 않는다. 다만, 그의 교회들에서 모금해 예루살렘으로 돈을 가져오거나 보내기로 한다(갈라티아서 2:6~10).

예루살렘의 지도자들과 합의를 이룬 다음, 바오로는 그의 여생 대부분을 이 모금 활동으로 보냈다. 다른 사람 편에 돈을 보낼까 하는 유혹이 들기도 했으나, 그 자신이 언제나 직접 예루살렘으로 가져갔다(로마서 15:25~29, 코린토1서 16:3~4). 우리가 위에서 살펴본 것처럼 바오르는 자신이 예루살렘에서 위험에 맞닥뜨리게 되리라는 것을 알고 있었다. 그러나 그는 자신의 두려움을 내려놓고, 그리스도의 몸은 여러 지체로 이루어져 있으면서도 여전히 한 몸이라는 것(코린토 1서 12:12 참조)을 드러내고자 그의 마지막 자유의지를 발휘해 실천으로 옮겼던 것이다.

바오로 자신의 편지들만 근거로 할 경우 우리는 여기까지밖에 알 수 없다. 그뒤의 이야기는 사도행전에만 나와 있다. 사도행전에서 드러나는 바오로의 모습이 종종 의문스럽긴 하지만, 예루살렘으로 봉헌금을 가져간 뒤에 그에게 일어났던 일들은 당시에 이미 잘 알려져 있었을 것이다. 그리고 사도행전은 주요 사건들에 관한 한 신뢰할 수 있다. 모금된 돈은 야고보가 받았고, 따라서 "거짓 형제들" 때문에 생긴 불화에 대한 바오로의 걱정은 기우에 그쳤다(사도행전 21:17~26). 그러나 그의 다른 적들인 "유다의 비신자들"(로마서 15:31)이 공격을 개시했으며, 결국 성공을 거뒀다. 바오로는 이방인을 예루살렘 성전 안에 데리고 들어간 것 때문에 고발당했다. 이방인들의 뜰보다 더 깊이 안쪽까지 들어갔던 것이다(예루살렘 성전은 여러 구역으로 나뉘어 있었고 신분에 따라 입장할 수 있는 구역이 달랐다. 이방인들은 성전의 가장 바깥 담장 안쪽인 '이방인의 뜰'까지만 입장이 허용됐다—옮긴이). 이 때문에 한바탕 소동이 일었고, 마침내 로마 군대가 개입해 바오로를 체포했으며, 당시 유다 지방을 관할하는 로마 총독이 주재하고 있던 해안 도시 카이사리아로 끌고 가 투옥했다. 그는 그곳에서 몇 년간 머물다가 재판을 받기 위해 로마로 이송됐고(사도행전 21장~28장), 로마에서 적어도 2년 동안 갇혀 지냈다(사도행전 28:30~31). 사도행전의 저자는 이 지점에서 이야기를 마친다. 어떤 학자들은 바오로가 석방된 뒤 에스파냐까지 갔으며, 바로 그곳에서 티모테오에게 보낸 서간들과 티토에게 보낸 서간을 썼을 것으로 본다. 그러나 이 편지들은 그가 죽은 뒤 그를 따르던 제자가 쓴 것이며, 바오로는 필시 로마에서 순교했을 것이다. 사도행전이 이 지점에서 이야기를 끝낸 이유가 바오로의 활동이 바로 그 지점에서 종국에 이르렀고, 저자는 무시무시한 결말을 묘사하지 않기로 했기 때문이라고 생각하는 편이 간명하다. 이러한 관점에서 보자면, 바오로 서간의 초기 독자들은 바오로가 죽었음을 이미 알고 있었고 따라서 그 이야기를 다시 들을 필요도 없었던 것이다.

기원후 96년경, 로마 주교 클레멘스(전승에 따르면 바오로의 필리피서 4:3에 그의 협력자로 언급되는 클레멘스와 동일 인물이다 ─옮긴이)가 코린토 교회에 보낸 편지인 클레멘스1서를 보면 두 가지의 견해 모두 타당성이 있다. 그는 바오로에 관해 이렇게 썼다.

그는 일곱 번이나 차꼬를 찼고, 그는 추방당하였고, 그는 돌팔매질 당하였고, 그는 동방과 서방의 전령이었고, 그는 그의 믿음으로 고귀한 명성을 얻었고, 그는 온 세상에 걸쳐 의로움을 가르쳤고, 그는 서방 끝[테르마terma]까지 이르러 통치자들 앞에서 증언하였고, 세상을 떠나 가장 훌륭한 인내의 모범으로서 거룩한 곳에 들어올려졌다(클레멘스1서 5:1~7).

"서방 끝τέρμα"이라는 말이 '물리적 한계'라는 의미로 받아들여지기 때문에 독자들은 바오로가 에스파냐까지 이르렀다고 생각하기 쉽다. 그러나 이를 '서방의 목적지'라는 뜻으로 받아들이면, '바오로의 고정된 목적지'라는 의미에서 그곳은 로마일 것이다. "통치자들 앞에서 증언"했다는 언급을 볼 때도, 이 통치자들을 로마의 통치자들로 생각하는 것이 가장 자연스럽다.

사도행전은 바오로가 로마에 2년 동안만 있었음을 암시한다. 어떤 학자들은 카이사리아에서 열렸던 두번째 재판(사도행전 24장~26장)에서부터 헤아려볼 때, 로마까지 이르는 여정을 고려하면 그가 죽은 때는 기원후 62년이라고 본다. 그러나 바오로와 베드로 두 사람 모두 로마의 첫번째 그리스도교 박해 때 죽었다고 추측하는 경우도 많다. 로마에 대화재가 일어난 것이 기원후 64년 7월이었다. 당시 네로황제는 로마

3. 바오로의 최후가 실제로 어떠했는지 알려져 있지 않지만, 〈성 바오로의 순교〉는 초
　기 그리스도인들의 고난을 보여주는 상징이 되었다.

에 있지 않았는데도 그가 불을 지른 것이라는 소문이 빠르게 돌았다. 네로는 자신을 대신할 속죄양이 필요했고 새로운 '미신'을 추종하는 이들에게 죄를 덮어씌웠다. 로마 역사가 타키투스는 이를 이렇게 묘사했다.

처형은 하나의 오락거리로 집행되었다. 어떤 이들은 들짐승 가죽을 몸에 이어붙이고 개들에게 뜯어 먹혀 죽게 하였다. 다른 이들은 십자가에 매달고 불을 붙여 해가 지고 난 뒤 살아 있는 횃불로 삼았다. 네로는 이 구경거리를 위해 자신의 정원들을 사용하도록 내주었고 대경기장에서 전차 경주 대회를 열었다. 그는 다른 군중과 어울리거나, 전차를 모는 전사의 제복을 입은 채 자신의 전차에 서 있었다(『연대기Annales』 44:3~8).

만약 바오로가 이러한 방식으로 생애를 마감했더라도, 이 끔찍한 고난이 그를 놀라게 하지는 않았을 것이다. 그는 그리스도인들이 ―그리고 특별히 사도들이― 고난을 겪음으로써 주님과 하나가 될 것이라고 보았다. 그는 그 자신과 다른 이들이 "그리스도와 더불어 공동 상속자"이지만, "그리스도와 함께 영광을 누리려면 그분과 함께 고난을 받아야"(로마서 8:17) 한다고 믿었다. 틀림없이 그는 고난과 더불어 죽음 그 자체 또한 확신하며 맞아들였다.

무엇이 우리를 그리스도의 사랑에서 갈라놓을 수 있겠습니까? 환난입니까? 역경입니까? 박해입니까? 굶주림입니까? 헐벗음입니까? 위험입니까? 칼입니까? [……] 그러나 우리는 우리를 사랑해주신 분의 도움에 힘입어 이 모든 것을 이겨내고도 남습니다. 나는 확신합니다. 죽음도, 삶도 [……] 그 밖의 어떠한 피조물도 우리 주 그리스도 예수님에게서 드러난 하느님의 사랑에서 우리를 떼어놓을 수 없습니다(로마서 8:35~39).

우리는 이 책 제4장에서 바오로가 주님이 돌아오실 때까지 살아 있기를 기대했음을 보게 될 것이다. 하지만 그는 자신이 먼저 죽게 될 가능성에 대해서도 고민했다. 어떤 경우든, 바오로는 그의 앞에 놓인 수백 년의 역사를 예측하지도 못했고, 또 자신의 편지들이 이후의 역사를 형성하는 데 어떤 몫을 하게 될지도 알지 못했다. 바오로의 편지들은 기원후 90년경에 한 제자에 의해 한데 묶였고, 편집을 거쳐 출간되자 그리스도인들에게 어마어마한 영향을 끼쳤다. 바오로가 이 편지들을 썼을 때 그러했던 것처럼, 2세기 또는 그 이후 시대에 그의 편지들을 읽게 된 많은 이들 또한 신학 논쟁에 말려들었다. '정통'을 옹호하는 이들 또한 그러했듯, 나중에 '이단'이란 딱지를 달게 될 사람들도 자신들에게 유리하게 바오로를 인용했다. 물리적인 우주는 악惡이며, 예수는 진짜 사람이 아니었다고 믿은 이원론자들은 바오로의 편지들에 들어 있는 몇몇 견해에 호소했다. 베드로2서의 저자는 바오로의 서간 속에 "더러 알아듣기 어려운 것들이 있"음을 인정하면서도, 그의 독자들을 향해 바오로의 말들을 곡해해 "스스로 멸망"으로 향하는, "무식하고 믿음이 확고하지 못한 자들"을 따르지 말라고 경고했다(베드로2서 3:16). 다른 그리스도인들은 바오로 서간을 쉽게 이해되면서 주류 그리스도교에 더 가까워지도록 만드는 작업에 착수했다. 어떤 이들은 바오로 서간집에 새로운 편지들을 추가해 그리스도가 "사람으로 나타"났다는 것(티모테오1서 3:16)과 "하느님께서 창조하신 것은 다 좋은 것"(4:4)이라는 점을 분명히 했다. 사도행전의 저자는 바오로가 언제나 베드로와 의견 일치를 이룬 것으로 묘사하면서 초기 사도들 사이에 종종 벌어지곤 했던 격렬한 논쟁을 감추었다. 이러한 노력 덕분에 바오로는 '주류 그리스도교'로서 '구원' 받았으며, 3세기에서 6세기 사이에 신약성경이 점차 형성되는 과정에서 바오로 서간들이 그 중심에 자리잡게 됐다. 그리스도에 대한 믿음을 열정적으로 끌어안는 그의 자세와 그의 글들이 지닌 힘으로 인해 바오로는 언제나 그리스도교 최고의 대변인이며, 그 누구보다 활기차고 흥미로운 신학자로 여겨져왔다. 물론 그를 완전히 이해하기란 여전히 어려운 일이긴 하다.

그리스도교 신학을 다시 기술하려 했던 여러 주요 작업은 많은 경우에 바오로 서간을 바탕으로 이루어지곤 했다. 5세기의 아우구스티누스가 그러했고, 16세기의 마르틴 루터가 그러했으며, 20세기의 칼 바르트도 그러했다. 바오로 자신이 훌륭한 논객이었기 때문에, 그의 편지들은 그리스도교의 다른 형태들을 공격하는 데 크게 기여했다. 아우구스티누스와 루터와 바르트는 분명히 바오로를 그들 자신의 관점에서 다시 읽고, 자기가 처했던 환경에 맞추어 해석한 사람들이다. 그러나 이 책의 의도는 오늘날의 상황을 다루는 데 바오로를 이용하려는 것이 아니다. 오히려 그가 무슨 생각을 했고 왜 그런 생각을 하게 됐는지를 그가 살았던 시대와 장소에 맞춰 재구성해보려는 것이다.

제 3 장

선교 전략과
메시지

전략과 기술

사도행전에서는 바오로가 지지자들을 얻게 된 방식에 대해 두 가지로 묘사하고 있다. 하나는, 아테네에서 했던 것처럼 광장아고라ἀγορά에 나가 다른 철학자들과 논쟁하는 것이었다(사도행전 17:17). 그러나 아테네만이 아니라 다른 도시들에 갔을 때도 바오로가 가장 먼저 찾아간 곳은 유대교회당이었으며, 이는 먼저 유대인들에게 예수가 메시아임을 믿게 하려는 것이었다(사도행전 9:20, 13:5, 13:14, 14:1 및 기타). 두 가지 방식 모두 합리적이었으며, 이러한 합리성이야말로 의심의 여지 없이 사도행전에 묘사된 내용의 근거가 된다. 그러나 그의 선교에 대해 사도행전의 저자와 바오로 자신은 근본적으로 견해가 달랐다. 사도행전의 저자는 무엇보다 바오로를 그리스어권의 유다인 공동체 디아스포라 διασπορά에 파견된 사도로 본 것과 달리, 바오로는 자신을 이방인에게 파견된 사도로 보았다. 바오로 자신이 스스로를 그렇게 묘사하고 있으며(앞 내용 참조. 13~15쪽), 따라서 자신이 개종시킨 이들은 이전에 이교도였던 자들이라고 밝히고 있다. 테살로니카 신자들은 우상들을 버리고 하느님께로 돌아선 사람들이었고(테살로니카1서 19), 갈라티아 신자들은 이전에 "신이 아닌 것들"을 숭배했던 사람들이었다(갈라티아서 4:8). 코린토 신자들은 말도 못하는 우상들을 섬겼다고 하며(코린토1서 12:2 및 6:9~11 참조), 필리피 신자들은 할례받지 않았다(필리피서 3:2).

가장 두드러지는 점은 삶의 끄트머리에 이르러 로마서를 쓰고 있을 당시에 바오로가 이스라엘의 구원 사업에서 자신은 단지 간접적인 역할만을 하게 되리라 생각하고 있었다는 사실이다. 로마서 9장에서 11장에 이를 때까지 바오로 서간에서 유다인들이 주요 인물로 등장하는 일은 거의 없다. 만약 바오로가 유대교회당에서 복음을 설파하는 데 지난 20년 세월을 보냈다면, 그의 편지들에서 이러한 노력에 관한 내용이 어떤 식으로든 드러나 있어야 할 것이다. 이를테면 그의 교회에 속하게 된 유다인 신자들이 이전에 어떠한 사람들이었는지, 혹은 유다인들이 그의 메시지를 어떻게 거부했는지에 대한 언급이 있었을 것이다. 그러나 로마서 16장 말고는 오직 이방인들의 개종에 관한 내용만 실려 있을 뿐이며, 로마서 9장에서 11장에 이르기까지 유다 민족이 맞이할 운명을 반영하는 내용은 하나도 없다. 그렇다면 우리는 바오로가 이방인들에게 직접 복음을 설파했다고 생각해야 할 것이다.

그렇다면 바오로는 이 일에 어떻게 접근했을까? 복음을 전하려 여기저기 돌아다니는 사람이 한 도시 안으로 걸어가서 이스라엘의 하느님의 이름으로 이교도들에게 설교하고, 하느님이 유다인과 이방인 모두를 구원하시려고 자신의 아들을 보내셨다는 것을 믿으라고 설득하는 장면을 떠올리기란 오늘날의 우리에겐 무척이나 어려운 일이다. 하지만, 실제로 이것이 그렇게 어려운 일은 아니었던 것 같다. 바오로는 광장에서 자기주장을 펼칠 수 있었을 것이다. 그가 철학자였으면 당연히 하려고 했을 일이었다. 그렇기 때문에 사도행전의 저자가 바오로의 아테네광장 연설 장면을 묘사하면서, 토론 상대들이 에피쿠로스학파나 스토아학파 철학자들이었다고 언급한 것이다(사도행전 17:17~18). 그러나 종교란 시민이나 윤리나 개인에 관한 것이다. 종교 집단은 보통 철학 토론으로는 성립되지 않는 법이다. 바오로는 때때로 공공 토론에 참여하기도 했겠지만, 우리는 그가 복음을 전파한 다른 방법들에 대해서도 생각해볼 준비를 해야 할 것이다.

우리는 앞에서 바오로가 달변의 연설가가 아니란 사실을 짚었다. 바로 이 점이 그가 기본적으로 대중 연설에 의존했으리라는 생각을 의심하게 하는 추가적 이유가 된다. 여기에는 좀더 그럴듯한 설명도 있다. 바오로는 새로운 도시에 들어설 때마다 장사를 열심히 할 수 있는 방을 구했고, 들어오는 이나 지나가는 사람 누구에게든 말을 걸었던 것 같다. 가죽(당시 천막의 주된 재료)을 자르고 꿰매는 일은 상당히 조용히 해낼 수 있는 작업이었기 때문에 옆에서 오가는 대화를 방해하지 않았을 것이다. 바오로의 말에 관심을 보이며 들어보려는 사람들에게 그가 정확히 어떤 식으로 접근했는지 우리로서는 알기 어렵다. 그는 다양한 방법들을 썼을 테고, 아마도 일대일 만남이나 작은 모임에서 가장 효과적으로 이야기할 수 있었을 것이다.

바오로가 전하려는 종교가 중동에서 온 새로운 종교라는 사실이 장애가 되지는 않았을 것이다. 아시아에서 지중해 도시들로 건너온 종교들의 성공이 과거에 지나치게 높이 평가되었을지라도, 그러한 예들이 드물지는 않았다. 이교도들은 유다인들과 유대교를 알고 있었으며, 어떤 이들은 그 안에서 새로이 일어나는 운동에 마음이 끌렸다. 유대교는 종종 경멸의 대상이 되곤 했지만, 그 나름대로 추종자들을 거느리고 있었다. 유일신 사상은 철학적으로 매력이 있었고, 유대교의 높은 윤리 기준은 많은 사람에게 호소력을 발휘했으며, 안식일에 일하지 않고 쉬는 관습을 이방인들이 따라 하기도 했다. 이스라엘 하느님의 대변자라면 기꺼이 그의 말을 들으려는 청중을 찾아낼 수 있었을 것이다.

바오로의 메시지에는 사람을 끄는 매력이 있었다. 다만 받아들이기 어려운 특징적 요소가 하나 있었는데, 바로 배타주의였다. 코린토1서를 보면, 모든 개종자가 당시에 흔했던 이교도 관습이나 행사에 참여하기를 전적으로 원치 않았던 것은 아니었다. 더욱이 그리스도인들은 유다인들과 마찬가지로 자기 공동체의 완전한 구성원이 다른 신을 숭배하는 것을 결코 용인하지 않았으므로, 우리는 훨씬 더 많은 이들이 그리스도 운동에 가담하기를 거부했으리라고 생각해야 한다.

그러나 세례를 받고 그리스도에 대한 신앙을 고백함으로써 영원한 삶을 보장받으리라는 메시지에 귀를 기울이는 이들도 많았을 것이다. 종교에 관한 한, 사람들의 태도는 많을수록 더 행복하다는—적어도, 많을수록 운도 더 많이 따른다는—식이었으므로 사람들을 많이 불러모아 종교나 제의에 참여함으로써 행복한 미래를 누리게 될 가능성을 높여보라고 권하는 것이 그리 어려운 일은 아니었을 것이다. 바오로는 다른 유다인들과 같이 배타주의를 지니고 있었지만, 처음부터 배타주의를 강조하지는 않았을 것이다. 예수의 죽음으로 시작되는 메시지와 그에 이어지는—바오로 자신이 몸소 증언하는—예수의 부활 사건이 특히 사람들의 관심을 끌었을 것이다.

바오로의 기본 메시지

지금까지 전해지는 바오로 서간들을 보면 바오로는 종종 자신이 처음 했던 말들을 상기하곤 하므로, 우리는 바오로가 설교한 내용에 대해, 적어도 그 개요만큼은 매우 정확하게 알 수 있다. 그는 주님이신 예수 그리스도의 죽음과 부활에 대해 설교했고, 예수 그리스도를 믿음으로써 그의 생명을 나누어 받을 수 있다고 선포했다. 이것이 현재까지 내려오는 그리스도교 설교의 요약 중 가장 오래된 것으로, 바오로가 마케도니아의 테살로니카로 보낸 서간에 기록돼 있으며, 빠르면 기원후 41년경, 늦어도 예수의 죽음에서 10년이 지나지 않아 작성된 것으로 보인다.

사실 그곳 사람들이 우리에 관한 이야기를 전하고 있습니다. 우리가 여러분을 찾아갔을 때 여러분이 우리를 어떻게 받아들였는지, 여러분이 어떻게 우상들을 버리고 하느님께 돌아서서 살아 계신 참 하느님을 섬기게 되었는지, 그리고 여러분이 어떻게 하느님께서 죽은 이들 가운데에서 일으키신 그분의 아드님, 곧 닥쳐오는 진노에서 우리를 구해주실 예수님께서 하늘로부터 오실 것을 기다리게 되었는지 말하고 있습니다(테살로니카1서 1:9~10).

여기서 바오로는 예수의 부활을 강조하고, 그에게 속한 이들이 닥쳐올 "진노"에서 벗어나 구원받으리라는 약속을 역설하고 있다. 신자들에 대한 구원의 약속은 단순히 중요하기만 할 뿐 아니라, 매우 시급한 것이었다. 바오로는 당시에 살아 있던 사람들이 대부분 주님이 다시 오실 때에도 여전히 살아 있으리라 예상했으며(테살로니카1서 4:14~18. 이 책의 제4장 참조), 이것은 지금의 세대를 마무리지을 사건이었다. 그리스도 안에 있는 자들은 구원받을 것이고, 그렇지 않은 사람들은 멸망할 것이다(바로 앞에 인용한 테살로니카1서의 구절. 필리피서 3:10~11(부활), 3:19(멸망) 참조).

범죄자로 단죄받은 예수가 그 무시무시한 죽음을 겪어야 했다는 점 또한 바오로가 전달한 메시지의 핵심이었다. 그는 갈라티아 신자들에게 편지를 쓰면서, 자신이 이전에 그들의 눈앞에서 십자가에 달린 예수 그리스도의 모습을 "생생히" 알려주었다는 사실을 상기시켰다(갈라티아서 3:1). 코린토 신자들에게는 그가 "예수 그리스도 곧 십자가에 못 박히신 분 외에는" 아무것도 알지 못했음을 일깨워줬다(코린토1서 2:2).

예수의 십자가 처형은 그리스도교를 선언하는 시작이며, 패배가 아니라 궁극적 구원에 이르는 발판이었다. 다음 구절에서 보듯, 예수의 죽음은 오히려 신자들에게 이로운 일이었다. 이 구절이 근거를 두고 있는 신조formula는 바오로 이전에 이미 성립된 것이었다.

모든 사람이 죄를 지어 하느님의 영광을 잃었습니다. 그러나 그리스도 예수님 안에서 이루어진 속량을 통하여 그분의 은총으로 거저 의롭게 됩니다. 하느님께서는 예수님을 속죄의 제물로 내세우셨습니다. 예수님의 피로 이루어진 속죄는 믿음으로 얻어집니다(로마서 3:23~25).

이 구절을 비롯해 다른 여러 구절에서 우리는 다음과 같은 그리스도교의 메시지들이 강조되고 있음을 볼 수 있다. (1) 하느님은 그의 아들을 보내셨다. (2) 그는 십자가에 못박혔으되, 이는 인류에게 유익한 일이었다. (3) 그는 죽은 이들 가운데에서 다시 살아나 하늘나라에 올랐다. (4) 그는 곧 다시 올 것이며, 그에게 속한 이들은 그와 함께 영원히 살 것이다. 바오로의 복음은 다른 이들의 복음과 같이 (5) 높디높은 윤리와 도덕 기준에 따라 살아가리는 권고를 포함하고 있다. "우리 주 예수 그리스도께서 재림하실 때까지 여러분의 영과 혼과

몸을 온전하고 흠 없이 지켜주시기를 빕니다."(테살로니카1서
5:23)

사도행전에서 사도들이 했다고 기록되어 있는 설교들 또
한 바오로의 편지들에 있는 기본적 선교 메시지와 상당히 비
슷하다. 사도행전에는 예수의 수제자였으며 뒤에 수석 사도
가 되는 베드로의 몇몇 설교들이 담겨 있는데, 그중 가장 훌
륭한 예를 짧게 뽑아보자면 아래와 같다.

이스라엘인 여러분, 이 말을 들으십시오. 여러분도 알다시피,
나자렛 사람 예수님은 하느님께서 여러 기적과 이적과 표징으
로 여러분에게 확인해주신 분이십니다. 하느님께서 미리 정하
신 계획과 예지에 따라 여러분에게 넘겨지신 그분을, 여러분
은 무법자들의 손을 빌려 십자가에 못박아 죽였습니다. 그러
나 하느님께서는 그분을 죽음의 고통에서 풀어 다시 "살리셨
습니다"〔……〕 이 예수님을 하느님께서 다시 살리셨고 우리
는 모두 그 증인입니다. 하느님의 오른쪽으로 들어올려지신 그
분께서는 약속된 성령을 아버지에게서 받으신 다음, 여러분이
지금 보고 듣는 것처럼 그 성령을 부어주셨습니다(사도행전
2:22~24, 32~33).

"여러분이 지금 보고 듣는 것"이란 제자들이 여러 방언으

로 말하는 것을 가리키는데, 이는 성령에게서 받은 카리스마적 은사라고 설명한다(그리스어 카리스마χάρισμα는 본래 타고난 재능이나 신의 축복을 의미하는 말로, 그리스도교에서는 예언, 영靈의 식별, 기적, 방언 등 성령이 내리는 특별한 선물을 의미한다 —옮긴이). 성령에 대한 언급 외에, 이 설교 내용에서 우리는 복음서들의 발전 과정을 이해하는 일에 깊이 관련된 중요사항을 발견하게 된다. 예수는 "하느님께서 여러 기적으로 여러분에게 확인해주신 분"이란 부분이 그렇다. 바로 이 부분이 시간이 지남에 따라 점점 자라나 복음서라는 나무를 이루게 되는 씨앗이다. 이로써 예수의 행적에 관해 이야기하는 것이 필수적인 일이 됐기 때문이다.

그러나 바오로에게는 예수의 삶에 대한 이야깃거리가 거의 없었다. 그는 때때로 예수가 했던 말들을 인용하긴 한다(테살로니카1서 4:15~18에서 "주님의 말씀"을 언급하고 있다). 바오로가 예수의 가르침 가운데 직접 인용한 것은 이혼 금지에 관한 것뿐이다(코린토1서 7:10~11, 마태오복음 5:31~32 및 루카복음 16:18, 마태오복음 19:3~9, 마르코복음 10:2~12 참조). 그 밖에는 예수가 마지막 만찬 때 했던 말을 반복하고 있을 따름이다(코린토1서 11:23~25, 마르코복음 14:22~25 및 그 병행 구절들 참조). 적어도 현재까지 전하는 편지들만 보면, 예수의 행적에 관해 바오로는 아무것도 말하지 않았다. 바오로의 메시지는 하느님이 아들을 보내고 다시 살림으로써 이루시는 구원 활동에 초점을 맞추고 있다. 이는 바오로와 다른 이들이 함께 주장하는 것으로, 믿는 이들은 예수의 생명을 나눠 가지게 되리라는 것을 보증한다.

바오로의 설교가 사도행전에 기록된 베드로의 설교와 다른 점은 주님의 재림이 임박했음을 강조하고 있다는 점이다. 그러나 주님의 재림은 이루어지지 않았고, 시간이 지나면서 이 주제는 퇴색해갔다. 이에 따라 사도행전의 저자는 틀림없이 베드로의 설교를 수많은 고대인들에게 바오로의 메시지가 얼마큼 믿을 만한 것이었을지 현대인들이 상상하기란 쉽지 않다. 우리가 지금 부활을 선포하는 설교를 들었다면, '그 사람이 정말로 죽었는지 당신이 어떻게 압니까?'라든가, '부활이라는 건 대체 어떤 겁니까? 부활하고 난 뒤에는 어떻게 되는 거지요?'라는 질문부터 던질 것이다. 이러한 질문들은 조금 더 늦은 시기에 제기됐으며, 두번째 질문에 대한 바오로의 답변은 코린토1서 15장 36절~50절에서 찾아볼 수 있다 (그는 부활이란 영적인 몸에 관한 것이지, 육적인 몸, 곧 "살과 피"에 관한 것이 아니라고 답변했다. 이에 대해서는 이 책의 다음 장에서 다룰 것이다). 고대사회에서는 많은 사람들이 인간이란 근본적으로 불멸한다고 믿었기 때문에, 앞에 제기한 첫번째 질문에 대해서는 '하느님이 이 사람을 하늘나라로 들어올렸으며,

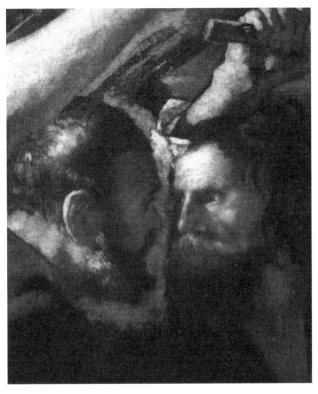

4. 성 베드로와 성 바오로. 그리스도교 신앙의 설립자들로 여겨진다.

주님으로 지명했는지 우리가 어떻게 압니까?'라고 물었을 것이다. 바오로는 그 자신이 부활한 주님을 보았던 환시와 그분에게 받은 자신의 사명에 기대어 증언했다(코린토1서 9:1, 15:8). 많은 이들이 바오로의 말을 믿었고, 예수를 그들의 구원자로 받아들였다는 것은 분명한 사실이다.

힘있는 행동

간명한 메시지를 전달하는 것 말고도, 바오로는 기적들을 행하며 진정한 예언자, 하느님의 대변인으로서 권위를 세웠다. 그는 테살로니카 신자들에게 보낸 편지에 "우리 복음이 말로만이 아니라 힘과 성령과 큰 확신으로 여러분에게 전해졌"다고(테살로니카1서 1:5) 적었다. 여기에서 "힘"이란 단어는 그리스어로 '강력한 행동'을 뜻하는 디나미스δύναμις인데, 때로 '기적'을 의미하기도 한다. 코린토 신자들이 다른 사도들의 부추김을 받아서 바오로가 진정한 사도인지, 아니면 적어도 선한 사람인지 의심하기 시작했을 때, 바오로는 그가 진정한 사도임을 증명하는 "표징들세메이아σημεῖα"을 보여줬다는 사실을 상기시켰다. 여기에는 "이적들테라타τέρατα과 표징들"과 '힘있는 행동들디나메이스δυνάμεις'이 포함된다(코린토2서 12:12, 로마서 15:18~19 참조, 코린토1서 2:4). 바오로가 개종시킨 이들 가운데에도 '힘있는 행동'들을 행하는 이들이 있었으며, 이들은 카리스마적 은사들 카리스마타χαρίσματα 을 받은 사람들이었다(갈라티아서 3:5, 코린토1서 1:7, 7:7, 12:1/4/10~11/28~29). 이러한 은사에는 방언과 방언의 통역, 병의 치유 등이 있었다(예: 코린토1서 12:1, 10, 28). 그러나 대부분 '힘있는 행동'이란 구체적으로 언급돼 있지 않다(예: 코린토1서 12:28). 하지만 바오로는 그에게 순종하지 않는 코린토 교회를 향해 자신은 그들의 "힘"에 도전할 준비가 돼 있으며, 직접 가서 자신의 힘을 보여주리라고 확언했다.

어떤 이들은 내가 여러분에게 가지 않을 것으로 여겨 우쭐거리고 있습니다. 주님께서 원하시면 나는 여러분에게 곧 갈 것입니다. 그리고 그 우쭐거리는 이들의 말이 아니라 힘을 확인해 보겠습니다. 하느님의 나라는 말이 아니라 힘에 있기 때문입니다. 여러분은 어느 것을 원합니까? 내가 여러분에게 매를 들고 가는 것입니까? 아니면, 사랑과 온유한 마음으로 가는 것입니까?(코린토1서 4:18~21)

오늘날 우리는 여기서 말하는 힘이 무엇을 뜻하는지 알고 싶을 따름이다. 우리는 바오로가 "여러분 가운데 누구보다도" 더 많은 방언을 할 수 있다는 것(코린토1서 14:18)과 환시들을 보았다는 것(코린토2서 12:2~4, 7)을 알고 있다. 사도행전에서는 바오로가 병을 치유하고 악령을 쫓아내며(사도행전 16:16~18, 19:11~12), 심지어 죽은 이를 살리는(20:7~12) 이야기들이 실려 있지만, 정작 바오로 자신은 이러한 기적들에 대해 전혀 언급하지 않았다. 그러나 바오로가 고대사회에서 기적이라 여겨지던 일들을 행했다는 점만큼은 의심할 필요가 없다.

바오로는 자신의 "힘"을 자랑하기는 했지만, 사도로서 권위를 증명할 표징들을 사람들이 요구했을 때는 자신이 행한 기적보다 자신의 "약함"에, 용감한 무용담보다 선교활동의 결과에 더욱 호소했다. 사도에게 기대되는 '힘있는 행동'들을 행했다는 사실을 코린토 신자들에게 확인해주면서도, 바오로는 또한 이렇게 적고 있다. "나는 그리스도의 힘이 나에게 머무를 수 있도록 더없이 기쁘게 나의 약점을 자랑하렵니다." (코린토2서 12:9) 우리는 이전에 바오로가 비록 개인으로서는 그다지 인상적이지 않았지만, 유능한 선교사였다는 점에 대해 언급한 적이 있다. 그는 자신의 약함을 통해 활동하는 하느님의 힘을 보았다. 주님은 그에게 "나의 힘은 약한 데에서 완전히 드러난다"(코린토2서 12:9)라고 말씀하셨으며, 그가 세운 교회들의 존재 자체가 이것이 사실임을 증명해줬다(코린토2서 3:2~3).

제 4 장

그리스도의 재림과 죽은 이들의 부활

예수 자신이 하느님의 나라가 가까이 왔다고 말했을 때, 그를 따르던 이들은 그것이 일부 사람들의 마음과 정신 속에서 이루어지리라곤 생각하지 못하고, 역사 속에 하느님이 개입해 이 세상 속에 하느님의 통치를 이룩하리라 기대했다. 예수가 처형당하자 이러한 제자들의 기대는 일순간 무너져내렸지만, 예수가 부활함으로써 제자들은 그들의 스승이 그들의 주님이며, 다시 돌아와 그의 왕국을 세우리라 확신하게 됐다.

앞에서 보듯, 초기 그리스도교가 포교한 내용의 세번째 핵심 요소는 주님이 곧 돌아와 그의 백성들을 구원하고 그의 나라를 세우리라는 것이었다. 테살로니카1서를 보면 바오로는 그가 개종시킨 이들에게 주님이 곧 돌아올 것이며 그들 모두가 죽지 않고 살아 있어 그날을 보리라고 가르쳤음이 분명하다. 그러나 우리는 또한 이러한 기대가 이러저러한 사건들로 도전받았다는 것도 확인할 수 있다.

바오로는 그가 세운 교회들에서 발생한 곤경들 덕분에, 자신의 종교에서 기본적으로 믿고 있는 내용들에 대해 그 근본 원리와 해석을 발전시키는 '신학자'가 됐다. 앞에서(61쪽) 바오로가 확신한 다섯 가지 근본 메시지들을 간단히 정리해보았는데, 처음 두 개(하느님은 세상을 구원하기 위해 그리스도를 보냈으며, 그리스도는 십자가 위에서 처형당했다)를 제외한 나머지 셋은 논의의 여지가 있었으며, 이를 두고 때때로 그리스도인들 사이에서 적대적인 논쟁이 일기도 했다. 코린토에서는 부활의 함축적 의미에 관한 논란이 일었다. 테살로니카에서는 주님의 재림이 늦어지는 데 대한 의문들이 생겨났다. '믿음이 있는 자들'이라는 말의 의미에 대해서 극렬한 논쟁이 이어졌으며, 이에 대해 갈라티아서는 매우 직접적으로 언급하고 있고 로마서는 약간 거리를 둔 채 기록하고 있다. 그리스도인들은 윤리적 행위에 대해서도 서로 의견이 갈렸다. 우리는 이같이 문제가 일었던 부분들에 대해 이 장과 이어지는 장들에서 살펴볼 것이다.

그리스도의 재림과 그리스도인들의 운명: 산 이들과 죽은 이들

바오로 서간들에서 (쓴 시간 순서대로 읽어갈 때) 우리가 처음 마주치게 되는 논쟁 대상은 주님의 재림에 관한 것으로, 이는 테살로니카1서에서 다루는 주요 주제 가운데 하나다. 이 주제는 부활의 본질이 무엇인가에 대한 논의로 이어지게 돼 있다.

테살로니카 교회의 문제란, 교회 신자 중 몇몇이 죽자 살아남은 이들이 죽은 이들의 운명에 대해 염려한 일이었다. 이런 상황은 바오로의 원본 메시지에 대한 혹독한 비판을 일으켰다. 바오로는 주님이 돌아올 때 신자들이 부활하는 것이 아니라 그때까지 살아남아 구원되리라고 말했다. 그전에 신자들이 죽는다는 것은 예상치 못한 일이었다. 바오로는 살아남은 이들에게 편지를 써서 죽은 이들 또한 주님의 재림을 맞게 되리라는 확신을 주려 한다. 그는 테살로니카의 그리스도인들이 이러한 확신을 통해 "희망을 가지지 못하는 다른 사람들처럼 슬퍼하지" 않기를 바랐다(테살로니카1서 4:13). 이러한 확신의 근거는 "예수님께서 돌아가셨다가 다시 살아나셨음"에 있으며, 따라서 그에게 속한 이들 또한 죽더라도 생명을 얻게 되리라는 것이었다(4:14).

그리고 나서 바오로는 그가 "주님의 말씀"이라 일컫는 것들을 전달한다. 이 말뜻에 대해서는 학자들 사이에 의견이 분분하긴 하지만, 대부분은 이것이 실제 역사 속 예수가 가르친 내용이기보다는 이후에 한 그리스도인 예언자에게 계시된 내용을 말하는 것이라고 본다. 나는 전자 쪽으로 기울기는 하지만, 지금 여기서 이 문제를 논의할 필요는 없을 것이다. 어느 쪽이든 바오로는 뒤에 이어지는 내용이 그저 자신의 생각에서 나온 것이 아니라, "주님"에게서 나왔다고 이야기했다. 바오로가 "주님의 말씀"이라고 하는 내용과 매우 비슷한 진술들이 복음서들에서는 예수가 직접 한 말로 기록돼 있다. 이 진술들을 바오로의 "주님의 말씀"과 비교해보고, 바오로가 이를 적용해야 했던 특정 상황들에 대해 좀더 주목해 들어가면 바오로 자신이 수정한 부분들을 확인해볼 수 있다. 다시 말해, 바오로는 이전의 전승을 인용하긴 했지만, 자신의 상황에 맞춰 그때그때 변형했다는 것이다. 더욱이 그는 주님의 재림 이전에 죽은 그리스도인들이 어떻게 될지를 묻는 테살로니카 신자들의 걱정에 대해, 원래는 죽은 이들에 대한 언급이 전혀 없는 진술을 적용하고 있다. 아래에 제시된 인용 중 밑줄로 표시한 부분은 바오로가 수정한 것으로 여겨지는 내용이다.

　우리는 주님의 말씀을 근거로 이 말을 합니다. 주님의 재림 때까지 남아 있게 될 우리 산 이들이 죽은 이들보다 앞서지는 않을 것입니다. 명령의 외침과 대천사의 목소리와 하느님의 나팔소리가 울리면, 주님께서 친히 하늘에서 내려오실 것입니다. 그러면 먼저 그리스도 안에서 죽은 이들이 다시 살아나고, 그다음으로, 그때까지 남아 있게 될 우리 산 이들이 그들과 함께 구름 속으로 들려올라가 공중에서 주님을 맞이할 것입니다. 이렇게 하여 우리는 늘 주님과 함께 있을 것입니다(테살로니카1서 4:15~18).

복음서들에 예수가 직접 말한 것으로 기록된 진술들에 따르면 그 말을 듣고 있는 사람들이 살아 있는 동안에 사람의 아들이 천사들과 나팔소리와 함께 다시 내려올 것이었다(마태오복음 16:27~28, 24:30~31). 따라서 이러한 기대는 (테살로니카1서에서 이미 밝혔듯) 매우 이른 시기부터 일었으며 많은 그리스도인들은 이러한 진술 자체가 예수에게서 직접 나온 것이라 생각했다. 바오로가 기술한 바는 다음과 같은 점들에서 복음서 기록과 다르다. (1) 복음서들은 2인칭 "너희"를 사용하고 있지만, 바오로는 1인칭 "우리"를 사용해 기술한다. 이것은 다만 편집상의 변화다. (2) 바오로는 사람의 아들이 나타난다기보다는 "주님"이 재림하리라 말하고 있다. 이것은 당시 그리스도인들이, 예수가 사람의 아들이라고 언급했던 존재가 바로 예수 자신을 가리키는 것이라고 믿었음을 보여 준다. (3) 바오로는 죽은 이들에 대해 이야기하며 그들이 산 이들을 앞설 것이라 말한다. 이 부분이 바로 테살로니카에서 발생한 문제들에 대응하려 그가 변형한 주요 부분이다. (4) 믿는 이들이 "구름 속으로 들려올라가 공중에서" 주님을 만나게 되리라는 구절에 대응하는 병행 구절은 복음서에서 찾을 수 없다.

"우리"가 그때까지 여전히 살아 있으리라는 기대는 그리스도교 교계 안에서 이미 모두 공유하고 있었던 것 같다. 하지만 "죽은 이들이 먼저, 그다음에 산 이들"이라고 하는 순서는 바오로 자신이 마주한 상황에 대응하려 고안해낸 것이다. 그러나 이 전승의 역사가 정확히 어떠한 것이었든 죽은 이들에 대한 명확한 규정은 바오로 자신이 만들었으며, 테살로니카에서 발생한 문제를 다루는 것이 규정을 만든 이유였다. 구체적인 난제 하나가 전승에 변화를 일으켰다.

부활의 본질

앞에서 분명한 차이를 드러내는 네번째 요소는 "공중에서"라는 표현이었다. 이로써 우리는 바오로의 예상이 어떤 것이었는지 탐구해보게 된다. 바오로가 생각한 것은 주님이 다시 돌아왔을 때 살아 있는 그리스도인들이 곧장 하늘나라로 날아오르리라는 것도 아니었고, 그들 안에 있던 영혼이 몸을 버려두고 떠나리라는 것도 아니었다. 이 점은 코린토서에 분명히 표현돼 있다. 코린토에 있던 개종자들은, 적어도 그들 중 일부는, 미래에 있을 부활을 부정했다(코린토1서 15:12~13 참조). 그들은 이미 받은 영적 은사들이 새로운 삶을 **이룬다**고 생각했음이 분명하다. 그들은 이미 "임금"이 돼 있었다(코린토1서 4:8). 바오로는 앞으로 일어날 일들이 정말 중요하다는 점을 강조했다. 테살로니카1서에서처럼 그는 살아 있는 이들의 미래 지위가 그리스도 안에서 죽은 이들과 같다고 보았다. 그들 모두는 **변화될** 것이다.

자, 내가 여러분에게 신비 하나를 말해주겠습니다. 우리 모두 죽지 않고 다 변화할 것입니다. 순식간에, 눈 깜박할 사이에, 마지막 나팔소리에 그리될 것입니다. 나팔이 울리면 죽은 이들이 썩지 않는 몸으로 되살아나고 우리는 변화할 것입니다(코린토1서 15:31~52).

이 변화를 통해 그들은 부활한 주님처럼 될 것이었다. "우리가 흙으로 된 그 사람[아담]의 모습을 지녔듯이, 하늘에 속한 그분[그리스도]의 모습도 지니게 될 것입니다."(코린토1서 15:49) 이러한 변화란 도대체 어떤 것일까? 바오로가 변화된 몸이란 어떠한 몸인지 정확히 설명하는 데 어려움을 겪었으리라는 것은 이해할 만하다. 그는 부활한 주님을 보았다고 확신했다(코린토1서 9:1). 그렇다면 "하늘에 속한 그분"이란 볼 수도 있고, 누구인지 확인할 수도 있는 존재란 말이 된다. 그러나 한편으로는 실제적인 변화가 있었(고, 앞으로 있을 것이었)다. "살과 피는 하느님의 나라를 물려받지 못합니다."(코린토1서 15:50) 살과 피로 된 육체의 가장 큰 특징은 언제든 썩어 없어진다는 것이다. 썩어 없어질 것은 썩어 없어지지 않는 것을 물려받을 수 없다(15:42/50).

다시 말해, 바오로는 부활한 예수를 숨쉬고 걸어다니는 능력을 회복한 시신이나 유령으로 생각하지 않았다. 그는 예수를 부활의 "맏물"이라 보았고(코린토1서 15:20), 모든 그리스도인들이 그와 같이 될 것이라고 생각했다. 그는 부활한 육체가 "물질적인" 몸과 같으리라는 생각을 부정하고, "영적인 몸"이 되리라는 의견을 견지했다(코린토1서 15:44~46). '물질적이지 않은 몸'이란 걸어다니는 시신을 배제하며, "영적인 몸"이란 유령('영혼'을 의미하는 그리스어 프네우마πνεῦμα)을 배제한다. 예수 자신의 경우처럼, 사람은 살아 있었을 때나 부활했을 때나 한 개인으로서 연속성을 지닌다. 바오로는 이를 설명하고자 씨앗에 비유했다. 씨앗은 땅에 심겨 자라면 그 형태가 달라진다(코린토1서 15:36~38).

　바오로가 생각한 '탈바꿈'이 육체를 이탈한 영혼도 아니고 소생한 육체도 아니라면, 과연 어떠한 것인지는 불멸성을 "입는" 것이라는 표현을 논하면서 알아볼 수 있겠다. 주님이 다시 오실 때까지 살아 있을 사람들을 생각하면서 바오로는 "이 썩는 몸은 썩지 않는 것을 입고 이 죽는 몸은 죽지 않는 것을 입어야 합니다"라고 했다. 이는 "승리가 죽음을 삼켜버렸다" (코린토1서 15:53~54)라는 성경 말씀이 이루어짐을 뜻한다. 그는 같은 이미지들을 코린토2서 5장에서도 사용하고 있다. 살아 있는 이들은 "지상 천막집"에 살고 있으며, 이 천막을 "벗어버리기를" 바라는 것이 아니라 "그 위에 덧입기를", 그리하여 "죽을 것을 생명이 삼켜"버리기를 바란다(코린토2서 5:4). 천막에서 옷으로 그 비유가 바뀌기는 했지만, 의미는 여전히 분명하지 않다. 불멸성을 "입게" 되면 이것이 죽을 운명을 대체한다는 이야기다. 바오로가 생각한 것은 내면의 영혼이 죽어 없어질 껍데기를 빠져나가 자유롭게 날아다니는 것도 아니고, 이전과 같은 육체에 새로운 생명이 들어와 숨쉬게 되리라는 것도 아니었다. 그가 생각한 것은 죽을 운명을 불멸성으로 뒤덮음으로써 성취되는 탈바꿈이었으며, 이것이 죽음을 "삼켜버리리라"고 보았다.

　바오로가 원자와 분자에 대해 알았더라면, 그는 아마도 이 모두를 다른 용어들을 사용해서 표현했을 것이라 생각해봄직하다. 그가 무엇을 긍정하고 무엇을 부정하는지는 분명하다. 부활이란 변화된 육체를 뜻하지, 걸어다니는 시신이나 육체에서 분리된 영혼을 뜻하지 않는다. "영적인 몸"이라는 말을 좀더 명확하게 정의하지 못한 것을 두고 바오로를 비난할 수는 없을 것이다. 이 주제에 관해 그가 지닌 정보들이 전적으로 부활한 주님을 만났던 그 자신의 체험에서 나왔으리란 점은―그는 자신의 편지들에서 이 경험에 대해 묘사하지 않았지만―거의 확실하다. 바오로는 그 체험으로 이제까지 우리가 살펴본 여러 진술들을 쓰게 됐지만, 그 진술들은 완전한 정의에 이르기에는 턱없이 부족한 지점에서 멈춰 있다. 우리는 그의 입장에서 그 체험에 관해 묘사할 수도 없고, 부활한 육체에 관한 그의 정의를 진전시킬 수도 없다. 다만 우리는 그가 생각한 것이 무엇인가를 아는 데 만족해야 할 따름이다.

세상의 종말

바오로는 주님의 재림과 살아 있는 이들이 겪게 될 탈바꿈, 그리고 죽은 이들의 부활이 "세상 종말"을 의미한다고 보았을까? 테살로니카1서 4장 13절~18절을 읽고, 변화된 신자들은 공중에서 주님을 만나 그곳에서 머무르며, 바로 그 나라라는 것이 정말로 하늘에 있는 것이라고 해석할 수도 있다. 그렇긴 하지만, 바오로는 신자들이 하늘로 올라 주님을 만난 뒤 주님과 함께 다시 지상으로 내려올 것이라고 생각했을 가능성이 더 크다. 필리피서 3장 20절에 따르면, 그 "나라"는 하늘에 있다. 그리고 그들은 구세주가 하늘에서 내려오리라 기대한다. 그는 필시 이 지상에 그의 통치를 구현하려는 목적을 이루고자 오는 것이다. 코린토2서 5장 1절에서도 바오로는 비슷한 방식으로 하늘에서 내려오는 건물을 "입는" 것에 관해 이야기한다. 곧, 그 건물은 하늘에서 내려와 죽을 것을 삼켜버릴 것이다(많은 번역본에서 '하늘에서'라는 부분은 명확하지 않다). 결국, 바오로가 예상한 것은 물질적인 우주 전체가 새로운 형태로 변화되리라는 것이었다. "피조물도 멸망의 종살이에서 해방되어, 하느님의 자녀들이 누리는 영광의 자유를 얻을 것입니다."(로마서 8:21) 그렇다면 바오로 또한 예수가 지상 세계에 그의 통치를 확립하리라는 그리스도인들의 공통 견해를 받아들였다고 볼 수 있겠다. 다만 그는 썩어 없어질 운명에서 벗어난, 변화된 지상 세계를 생각한 것이었다.

한편, 코린토1서 15장 24절~25절에서는 이 세계의 최후에 대해 분명히 지적하고 있다. 그리스도는 이 세상을 얼마 동안 다스리면서 모든 적들을 멸망시키고 난 뒤에 그의 나라를 하느님께 넘겨드릴 것이다. 성자 예수 자신도 성부 하느님께 굴복할 것이다. 그리하여 "하느님께서는 모든 것 안에서 모든 것이 되실 것"이다(새영어성경New English Bible(NEB), 예루살렘

성경Jerusalem Bible(JB), 새국제역성경New International Bible(NIV) 등의 성경은 잘 번역했으나, 개역표준성경RSV에선 "모든 이에게 모든 것이 되실 것"이라고 번역해서 오해를 불러일으키기 쉽다).

죽음 뒤에 곧바로 주님과 함께하리라

또다른 역경이 찾아왔고 이 때문에 미래를 예측하는 새 신조가 생겨났다. 또다른 역경이란 바오로 자신이 투옥된 일이었다. 그가 필리피서를 쓴 것이 이때였다. 우리는 정확히 언제 어디서 이 일이 일어났는지 알지 못하며, 시간 순서에 따라 사건이 어떻게 진행됐는지에 대해서도 말할 수 없다. 다만, 투옥된 일 때문에 그 자신이 주님의 재림보다 먼저 죽을 수 있다는 생각을 하게 됐다고 이야기할 수는 있다. 어떤 면에서 그는 그렇게 되기를 바랐다.

내가 설령 하느님께 올리는 포도주가 되어 여러분이 봉헌하는 믿음의 제물 위에 부어진다 하여도, 나는 기뻐할 것입니다. 여러분 모두와 함께 기뻐할 것입니다(필리피서 2:17).

사실 나에게는 삶이 곧 그리스도이며 죽는 것이 이득입니다. 그러나 내가 육신을 입고 살아야 한다면, 나에게는 그것도 보람된 일입니다. 그래서 어느 쪽을 선택해야 할지 모르겠습니다. 나는 이 둘 사이에 끼어 있습니다. 나의 바람은 이 세상을 떠나 그리스도와 함께 있는 것입니다. 그편이 훨씬 낫습니다. 그러나 내가 이 육신에 머물러 있는 것이 여러분에게는 더 필요합니다. 이러한 확신이 있기에, 내가 남아 여러분 모두의 곁에 머물러 있어야 한다는 것을 압니다(필리피서 1:21~25).

우리는 여기에서 바오로가 죽으면 "이 세상을 떠나 그리스도와 함께 있는 것"이라고 생각했음을 볼 수 있다. 개념적으로, 이것은 주님이 다시 오실 때에 일어나리라던 탈바꿈 또는 부활에 대한 기대와 다르다. 우리는 여기에서 영혼의 불멸성이라는 고대 그리스 사상을 볼 수 있는데, 이는 집단적이기보다 개인적인 현상이다. 개인이 죽으면 그의 영혼이 하늘로 오른다는 것이지, 그리스도의 재림 때에 산 이와 죽은 이를 가리지 않고 모든 신자들의 무리가 탈바꿈하리라는 것이 아니다. 바오로는 이 두 가지 서로 다른 개념을 양자택일의 문제로 여기지 않고, 간단하게 둘 모두를 수용했다. 그가 죽는다면, 그는 곧장 그리스도와 함께 있게 될 것이다. 그리고 한편으로, 종말 때 주님께서 재림하시면 그를 데려가서서 다시 함께 있게 될 터인데, 이때는 이전과 달리 탈바꿈한 상태의 그를 데려가시는 것이다.

탈바꿈은 이미 시작되었다

코린토2서 3장 12절~5장 10절을 살펴보면 우리는 마지막 때에 신자들이 어떻게 될 것인지를 명확하게 신조로 표현하려는 더욱 진전된 노력의 결과를 보게 된다. 신자들은 탈바꿈할 것이다. 그러나 바오로는 이러한 탈바꿈이 이미 일어나고 있다고 여겼다. "우리는 모두 (……) 주님의 영광을 거울로 보듯 어렴풋이 바라보면서, 더욱더 영광스럽게 그분과 같은 모습으로 바뀌어갑니다.(코린토2서 3:18) "우리의 외적 인간은 쇠퇴해가더라도 우리의 내적 인간은 나날이 새로워집니다."(4:16) 한편으로 옛것에서 "새로운 피조물"로 변해가는 탈바꿈은 이미 이루어지고 있지만, 다른 한편으로 이 과정은 내적인 것이기 때문에 눈에 보이지 않는다.

바오로는 더욱 순수하게 육체 안에 머무는, 그리고 그것을 떠날 수 있는 영혼이라는 고대 그리스의 개념으로 회귀한다. "우리가 이 몸안에 사는 동안에는 주님에게서 떠나 (……) 이 몸을 떠나 주님 곁에 사는 것이 낫다고 생각합니다."(코린토2서 5:6~8)

모든 이가 동시에 부활한다는 '유다'의 관념에서 불멸하는 개개인의 영혼이라는 '그리스'의 관념으로 이행해가는 순차적 과정을 밝혀보려는 사람들도 있었다. 하지만 이러한 설명은 적절하지 않다. 코린토2서 3장~5장을 살펴보면, "내적"으로 "새로워"짐(3:18), 부활에 대한 약속(4:14), 그리고 개인의 영혼이 "몸을 떠나"서 "주님 곁에 사는" 것이라는 생각이 잇달아 나온다. 개념적으로 서로 다른 생각들이 사이좋게 나란히 놓여 있는 것이다.

'그리스' 범주와 '유다' 범주를 분명하게 구분하려는 시도는 자칫 오해를 불러일으키기 쉽다. 바오로가 이 둘을 양자택일적으로 제시한 것도 아닐뿐더러, 유다인들의 이산 공동체인 디아스포라 내의 유대교회당에서는 이미 오래전부터 불멸하는 영혼과 부활이라는 두 개념이 결합해 있었다. 후대의 유대교와 그리스도교 문헌들에서는 이 두 개념이 분명한 조화를 이루게 된다. 죽음의 순간, 영혼은 하늘로 올라가 부활을 기다리며, 부활 때 영혼과 육체가 다시 결합을 이룬다.

현존하는 이 세계 질서의 종말에 대한 기대—바오로가 확신한 믿음의 중심 내용 중 하나—는 현재까지 전하는 그의 편지들 중 가장 나중 것으로 추측되는 로마서('추측되는'이라고 하는 이유는 옥중에서 쓴 필리피서와 필레몬서의 정확한 연대를 알 수 없기 때문)에서도 드러난다.

또한 여러분은 지금이 어떤 때인지 알고 있습니다. 여러분이 잠에서 깨어날 시간이 이미 되었습니다. 이제 우리가 처음 믿을 때보다 우리의 구원이 더 가까워졌기 때문입니다. 밤이 물러가고 낮이 가까이 왔습니다(로마서 13:11~12).

우리가 그의 생각을 가능한 데까지 추적해봤을 때, 바오로
는 계속해서 주님이 다시 오실 것을 기대했다는 사실을 알 수
있다. 그는 어떤 상황들 때문에 ―이를테면 테살로니카에서
죽은 신자들을 둘러싸고 위기가 발생했을 때나, 그 자신이 죽
을지도 모르는 상황이 닥쳤을 때― 이러한 희망의 일부 측면
들을 변경해야 하기도 했다. 또한 그는 불멸하는 개인의 영혼
이라는 관념을 사용하기도 했다. 그러나 그의 믿음의 바탕은
끝까지 그대로 남아 있었다.

제 5 장

신학적 전제:
유일신 사상과
하느님의 섭리

바오로가 얽혀 있던 주요 논쟁들과 그에 대한 바오로의 응답을 이해하려면 바오로 자신이 논쟁 안으로 끌어들인 가정들, 곧 바오로의 친구든 원수든 당대 유다인들이 공유하던 신학적 가정에 대한 설명이 먼저 필요하다. 바오로는 유대교에서 두 가지 중요한 신학적 관점을 물려받았다. 첫째, 단 하나의 신, 하느님만이 있다. 둘째, 바로 이 하느님이 세상을 다스린다. 이 두 관점에 따르면 역사란 하나의 인형극에 지나지 않는 것처럼 보일 수도 있다. 그러나 그렇게 단순하지만은 않다. 많은 유다인들이 유일신 하느님 외에 이 세상에 있는 다른 힘들에 대해서도 생각했으며, 또한 인간은 선택의 자유를 행사할 수 있다고 보았다. 그들은 하느님의 다스림이 보통 매우 큰 규모로 행사되고 있다고 생각했다. 궁극적으로 이 세상은 하느님이 의도한 대로 바뀌어갈 것이라고 말이다. 일반적으로 유다인들은 하느님이 일상의 삶에도 손쓰실 수 있다는 것을 부인하지 않았지만, 그 소소한 일들까지 전부 반드시 하느님의 뜻에 따른 것이라고 여기지는 않았다.

이러한 내용은 모두 바오로의 편지에서도 볼 수 있다. 그는 한 분인 하느님을 믿었으며, 이 우주에는 하느님 외에 다른 힘들도 있다고 생각했다. 그는 하느님이 거대한 계획을 세워 두셨고 역사 속에서 이를 실행하고 계신다고 믿었다. 또한 개인이 하느님을 따르거나 거스르는 선택을 할 수 있다고 생각했다.

한 분 하느님과 그에 대적하는 힘들

코린토1서 8장에서 바오로는 그리스도인들이 우상에게 바쳤던 음식을 먹어도 되는지에 대해 숙고하고 있다. 코린토에 있는 그리스도인들 중 일부는 그 음식을 먹고 싶어했는데, 그들은 우상들이란 진짜가 아니라는 점을 근거로 내세웠다. 그들은 바오로보다도 유일신 사상을 더 극단적으로 받아들였다. 이에 대해 바오로는 이른바 신이나 주님으로 불리는 존재들이 많더라도 우상들은 진짜로 존재하는 것이 아니며 한 분 하느님만이 계실 따름이라고 답했다. 바오로는 코린토 신자들이 자칫 우상을 믿는 것으로 오해받을지 모르므로, 우상에게 바쳤던 음식을 먹어서는 안 된다고 보았다. 여기까지만 보면 바오로 또한 철저하게 유일신 사상을 받아들이는 것으로 보인다. 그러나 10장에서 그는 이 주제로 다시 돌아와 이렇게 말한다. "그러나 내가 말하려는 것이 무엇이겠습니까? 우상에게 바쳤던 제물이 무엇이라도 된다는 말입니까? 우상이 무엇이라도 된다는 말입니까? 아닙니다. 사람들이 바치는 제물은 하느님이 아니라 마귀들에게 바치는 것이라는 말입니다."(코린토1서 10:19)

그렇다면, 다른 신들은 없지만 마귀들은 있다는 이야기다. 코린토1서 8장 4절~6절에 나오는 "소위 신들과 주님들"이 진짜 신이나 주님은 아니다. 그러나 그들은 여전히 실재하는 존재들이다. 바오로는 그들에 대해 다른 방식으로도 이야기한다. "본디 신이 아닌 것들"(개역표준성경RSV은 이 어려운 구절을 멋지게 번역해놓았다 갈라티아서 4:8), 자신을 빛의 천사로 위장한 사탄(코린토2서 4:4), "이 세상 우두머리들"(코린토1서 2:6), "권세"와 "권능"(로마서 8:38), "권세와 권력과 권능"(코린토1서 15:24) 등이다. 무릎 꿇어야 하는 자들은 이 지상에만 있는 것이 아니라 그 위와 그 아래에도 있다(필리피서 2:10). 종국에는 그리스도가 승리할 것이지만(로마서 8:38, 코린토1서 15:24~26, 필리피서 2:9~11) 그때까지 이러한 존재들은 상당한 문제를 일으킬 것이다.

우리는 바오로가 죄를 하느님께 대적하는 힘들 중 하나로 다룰 때 어느 정도 등급으로 다루는지 특별히 관심을 기울여야 한다. 이것은 이를테면 로마서 5장에서 7장에 이르는 부분에서처럼, 그리스어 '하마르티아ἁμαρτία' 곧 죄라는 단어가 '이다/있다εἰμί' 동사 말고 다른 동사의 주어로 언급되는 경우들을 말한다. 로마서 5장 12절에 따르면, 죄는 "세상에 들어왔"다. 계속 읽어가다보면, "죄는 죽음으로 지배했다"(5:21). 그리고 한 사람의 몸을 "지배할지도" 모르고, 또는 한 사람 위에 "군림할 수도 있다"(6:14). 죄는 계명을 빌미로 기회를 잡아 "내 안에 온갖 탐욕을 일으켜놓았다"(7:8). 죄는 "되살아났다"(7:9). 또한 "계명을 빌미로 나를 속이고 또 그것으로 나를 죽였다"(7:11). 그리고 "선한 것을 통하여 나에게 죽음을 가져왔다"(7:13). 죄는 힘으로서 섬김을 받으며(6:16~18), 따라서 사람들을 종으로 삼는다(6:20). 달리 말하자면, 죄는 사람의 지체 안에 머물면서 하느님의 법을 행하지 못하도록 가로막는 하나의 "법"이다(7:17~23). 여기서 벗어나는 방법은 그리스도의 죽음을 나눔으로써 죄의 영역인 "육肉"을 떠나는 것밖에 없다(8:8). 그리스도인들은 그리스도와 함께 죽었고, 이로써 죄에 대해서도 죽었다(6:2~11). 그리하여 죄에서만 벗어난 것이 아니라, 판결을 내리는 율법과 하느님과 원수진 "육"

에서도 놓여났다(7:4~6).

로마서 6장~7장에서 말하는 죄를 다루기 전에, "육"에 대해 짧게나마 설명해야겠다. 바오로는 때로 이 말을 "물질적인 몸"을 가리킬 때 쓰기도 했지만, 지금 우리가 다루는 로마서의 이 부분에서는 하느님을 대적하는 인간의 상태를 가리킨다. 로마서 7장 5절의 의미는 분명하다. "우리가 육에 갇혀 있을 때는 (……) 그러나 우리가 이제는 (……) 율법과 관련해서는 (……) 벗어났습니다. (……) 그리하여 법전이라는 옛 방식이 아니라 성령이라는 새 방식으로 하느님을 섬기게 되었습니다." 여기서 "우리"는 바오로와 다른 그리스도인들을 말한다. 그들은 여전히 육신의 거죽을 쓰고 있지만, 더는 "육 안에" 갇혀 있지 않다. 바오로는 로마서 8장 9절에서 이렇게 적고 있다. "여러분은 육 안에 있지 않고 성령 안에 있게 됩니다." 그리고 육과 성령의 대조는 계속된다(8:9~13). 추측하건대, 바오로가 "육"을 '하느님을 대적하는 인간 상태'라는 뜻으로 쓴 까닭이 바로 여기에 있다. 육은 단순히 "영"의 반대말이며, "영"은 또한 신의 힘을 나타내는 말이기 때문이다. 이것이 영어에서 언제 "육"을 대문자로 써야 하는지를 결정할 때 가장 좋은 방법이다. 곧, 대문자로 시작되는 육Flesh은 물질로서의 인간이 아니라 하느님을 대적하는 힘의 지배 아래 있던 인간 상태를 가리킨다. 하느님의 영과 선명한 대비를 이루는 것은 바로 후자이기 때문이다. 이때 소문자 육flesh은 대문자 **육**Flesh이 된다.

로마서의 이 부분에서 바오로는 죄를 하느님과 맞지 않는 이질적 힘의 하나로만 다루는 것이 아니라 아주 힘센 존재로 다루고 있다. 사실, 죄는 저항하는 우리를 쉽게 이긴다. 바오로가 이러한 죄의 개념에 관해 인류학적이거나 신학적으로 또는 우주론적으로 설명하고 있는 것은 아니란 사실을 아는 게 중요하다. 유다인들의 관점에서 보면 하느님은 세상을 창조하셨으며, 창조된 세상은 선하다고 선언하셨다. 그러나 이러한 가르침은 죄라는 것이 하느님의 다스림에서 율법을 떼어내 왜곡하거나(로마서 7:11) 인간들이 선을 행할 수 없도록 무력하게 만들 만큼(7:19) 강력한 힘이라는 관점과 쉽게 조화를 이룰 수 없다.

그리스도를 제외한 인류가 모두 죄의 힘 아래 있다는 결론에 이르게 하지만, 그에 대해 설명하지 않는 두 부분을 찾아 읽을 수 있다. 로마서 1장과 2장에서 이방인과 유다인들 모두 총체적으로 죄를 범한 데 대해(이방인들은 동성애와 "온갖 불의"를 저질렀고, 유다인들은 신전 물건들을 훔치고, 간음했다) 질책당하고 있다. 그러면서 바오로는 결론을 내린다. 모든 사람들은, 유다인이나 이방인이나 "다 같이 죄 아래 있다"(로마서 3:9). 개역표준성경RSV에서는 "죄 아래"를 "죄의 힘 아래under the power of sin"라고 번역했는데, 이러한 해석이 바오로가 의미한 바에 부합하는 듯하다. 바오로는 단순히 사람들이 규율을 어기고 죄를 지었다는 점을 책망한 것이 아니다. 모든 이들이 죄의 지배를 받는다는 것이다. 그렇다고 해서 흉악하게 부도덕한 행위들 때문에 바오로가 모든 이가 죄의 힘 아래 있다는 결론을 내렸다고는 할 수 없다. 부분적으로는 그의 책망들이 과장돼 있기 때문이기도 하다. 이방인들의 세계나 유다인들의 세계나 모두 '성인들', 곧 나무랄 것이 없이 삶을 살다 간 사람들이 있었다. 흉악한 범죄의 보편성이라는 바오로의 관점이 반드시 그의 경험적 관찰에서 비롯했을 것 같지는 않다. 게다가 그는 죄의 목록을 나열하다 말고 중간에 율법 아래 있지 않은 이방인들이라도 "본성에 따라 율법에서 요구하는 바를 실천"한다는 것을 인정한다. 이들은 심판 때에 그들의 행실에 따라 정당함을 인정받을 것이다(로마서 2:13~14). 3장 9절의 결론은 어떤 면에서도 이러한 내용과 부합하지 않는다. 1장과 2장의 책망하는 내용은 실제 상황을 과장해서 서술했으며 여기서 나온 결론은 2장 13절~14절의 내용과 모순된다. 이러한 사실은 모두가 죄의 지배 아래 있다는 바오로의 결론이 앞의 두 장에서 그가 제시한 일관된 경험적 관찰과 논리적 추론에서 도출된 것은 아님을 의미한다.

　로마서 5장의 내용도 같다. 바오로는 여기에서도 죄의 보편성을 주장하고 있다. 아담이 죄를 지었고 이것으로 죄와 그 결과인 죽음이 세상으로 들어왔다. "또한 이렇게 모두 죄를 지었으므로 모든 사람에게 죽음이 미치게 되었습니다."(로마서 5:12) 이 말 다음에는 "율법이 없어서 죄가 죄로 헤아려지지 않으며", "아담부터 모세까지는, 아담의 범죄와 같은 방식으로 죄를 짓지 않은 자들까지도 죽음이 지배하였"다는 진술이 이어진다(로마서 5:13~14). 죄의 지배력이 보편적이란 사실을 확실히 하고자 바오로는 아담을 그 수단으로 이용하고 싶어했으나 여기에 두 가지 문제가 있었다. 첫째, 율법이 주어지기 이전에 저질러진 범죄는 죄로 헤아려져서는 안 된다. 둘째, 모든 사람이 아담처럼 하느님의 명령에 반항함으로써 죄짓는 것은 아니다. 이러한 문제들에도 바오로는 결론적으로 단언하고 있다. "한 사람의 불순종으로 많은 이가 죄인이 되었다."(5:19) 바오로의 인간학에는 (아우구스티누스의 인간학과 달리) 물려받은 죄라는 개념이 들어 있지 않다. 그렇기 때문에 바오로가 아담에 호소함으로써 보편적인 범죄를 '증명'하려는 것은 전혀 논리적이지 않다. 그는 이를 강하게 주장하면서도, 이에 상충하는 내용들을 열거하고 있다. 두 가지 문제를 살펴봄으로써 우리는 바오로가 내린 결론이 그전에 논한 내용들과 따로 떨어져 있음을 알 수 있다. 아담의 죄는 바오로 자신도 말하고 있는 것처럼 모든 인류가 죄스럽고 죄

지은 상태에 있다는 것을 증명하지 못한다. 또한 일부 그리스인들과 유다인들이 저지른 흉악한 죄들도 바오로 자신이 제시하듯 모든 인간들이 죄의 노예가 되었다는 결론으로 이어지지 않는다. 이것은 바오로가 그의 결론을 하나의 고정된 관점으로 두고 있었으며 논리적인 면에서는 떨어지지만, 이를 뒷받침할 만한 근거들을 내세우려고 노력했다는 것을 의미한다. 달리 말하자면, 그의 결론은 그의 논증들과 별개일 뿐만 아니라 그 논증들보다도 훨씬 중요하다.

로마서 1장, 2장, 5장에 제시된 생각들이 바오로가 죄에 대해 갖고 있던 개념의 기원을 설명해주지 못한다면, 우리는 그 개념이 어디에서 비롯한 것이라고 말할 수 있을까? 두 가지 설명이 가능하다. 하나는, 바오로가 그리스도교로 회심해 들어오기 전까지는 인간의 죄스러운 처지에 대한 개념이 아직 형성돼 있지 않았으며, 오히려 죄에 대한 해결책에서부터 이처럼 죄스러운 처지를 역으로 연역해낸 것이라는 설명이다. 하느님이 아들을 보냄으로써 온 세상을 구원하려고 했다는 것을 계시로 받아들였을 때, 바오로는 당연히 온 세상이 구원을 필요로 하고 있다고 생각해야 했다. 곧, 온 세계가 모두 죄에 묶여 있었다는 것이다. 인간의 죄에 묶인 처지에 대한 바오로의 개념들보다는 그의 구원론이 더 일관되며 간명하다. 구원에 대한 그의 생각이 고정돼 있었기 때문에, 그는 죄의 보편성을 뒷받침할 논거들을 찾아야 했던 것 같다. 이렇게 생각하면 로마서 1장, 2장, 5장의 내용이 논리적으로 매우 빈약하면서도 어떻게 그토록 확실한 결론에 이르고 있는지를 이해할 수 있을 것이다. 바오로는 전 인류가 그리스도를 통해 구원받아야 한다는 결론을 계시로 받아들였으므로 이에 대해 의문을 제기할 수는 없었다. 그러니까 죄에 속박당해 있는 상황의 보편성을 뒷받침하는 논거들은 이 계시를 합리화하려는 시도들이었던 셈이다.

여기까지가 가능한 설명 중 첫번째였다. 두번째로 가능한 설명은 바오로가 이전에 이원론적 세계관의 내용들을 흡수했다는 것이다. 이원론에 따르면 창조된 세계의 질서는 적어도 그 일부가 어둠의 신의 지배 아래 있다. 이란에서 기원한 이원론(조로아스터교)은 지중해 전역을 관통해 퍼져나갔으며, 어둠의 천사와 빛의 천사, 어둠의 자녀들과 빛의 자녀들을 구분하고 있는 『사해문서』(1947년부터 1956년까지 이스라엘 사해 서북쪽 쿰란 근처 동굴들에서 발견된 두루마리 문서들. 쿰란 문서라고도 한다. 기원 전후 100년 사이에 쓰인 성경 및 유대교 관련 문서들로서 현존하는 성경 사본 중 가장 오래된 것들에 속한다―옮긴이)에서도 그 영향을 찾아볼 수 있다(예: 「공동체 규칙서 Community Rule」 3:17~4:1). 바오로가 쓰는 용어들에서도 이원론의 잔향이 보인다. 코린토2서 11장 14절에서 사탄은 그 자신을 빛의 천사로 위장한다고 하는데, 사탄이란 사실상 '어둠의 천사'인 것이다.

바오로는 필시 이원론의 영향을 받았을 것이다. 창조된 세계 전체가 모두 범죄를 저지른 것이 아닌데도 구원을 필요로 한다(로마서 8:19~23)고 생각했다는 점에서 특히 그러하다. 그러나 이원론의 영향을 받긴 했지만 바오로 자신이 이원론자는 아니었음을 알 수 있다. 그는 하느님 자신이 창조된 세계 전체를 "허무의 지배 아래" 놓이게 하셨으며, 이는 세계의 구원을 계획하며 "희망을 가지고" 그렇게 하셨다고 제안한다. 공식적으로, 로마서 8장에는 제2의 신이라든가, 제2의 힘 따위가 존재한다는 내용은 들어 있지 않다. 그러나 바오로는 악한 영적 세력들이 있다는 것을 믿었으며, 위에서 본 것처럼 이들을 여러 가지 이름으로 불렀다. 이들은 신이 아닌 존재들이지만 죄가 그러하듯(로마서 6:6) 사람들을 눈멀게 하며(코린토2서 4:4), 종살이하게 만들 수 있다(갈라티아서 4:8).

바오로가 이원론적 사고의 영향을 받았다는 생각이 어느 정도 사실이라면, 죄에 대한 그의 논의들이 그의 구원론을 반영하는 것이라는 견해는 더욱 그러할 것이다. 우리가 그의 구원론이 지닌 영향력에 대해 온전하게 알고자 한다면, '섭리'라고 하는, 역사 속에서 일하시는 하느님의 활동에 대한 바오로의 견해를 검토해보아야 한다. 그러고 나서 우리는 섭리와

죄 사이의 관계에 대해 질문해볼 수 있을 것이다.

하느님의 섭리

하느님이 역사의 주요 사건들과 개별적인 순간들까지도 지배한다는 믿음은 유다인들 사이에 일반적인 것이었다. 유대교 사제로서 유대교 역사를 기술했던 요세푸스가 품었던 생각을 여기서 간략하게 설명해보는 것이 유용할 듯하다. 그는 기원후 37년에 태어났으므로 바오로보다는 젊은 동시대인이었다. 우리는 여기서 특별히 요세푸스 본인의 신학 중에서 가장 어려운 부분에만 집중하고자 한다. 요세푸스가 보기에 로마가 세계를 지배하게 된 것은 하느님께서 의도하신 바였으며, 유다인들의 반란(66년과 73~74년)이 실패한 것 또한 하느님이 결정하신 일이었다. 이는 당연히 죄에 대한 벌이었다. 로마와의 전쟁이 임박해왔을 때 성전에서 살인 사건이 일어나 성소에 피를 떨구는 일이 있었으니, 이는 불로 정화돼야 했다(『유다 전쟁사』 4:201, 5:19). 사람들은 율법을 어겼으므로(이를테면, 안식일에 싸움을 벌였다. 앞의 책 2:517~18) 벌을 받아 마땅했다. 하느님은 베스파시아누스와 티투스 부자父子를 도구로 삼아 유다인들이 살던 팔레스타인 지방을 정벌하게 하셨으며, 이후 두 부자는 모두 로마 황제가 됐다.

하느님이 베스파시아누스와 티투스를 선택해 이스라엘

에 대한 형벌을 완수하게 하셨다는 요세푸스의 이론에 따르면, 상대적으로 사소한 역사의 순간들조차 하느님이 결정하신 대로 이루어진다는 설명이 가능하다. 전해지는 이야기에 따르면, 하루는 티투스가 갑옷을 입지 않은 채로 정찰에 나섰다가 적의 복병을 만나 자신의 정찰대에서 떨어져 고립됐다. 화살이 비처럼 쏟아졌으나 그는 다치지도 않고 도망쳐나왔다. 요세푸스에 따르면 이 이야기야말로 "전쟁의 운運과 군주의 생사는 모두 하느님이 주관하신다"(『유다 전쟁사』 5:60)는 것을 증거한다. "사람이 자신의 운명을 벗어나기란 불가능한 일"이라고 그는 적고 있다. 그러나 "유다인들"은 이를 비롯한 여타의 징조들을 다르게 해석했노라고 한다. 그는 경건한 태도로 계속해서 진술해나간다. 하느님은 유다 민족을 사랑하시므로 "미리 경고하는 온갖 표징들을 통해 당신의 민족에게 구원의 길을 보여주시지만, 그들은 스스로 선택한 어리석음과 재난으로 멸망하고 만다"(앞의 책 6:310~315).

요세푸스가 역사를 신학화한 것은 사후 작업일 뿐이었다. 그는 결과를 이미 알고 있었다. 반란을 일으킨 유다인들을 진압하고자 군사 개입을 시작한 베스파시아누스는 이후 황제가 됐다. 그리고 이 군사 개입을 마무리지은 그의 아들 티투스 또한 아버지의 뒤를 이어 황제가 됐다. 예루살렘은 파괴되고 로마는 번성했다. 이 같은 사실을 통해 역사를 뒤돌아본 요세푸스는 이러한 결과가 하느님이 계획하신 것이라 보았으며, 예루살렘의 멸망으로 이어지는 과정들 또한 모두 하느님이 계획하신 대로 이루어진 것이라 추론했다. 그가 보기에 하느님은 그 과정에서 이 일이 일어나리라고 유다인에게 경고하셨다. 유다인은 그들의 자유의지를 행사해 신탁과 표징들을 올바로 이해하기를 거부하고 그들 자신의 길을 고수하며 하느님의 길은 무시했다. 그 결과 그들은 제대로 파멸을 맞았다. 하느님은 그 운명을 결정하셨고, 그들은 그런 운명에 처해 마땅했다.

이것은 매우 강력한 신학이다. 모든 일을 이로써 설명할 수 있기 때문이다. 그러나 이러한 신학은 웃음거리가 되기도 한다. 요세푸스가 회상에 잠겨 실제로 일어난 일들이 모두 계획된 것이라고 말하기란 매우 쉬운 일이었다. 그의 회상 속에서 하느님의 계획은 실제로 일어난 일들에 완전히 부합되도록 맞추어질 수 있었을 테니까.

그러나 웃기부터 해서는 안 된다. 하느님의 섭리에 관한 생각은, 날아가는 화살의 방향을 결정하는 것과 같은 문제에 적용된다면 무척 하찮아지고 말겠지만, 여기에는 하느님께서 우주 전체에 대해 선한 일을 의도하신다는 생각이 담겨 있다. 그리고 이러한 생각은 창조 신앙과 연결된다. 하느님은 우주를 창조하셨고 돌보시며 다스리신다. 우주를 향한 하느님의 의지는 선하다. 이러한 생각을 우습다고 생각하는 사람은 거의 없을 것이다. 오히려 많은 이들이 여기에서 위안을 얻어왔고 지금도 얻고 있다. 창조된 전체를 이같이 긍정적인 조명 아래에서 바라보는 신학이라면 그 어떠한 신학도 고결한 것이 된다. 창조 신앙은 하느님의 섭리에 관한 생각 전반과 얽혀 있으며, 이는 유대교가 인류에 남긴 선물 중에서도 가장 고귀하다. 요세푸스가 이것을 하찮게 만들어버렸는지는 모르겠으나, 세상 그 어떤 것이라도 하찮아질 수 있는 법이다. 다만 위대한 원리들은 항구히 살아남아 다시 불타오를 힘을 지니고 있으며 유대교의 이 위대한 신앙 또한 그러하다.

바오로 또한 이러한 내용들을 공유하고 있었다. 그는 계시된 해결책 — 곧, 하느님이 그리스도를 보내어 세상을 구원하신다 — 에서 '거꾸로' 생각해, 하느님이 그로부터 구원해내실, 만물이 "죄 아래" 놓인 세상의 비참한 처지를 떠올린 것이다. 그는 하느님이 세상과 역사를 하나의 전체로서 지배하신다고 생각했으며, 특히 특정 사건들을 통해 하느님이 일하신다고 보았다. 그리스도가 그의 앞에 나타났던 사건을 통해 과거를 뒤돌아봄으로써, 바오로는 모든 일이 바로 그 사건을 향해 일어났으며 역사의 나머지 부분들도 바로 그 사건에 의해 결정된 것이라 생각했다. 그러한 하느님의 계시로 인해 바오로는 이방인들을 전도하고자 나섰으며, 따라서 그의 생각에 하느님은 그의 아들에 대한 믿음을 통해 이방인들을 구원하실 계획을 오래전부터 세워놓고 계셨다. 더 멀리 돌아보았을 때, 바오로는 하느님이 아브라함을 택하신 일조차 이방인들을 구원 계획에 포함하는 것을 의미한다고 보았다(이 책 제6장 참조). 그러나 바오로의 새로운 통찰에 따르면, 하느님은 온 세상, 곧 모든 사람과 모든 것을 구원하시려고 그리스도를 보내셨으므로, 하느님이 세상의 구원을 미리부터 준비하지는 않았다고 결론 내릴 수밖에 없다. 따라서 보편적 구원을 향한 사전 준비는 부정된다. 곧, 세상은 먼저 유죄 상태에 놓여야 하며, 그리스도 이전에 있었던 일이 무엇이었든 그것은 세상이 그러한 상황에 놓이도록 하는 데 일조했어야 한다.

이는 하느님 자신이 이 세계를 구원하고자 세계가 죄의 노예가 되도록 의도했다는 뜻이기도 하다. 이러한 생각은 불경스럽게 들릴지 모르겠으나, 바오로는 망설임 없이 이를 긍정하고 있다. 바오로가 제안하길, 율법 자체는 죄를 증명하기 위해 하느님에게서 주어졌으며, 이는 결국 모두가 그리스도에게서 드러난 하느님의 자비로 구원받을 수 있게 하려는 것이었다(갈라티아서 3:22). 그러나 마침내는 모두를 향한 하느님의 선한 목적이 성취될 것이다. 바오로는 정확히 어떻게 이런 일이 일어날지에 대해서는 알지 못했다. 이는 신비의 영역에 있었다. 그러나 어떤 방식으로든 온 이스라엘이 구원받을 것이었다(로마서 11:25~26). 당연히도 이스라엘만 구원받는 것은 아니다. "사실 하느님께서 모든 사람을 불순종 안에 가두신 것은, 모든 사람에게 자비를 베푸시려는 것입니다."(로마서 11:32) 창조된 세계 전체가 죄에 빠진 것이다("모든 것$\tau\grave{\alpha}$ $\pi\acute{\alpha}\nu\tau\alpha$을 죄 아래 가두어놓았다." 갈라티아서 3:22). 그러나 구원 또한 그러할 것이다. 모든 피조물이 "지금까지 다 함께 탄식하며 진통을 겪고 있다"(로마서 8:22). 바오로가 세계를 죄의 상태에 둔 의도를 하느님께 돌리고 있는 구절들을 이 책 제9장에서 좀더 충분하게 다룰 것이다. 또한 바오로가 진정으로 온 우주의 구원을 믿었는지, 믿지 않았는지는 제11장에서 다루겠다. 지금은 일단 이 두 생각이 하느님의 섭리라는 신학의 근본 주제에서 비롯했다는 것에 대해서만 주목하고자 한다.

바오로가 하느님의 섭리라는 교의를 하찮게 만들었다고 말하려는 것은 아니다. 그는 구원의 초점을 그리스도에 대한 믿음에 맞추었다. 어떤 이들은 이것이 잘못됐거나 지나치게 폭이 좁은 초점이었다고 생각할 것이다. 그러나 임박한 미래에 대한 바오로의 비전 안에는 창조와 섭리 신학의 웅장함이 온전히 담겨 있으며, 전 우주적 조망이 간직돼 있다.

하느님이 이후에 세상을 구원하고자 먼저 세상을 죄의 상태에 두려 했다는 구절들을 보면, 바오로가 쌍둥이와 같은 두 가지 확신을 결합해놓았음을 볼 수 있다. 한 분이신 하느님이란 히브리 성경의 하느님으로, 세상을 창조하셨으며 아브라함을 선택해 불러내셨고 율법을 주신 바로 그 하느님이다. 그리고 바로 이 하느님은 그리스도에 대한 믿음을 통해 세계를 구원하겠다는 의지를 언제나 가지고 계셨다. 바오로는 두 번째 확신에서 출발해 거꾸로 생각했을 때, 이전에 하느님이 하신 일들—창조와 선택과 율법—이 세상을 구원하지 못했다고 결론을 내려야만 했다. 그의 이분법적 세계관으로 보자면, 구원하지 못했다는 것은 그것들이 도움되지도 못했다는 걸 의미한다. 선택받았다는 것과 율법을 지키는 일은 그리스도 안에서 이뤄질 구원을 향한 디딤돌조차 되지 못한다. 그러나 율법을 주신 분은 하느님이다. 율법의 결과는 무엇이었나? 구원은 아니었으니 파멸이었다. 이는 하느님이 그 결과를 의도했다는 뜻이었다. 그분이 "모두를 불순종 안에 가두셨다". 온 인류가 이전에 지은 죄의 결과로 모두 불의에 의탁했기에 하느님의 진노를 불러일으켰다고 말할 수도 있다(로마서 1:18, 24). 그러나 로마서 1장에서 이러한 내용은 오직 이방인들의 타락을 설명하는 데만 쓰였으며, 이는 우상숭배의 결과였다. 이러한 방식으로, 하느님이 진노하셨기 때문에 율법을 주신 것이라고 말할 순 없다. 일어나는 모든 일을 하느님이 지배하신다는 관점을 포함하고 있는 바오로의 유일신 사상은 이보다 더욱 대범하다. 하느님은 인간 이외의 세계가

"허무"와 "진통" 속에 놓여 있도록 의도하신 것처럼, 인간의
죄스러운 상태 또한 의도하셨다. 그러나 하느님은 이 모든 것
을 통해 온 우주의 구원이라는 선을 의도하신 것이다(로마서
8:28).

우리에게 직접 알려져 있는(다시 말해, 사두가이파를 제외한)
고대 유대교의 어떠한 종파에서도 '예정설'과 '자유의지론'이
병립할 수 없다고 생각하지 않았다. 쿰란 문서에서는 공동체
구성원들을 '선택받은 자'라고도 불렀고 '자원한 자'라고도
불렀다. 그들은 엄중하게 불순종하지 말라는 경고를 받았다.
하지만 사악함은 그들 몫의 '운運'을 관장하는 '천사'에게서
비롯되는 것이라고 한다. 바오로는 이 두 가지를 병치시키고
있다. 그는 많은 유대인들이 예수를 받아들이지 않은 것은 하
느님이 그들의 마음을 "완고하게" 만드셨기 때문이라고 했다
(로마서 9:18). 그러나 한편으로 그들은 "순종"하지 않았다(로
마서 10:16). 다른 여러 유대교 사상가들처럼 바오로도 예정
설과 자유의지를 죄의 문제에 적용했고, 그에 따른 결론은 하
느님이 죄를 의도하셨다는 것과, 그럼에도 온 인류는 유죄라
는 것이었다. 바오로를 비롯한 고대 유대인들 중 어느 누구도
죄를 짓겠다는 인간의 결심이 세상 모든 일을 결정하신다는
하느님과 어떻게 관련되는지 일관성 있게 설명하지 못했다.
로마서 9장에서 볼 수 있듯이, 적어도 바오로는 이 문제를 진

지하게 다루긴 했다. 하나의 대안을 제시할 수 있는 것은 이원론이다. 두 개의 상반된 힘이 서로 다른 의도를 지니고 존재한다. 인간은 처음에 한쪽으로, 그다음엔 다른 쪽으로 이끌린다. 바오로 안에는 이 세 가지가 모두 있다. 죄는 범하지 않을 수 있는 것이고, 그렇기 때문에 처벌 또한 가능한 것이다. 죄는 인간 외부에서 작용하는 힘이며 창조된 세계 전체를 종으로 삼는다. 죄는 하느님이 의도한 것이지만, 그리스도 안의 은총을 통해 구원에 이르는 부정否定의 길이었다.

우리는 이 책 제9장에서 율법에 관해 논하면서, 바오로가 하느님이 세상을 죄의 상태에 빠뜨리려 율법을 주었다고 대범하게 주장하면서도 한편으로 이런 생각에 대해 불편해하는 모습을 보게 될 것이다. 또한 그가 로마서 7장에서, 특히 10절에서, 잠시 이러한 견해를 철회하고 있다는 것도 알게 될 것이다. 세상을 죄에 빠뜨리려는 의도가 하느님에게 있었다는 비난을 피하고자 바오로는 잠시 수정된 이원론으로 옮겨 갔던 것이다. 죄는 율법을 조작할 수 있는 외부적 힘이거나(7:8), 창조의 선함을 거스르는 육 안에 있는 힘이다(7:18/23). 로마서 6장과 7장에 이원론이 스며 있다는 점은 부인할 수 없다. 신은 아니지만 적대적인 존재들을 언급하는 구절들에서 이를 확인할 수 있다. 그러나 죄에 관한 논의에는 바오로의 사상 전체를 가로질러서 더 강력하게 작동하는 신학이 있다.

하느님은 세계를 창조하셨고 역사를 주재主宰하시며, 그 밖에 다른 것은 모두, **죄 그 자체까지도** 하느님의 의지에서 따라 나오며 그에게 굴복하고 그의 목적을 위해 쓰인다.

제 6 장

믿음에 의한
의로움:
갈라티아서

그리스도인들은 주님이 다시 오시어 그분에게 속한 이들을 구원하시리라는 데 대해 생각이 같았다. 이러한 생각엔 아주 명백한 문제가 하나 있었다. 누가 그분에게 속한 이들이란 말인가? 당연히 그분을 주님으로 받아들인 사람들이라는 건 분명하다. 그러나 "주님"이 이야기 전체를 말해주지는 않으셨다. 그분이 이스라엘을 회복할 '기름 부음을 받은 자'일 거라고 기대하는 이들도 있었다('기름 부음을 받은'이라는 히브리 말에서 '메시아'라는 단어가 나왔으며, 이를 그리스어로 번역한 것이 '그리스도'다). 이스라엘의 메시아 또는 그리스도라고 하면, 그가 돌아와서 자신을 받아들인 이들과 정식 유다인들만 구원한다는 것인가? 이러한 물음이 바로 갈라티아서와 로마서의 핵심이면서도 다루기 어려운 주제, 곧 '믿음으로 의롭게 됨'이라는 바오로의 '교의'와 연결된다. 따옴표를 붙인 것은 두 용어 모두 딱 들어맞는 번역이 아니기 때문이다.

매우 중요한 난제 하나가 바오로의 생각 전체에 걸쳐 있었으며 그 자신도 이를 알았다. 하느님이 최근에 그리스도 안에서 계시하신 내용들은 이전에 이스라엘 민족에게 계시하신 것들과 어떻게 관련돼 있을까? 이러한 중심 난제와 별도로, 이 장의 제목 아래 들어올 다른 주제들은 발견하고 이해하기 그리 어렵지 않다. 다시 말해, 바오로와 전적으로 같은 세계관을 공유하고 있지 않은 현대인들도 잘 이해할 수 있다는 이야기다. 그러나 그가 믿음, 의로움, 그리스도에의 참여, 유다인들의 율법 등에 관해 쓴 내용들은 숱한 논쟁과 곤경을 일으켜왔다. 여기에는 세 가지 문제가 있다. 하나는 오직 영어 사용자들만 괴롭히는 문제며, 다른 하나는 오직 현대인들만 괴롭히는 문제다. 그러나 이들 모두 해결돼야 하는 문제들이다. 핵심 용어들을 번역하는 역량에서 영어는 부족한 점이 많다. 그 때문에 영어 번역본들은 혼란을 일으킨다. 바오로 자신은 때로 '의로움'이란 말을 독특한 방식으로 썼다. 마르틴 루터는 바오로의 진술들을 중심으로 매우 다른 자신의 신학을 만들어냈으며, 이후의 해석가들에게 그가 끼친 영향은 실로 엄청나다.

예비적 난제들

먼저 영어 번역 문제부터 살펴보고자 한다. 현대 영어는 노르만 프랑스어Norman French와 앵글로 색슨어Anglo-Saxon라는 두 부모 사이에서 나왔다. 이 때문에 영어 사용자들은 다른 언어와 비교하기 어려울 만큼 풍부한 어휘를 누릴 수 있게 됐다. 영어 사용자는 앵글로 색슨어에서 온 'swine'(앵글로 색슨 계통의 농부들이 들에서 기른 돼지)과 프랑스어에서 온 'pork'(지배자인 노르만인들이 식탁에서 먹었던 돼지)를 구별할 수 있다. 앵글로 색슨어는 게르만 계통의 언어다. 오늘날에도 독일인들은 Schweinfleisch 곧 '돼지 살swine flesh'을 먹는다고 하는데, 영어 사용자들이 들으면 너무 날것 그대로 느껴져 입맛을 잃을 것이다. 영어의 두 부모가 물려준 이중적 어휘 중에서, 앵글로 색슨 계열의 단어들은 주로 ('swine'의 경우처럼) 평범하거나 세속적인 의미를 나타내는 데 반해, 프랑스어에서 온 단어들은 더 정중하거나 정교한 느낌을 준다. 이는 노르만인들이 헤이스팅스Hastings 전투에서 승리해 영국의 지배계층이 된 역사를 반영한다(1066년 잉글랜드 남동부 헤이스팅스에서 노르망디 공국의 정복왕 윌리엄이 잉글랜드 국왕 해럴드의 군대에 승리한 전투. 정복왕 윌리엄이 잉글랜드의 윌리엄 1세로 등극해 노르만 왕조가 성립됐다―옮긴이). 영어의 두 부모 덕분에 영어 사용자들은 의미를 섬세하게 구별 짓고 미묘한 차이들을 만들어낼 수 있다.

그러나 바오로가 사용한 핵심 어휘들은, 어떠한 형태의 단어들이 비슷한 뜻을 지닌 다른 형태의 단어들과 상호보완적인 한 쌍으로 존재하지 않고 한쪽이 다른 쪽을 몰아내버렸기에 생기는 어려움이 있다. 바오로가 사용한 그리스어 디카이오시네δικαιοσύνη(의로움)라는 단어는 프랑스어 계열의 'justification(정당화)'이 아니라, 앵글로 색슨 계통 어휘인 'righteousness(의로움)'에 해당한다. 'justification'은 때로 방어적 태도나 법적 해명을 뜻하는 느낌이 있기 때문이며, 앞으로 보게 되겠지만 이는 바오로가 의미한 바가 아니다. 그러나 바오로는 같은 어원의 동사 디카이오운δικαιοῦν(의롭게 하다)도 썼는데, 여기에 해당하는 앵글로 색슨 계열의 단어는 없다. 동사 rihtwísian은 이미 오래전에 사라졌기 때문에 영어에 남아 있는 것은 프랑스어 계열의 'justify(정당화하다)' 밖에 없다(앵글로 색슨 계열의 어휘들은 다음과 같다. rihtwís[e], 명사: 'righteousness' 또는 'rightness', rihtwís, 형용사: 'righteous', rihtwísian, 동사: 'rightwise'. 이 마지막 단어는 소실됐다. 앵글로 색슨 계열의 어휘는 형용사와 명사에 많다. rihtwíslíc:, 'righteous', 'righteousness').

마찬가지로 바오로의 피스티스πίστις는 'faith(믿음, 신앙, 소망)'로 번역하는 것이 가장 낫다. 'belief(믿음, 신념)'란 단어는

때로 바오로가 의미한 것과 거리가 먼 'opinion(의견)'이란 뜻
을 함축하기 때문이다. 그러나 영어에는 'faith'에 상응하는
동사가 없다. 따라서 바오로가 사용하는 동사 피스테우에인
πιστεύειν을 영어로 번역하려면 'believe(믿다)'를 사용할 수밖에
없다. 앵글로 색슨 계열의 동사가 프랑스어 계열의 동사를 몰
아내버린 것이다. 아래 표를 보면 문제가 선명하게 드러난다.

	그리스어	앵글로 색슨 계열	프랑스어 계열	한국어*
명사	δικαιοσύνη	righteousness	justification	의로움
형용사	δίκαιος	righteous	just	의로운
동사	δικαιοῦν		to justify	의롭게 하다
명사	πίστις	belief	faith	믿음
형용사	πιστός	believing	faithful	믿는
동사	πιστεύειν	to believe		믿다

가. 의로움righteousness과 신앙faith에 관련된 영어 용어 모음

나는 'δικαιοσύνη'를 '의로움righteousness'으로 번역하고 이
와 관련한 용어들을 모두 앵글로 색슨 계열 어휘를 써서 번역
하고 싶다. 마찬가지로 'πίστις'는 '믿음faith'으로 번역하고 관
련 용어들은 모두 프랑스어 계열 어휘를 써서 번역하고 싶지
만, 두 경우 모두 같은 계열의 동사를 찾을 수 없다. 이 때문에
번역에서 나타나는 문제의 예를 들어보자. 갈라티아서 3장

6절~8절에서 바오로는 창세기 15장 6절을 인용해 다음과 같이 쓰고 있다(개역표준성경RSV).

> Thus Abraham 'believed God, and it was reckoned to him as righteousness. So you see that it is people of faith who are the sons of Abraham. And the scripture, foreseeing that God would justify the Gentiles by faith, preached the gospel beforehand to Abraham 〔……〕

동사 'believe'를 명사 'faith'로, 명사 'righteousness'를 동사 'justify'로 바꾼 것은 바오로가 아니다. 그는 창세기를 인용해 πίστις(믿음)로 사는 사람들이 의롭게 된다는 것을 증명하고자 했을 때 동사 πιστεύειν(믿다)을 썼다. 비슷한 방식으로 명사 δικαιοσύνη(의로움)를 쓴 뒤, 동사 δικαιοῦν(의롭게 하다)을 썼다. 그러나 위에 인용한 구절을 보면 'righteousness'를 쓰면서 그에 대한 동사로 'justifies'를 쓰고 있다. 두 경우 모두 영어 번역에선 명사와 동사 사이의 연결 관계가 끊어져 버리고 말았다. 바오로가 실제로 어떻게 논증하고 있는지 보려면 같은 영어 어원에서 나온 명사와 동사를 써서 번역해야 한다. 가장 좋은 방법은 더 나은 명사들인 'righteousness'와 'faith'를 계속 쓰면서 각각에 대응하는 동사들을 쓰는 것이다. 'faith'에 대응하는 동사로는 동사구 'to have faith in'을 쓸 수 있겠다. 'righteousness'에 맞는 동사를 찾는 일은 좀더 급진적 해결책이 필요한데, 고어를 현대적 형태로 복원해 '의로운'이라는 형용사 righteous를 동사 'to righteous'라고 쓰는 것이 좋을 듯하다. '글쓰다to write'나 '작곡하다to compose'라는 의미로 '작가'라는 뜻의 명사 author를 동사 'to author'로 쓰는 것보다는 덜 과감하고 더 타당하다. 나는 바오로가 자신이 쓴 동사로 정확히 무엇을 가리키려 했는지 아직 알지 못하지만, 적어도 그의 논증을 따라갈 수 있는 영어 용어는 확보한 셈이다. 갈라티아서 3장 6절~8절을 다시 번역해보면 다음과 같다.

> Thus Abraham '**had faith** in God, and it was reckoned to him as **righteousness.**' So you see that it is men of faith who are the sons of Abraham. And the scripture, foreseeing that God would **righteous** the Gentiles by **faith** 〔……〕

"아브라함이 하느님을 **믿으니** 그것이 그의 **의로움**으로 인정되었습니다." 그래서 **믿음**으로 사는 이들이 바로 아브라함의 자손임을 알아야 합니다. 성경은 하느님께서 이방인들을 **믿음**으로 **의롭게** 하신다는 것을 내다보고, 기쁜 소식을 아브라함에게 미리 전해주었습니다.

이제 창세기 15장 6절의 'have faith in'과 'righteousness' 가 바오로의 결론과 올바르게 서로 이어졌다. 하느님은 이방 인들을 믿음으로 의롭게 하신다. 같은 방식으로 갈라티아서 2장 16절을 아래와 같이 좀더 명확하게 고칠 수 있을 것이다.

Since we know that a man is not **justified** by works of the law but through faith in Jesus Christ, even we have **believed** [……] in order to be **justified** by faith.

Since we know that a person is not **righteoused** by works of the law but through faith in Jesus Christ, even we have **had faith** [……] in order to be **righteoused** by faith.

사람은 율법에 따른 행위가 아니라 예수 그리스도에 대한 믿음으로 **의롭게 된다**는 사실을 [우리는 알고 있습니다]. 그래서 [……] 믿음으로 **의롭게 되려고** [……] **믿게 되었습니다.**

이같이 기묘하고 유별난 영어의 결함들 때문에 문제를 겪지 않더라도(앞에서 이미 확인했겠지만, 한국에서는 영어와 달리

'믿음-믿다', '의로움-의롭게 하다/되다'와 같이 같은 계열의 단어 쌍을 사용할 수 있으므로 문제가 발생하지 않는다 ─옮긴이), 바오로를 이해하는 일은 여전히 어렵다. 그리스어 동사 δικαιοῦν 은 일반적으로 '올바른 사람을 올바르다고 보다'라는 의미로 쓰인다. 다시 말해, 죄 없는 사람을 무죄라고 여기거나 선언하는 것을 의미한다. 이 단어의 이러한 '사법적' 의미(법정 용어들을 떠올리게 하므로 '사법적'이다)가 (법률 용어로 영어에서 'just〔정당한〕'와 같은 계열의 단어 'justice〔정의〕' 등을 사용하는 경우를 제외하고) 그리스어와 영어 모두에서 '의로움righteousness'에 관련된 용어들의 주요한, 일반적 의미다. δικαι-로 시작되는 어휘 집합은 바오로 서간들에서 드물지 않게 사법적 의미를 나타낸다. 로마서 5장 18절이 그 예다.

Then as one mans's trespass led to condemnation for all men, so one man's act of **righteousness**(δικαίωμα) leads to **rightness**(δικαίωσις) and life for all men.

그러므로 한 사람의 범죄로 모든 사람이 단죄받았듯이, 한 사람의 **의로운 행위**디카이오마δικαίωμα로 모든 사람이 **의로움**디카이오시스δικαίωσις과 생명으로 나갑니다.

여기서 의로움이라고 번역된 δικαίωσις는 종종 '석방, 방면'이라는 정밀한 단어로 번역되기도 한다. 이것은 유죄판결을 뒤집는 것으로, 전체 문장이 유죄 또는 무죄라는 법률 용어들로 표현되는 셈이다.

그러나 바오로는 동사 δικαιοῦν을 '의롭게 하다'라는 보통의 의미 틀보다 확장해 사용하기도 한다.

우리는 압니다. 우리의 옛 인간이 그분과 함께 십자가에 못박힘으로써 죄의 지배를 받는 몸이 소멸하여, 우리가 더이상 죄의 **종노릇을 하지** 않게 되었습니다. 죽은 사람은 죄에서 벗어나 **의롭게 되기** 때문입니다(로마서 6:6~7).

죄의 '종노릇하게 되다'의 반대는 단순히 무죄하다거나 올곧은 사람이라고 선언되는 것이 아니다. 몇 구절 뒤에서야 바오로는 좀더 적절한 어휘를 찾아냈다.

여러분이 어떤 사람에게 순종하면 여러분은 그 사람의 종입니다. 〔……〕 그러나 하느님께 감사하게도, 여러분이 전에는 죄의 **종이었지만** 〔……〕 죄에서 **해방되어** 〔……〕 (로마서 6:16~18)

여기서 '종이 되다'의 반대말은 '해방되다'이며 이것이 옳다. 6장 7절에서 바오로는 '의롭게 되다'를 사용하고 있지만, 이것이 의미하는 바 또한 같았을 것이다.

수동태 동사 **'의롭게 되다'**는 바오로 서간에서 거의 언제나 한 영역에서 다른 영역으로, 곧 죄에서 순종으로, 죽음에서 삶으로, 율법 아래에서 은총 아래로 **'변화되다', '옮겨지다'** 라는 의미로 쓰인다. δικαι-로 시작하는 어떤 단어들은 바오로에게 사법적인 의미를 띠지만, 수동태로 쓰일 때는 (코린토 1서 4:4, 6:11, 로마서 2:13을 제외하고) 거의 그렇지 않다. 그런데 이 수동태 동사야말로 갈라티아서 2장과 3장, 그리고 로마서 3장과 4장에서 바오로가 펼치는 논증의 예봉銳鋒이 되고 있다. 이것이 믿음에 의한 '의로움'이란 말로 바오로의 입장을 모두 요약했을 때 오해의 소지가 생길 수밖에 없는 이유이다. 명사 '의로움'이 하나의 신분을 의미하는 것과 달리, 바오로의 동사는 한 사람에게 일어나는 무언가에 관해 좀더 함축적 의미를 지니기 때문이다. 이것은 법적인 사면을 뜻하지 않는다. 바오로는 그와 베드로가 이전에 "죄인인 이방인"이 아니었음에도 그리스도에 대한 믿음으로 의롭게 되었다(갈라티아서 2:15~16)고 했는데, 그가 의미한 것은 그들이 유죄였다가 이제 무죄가 됐다는 말이 아니다. 두 사람은 이전에도 충분히 무죄였으며, "죄인"이 아니었다. 그들이 "의롭게 된"

때는 그들이 그리스도와 하나가 된 때다(갈라티아서 3:28). 바오로는 이를 다른 편지에서 "새로운 피조물"이 되는 것(코린토2서 5:17, 5:21 참조. "우리가 그리스도 안에서 하느님의 의로움이 되게")이라고 달리 표현하고 있다. δικαιοῦν의 수동태는 이러한 의미 — 변화되다, 옮겨지다, 다른 사람과 합체되다 — 로 쉽게 사용될 수 없는데, 바오로는 억지로라도 그렇게 쓰고 있다. 이것이 지닌 함축적 의미에 대해 아래에서 다루도록 하겠다.

루터는 세상과 그리스도인의 삶을 바오로와 무척 다르게 보았다. 자신이 그리스도인이면서도 '죄인'이라고 느낀다는 사실이 루터의 마음을 크게 자극했다. 그는 죄에 대한 가책으로 고통스러워했다. 그러나 바오로에게는 죄의식이 없었다. 우리가 이미 보았듯이, 회심해서 그리스도의 사도가 되기 전의 바오로는 "율법에 따른 의로움으로 말하면 흠잡을 데 없는 사람"이었다(필리피서 3:6). 사도로서 바오로는 마지막 심판 때에 하느님이 어떤 잘못들을 찾아내실 수 있다는 가능성을 열어두고 있긴 하지만, 자기 스스로는 어떠한 잘못도 생각해낼 수 없다고 한다(코린토1서 4:4). 루터는 죄의식으로 어려움을 겪던 중 "믿음에 의한 의로움"에 관해 바오로가 쓴 구절들을 읽었고, 한 그리스도인이 죄인이라 할지라도 하느님은 그를 의롭다고 인정하신다는 의미로 받아들였다. 루터는 '의로움'을 사법적 의미, 곧 무죄판결이라고 이해하면서도, 그와 동시에 그것을 허구적인 것, 하느님은 자비하시므로 '순전한 전가轉嫁를 통해' 그리스도인들의 몫으로 주어지는 것이라고 생각했다. 그리스도인의 처지에 대해 루터는 바오로처럼 "흠 잡을 데 없"다거나 "흠없"다(예: 테살로니카1서 5:23)라고 하지 않는 대신, simul justus et peccator 곧 "의로우면서 동시에 죄인"이라는 표현을 썼다. 하느님의 관점에서는 "의로우"나, 일상의 경험에서는 "죄인"이라는 것이다.

다른 식으로 말하자면, 루터는 그리스도인의 삶이 로마서 7장 21절에 요약돼 있다고 보았다. "여기에서 나는 법칙을 발견합니다. 내가 좋은 것을 하기를 바라는데도 악이 바로 내 곁에 있다는 것입니다." 하지만 여기서 바오로가 생각한 것은 그리스도를 통해 해방돼 나오기 전의 비참한 처지였다(로마서 7:24, 8:1~8). 바오로는 이렇게 적었다. "여러분은 육 안에 있지 않고 성령 안에 있습니다." 그리고 영 안에 있는 사람들은 "육"의 죄스러운 행실들을 할 수 없다고 그는 생각했다(로마서 8:9~17, 갈라티아서 5:16~24).

루터가 강조한 허구적으로 전가(轉嫁, imputation: 개신교 의인론義認論에서 우리의 죄를 그리스도께 돌리고 그리스도의 의를 우리에게 돌리는 것을 이중 전가(double imputation)라 한다. 여기서 '허구적'이라고 말하는 것은 우리가 정말 죄 없는 의인이 된다기보다 하느님이 그렇게 여겨주시는 것이라 보았기 때문이다 ― 옮긴이)된 의로움이란 바오로를 잘못 해석한 것으로 빈번히 제시되어왔지만 그 영향은 상당했다. 많은 사람들이 느끼는 죄의식과 잘 들어맞으며, 개인주의와 내적 반성을 강조하는 서구의 개인성이라는 개념의 요지이기 때문이다. 루터는 죄에 대한 가책에서 벗어날 방법을 모색했고 마침내 발견했다. 그러나 루터의 문제들이 곧 바오로의 문제들은 아니었다. 우리가 루터의 관점을 통해 바오로를 이해한다면, 그건 바오로를 오해하는 것이다.

갈라티아서: '믿음으로 의롭게 된다'

바오로 사상의 골자를 제대로 이해하려면 먼저 "믿음으로 의롭게 된다"는 것에 대해 그가 논의하고 있는 맥락을 파악해야 하며, 그런 다음 그가 이 구문을 어떻게 쓰고 있는지 봐야 한다. 현재까지 남아 있는 바오로 서간 중 두 부분, 곧 갈라티아서 2장~4장과 로마서 3장~4장은 이 개념 아래 있으며, 같은 맥락을 공유하고 있다. 이 두 부분에서 바오로와 그를 대적하는 자들이 서로 논쟁하고 있는 주제를 제대로 알지 못하면 우리는 결코 바오로가 논의하는 바를 이해할 수 없다. 주제가 되는 문제는 '개인이 어떻게 하느님의 관점에서 의로울 수 있는가?'가 아니라, '어떠한 근거로 마지막 때에 이방인들이 하느님의 백성으로 참여할 수 있는가?'다.

성경의 많은 구절과 성경 이후에 쓰인 여러 유대교 문헌에는 하느님이 그의 왕국을 세우실 때 이방인들이 와서 그를 경배할 것이라고 예언한다. 예언자 이사야는 '훗날에' 모든 이방인들이 성전으로 와서 이스라엘의 하느님을 경배할 것이라고 생각했다(이사야서 2:2). 종말론적인 이방인들의 성지 순례에 대한 예언에는 그들이 이스라엘의 하느님께로 돌아서게 됐을 때 정확히 무엇을 해야 하는지 율법적 세부사항은 없다. 그들은 하느님의 도道를 배우고 그분의 길로 걷게 될 것이며, 율법은 시온에서부터 나올 것이다(2:3). 그렇지만 이방인들이 유다인들이 되리라고 명백하게 밝힌 언명은 없다. 다시 말해, 이방인들이 할례를 받고, 율법에 따라 음식을 가려 먹으며, 그 밖에 모세의 법령들을 모두 받아들이리라는 내용은 없다. 마지막 때에 이방인들이 포함되리라는 내용이 있는 성경 구절들은 모두 똑같이 모호하다. 이들은 모두 예언적이거나 시적으로 쓰여 있고, 이스라엘의 하느님을 경배한다는 것이―당연히 다른 신들에 대한 경배를 포기한다는 것 말고는―구체적으로 무엇을 어떻게 한다는 것인지 명시하지 않았다.

이 책 제1장에서 보았듯이, 바오로가 본격적으로 자신의 활동을 시작한 것은 이러한 맥락에서였다. 로마서 15장에서 그는 '제물로서 이방인들을', 그 사람들과 그들의 돈 모두를 시온산에 바치는 사제로 자신을 묘사했다. 그는 이미 당도해 있는 "마지막날"에 이방인들이 이방인으로서 포함돼야 한다고 보았다. 이방인들이 유다인이 돼야 하는 것은 아니었다. '하느님을 경외하는 자'로서 이방인은 두 부류가 있었으며 둘은 같지 않았다. 유대교에 이끌려 이를 지지하는 이방인들은 이전부터 있었으며, 유다인들의 이산 공동체인 디아스포라의 유대교회당에서는 이들에게 당시 로마 시민들의 의무였던 다른 종교의 행사 참여를 금하지 않았다. 그러나 마지막 날에 우상들을 버리고 이스라엘의 하느님께로 돌아선 이방인들도 있었다. 우리는 이들을 '그리스도인'이라 부른다. 물론, 이것만으로 이 사람들이 예수를 주님으로 여기는 사람들이라 지명될 수 있는 기준에 이른 것은 아니다. 그러나 나는 편의상 이 사람들 모두를 유다인과 이방인을 막론하고 계속해서 '그리스도인'이라 부르기로 하겠다.

그리스도인이 된 여러 이방인과 제휴하게 된 유다인 그리스도인들은 대부분 바오로의 견해에 동의했던 것으로 보인다. 안티오키아의 교회는 바오로가 세운 교회가 아니었음에도 이방인들에게 유다인이 돼야 한다고 요구하지 않았다. 이 때문에 논쟁이 일자, 바오로는 예루살렘의 사도들에게 이것이 옳다고 설득했다(갈라티아서 2:6~10).

기원후 60년에 이르자(이보다 전인지 후인지는 알 수 없다), 그리스도 운동의 일부 사람들이 이에 반대하고 나섰다. 그들의 생각에 이방인들은 이방인인 채로 하느님의 백성에 들 수 없었다. 이방인들은 유다인이 돼야 했다. 바오로가 자신이 세운 교회에 있던 이방인들에게 부여했던 명칭이 실제로는 이러한 해석에 신빙성을 더해줬다. 바오로는 그들을 "아브라함의 후손"이라고 했던 것이다. 그러나 바오로가 이방인들이 남자들의 할례를 비롯해 모세의 율법을 모두 받아들임으로써 표준적 유다인이 돼야 한다고 생각했던 것은 아니다.

바오로에 대적한 이들이 이방인 그리스도인들도 유다인이 돼야 한다고 주장했다 해서, 그들이 모든 사람들의 구원 자체에 반대한 것은 아니라는 점을 강조할 필요가 있다. 그들의 생각에, 이스라엘은 온 우주에 한 분이신 하느님의 뜻을 알며, 온 우주는 그분의 뜻에 따라야 하는데, 그분의 뜻이란 최근에 그리스도를 통해 드러나긴 했으나, 이미 모세의 율법에도 드러나 있었다. 그들이 이해한 보편적 구원이란, 메시아를 기다리는 유대교 종파로 완전히 개종해야 얻을 수 있는 것이었다. 이는 하느님이 이스라엘을 선택하심, 모세의 율법, 메시아 예수의 죽음을 통한 구원을 모두 받아들일 것을 요구한 것이다. 바오로는 하느님이 이방인들에게 요구하는 것은 다만 이스라엘의 하느님과 구원자 예수를 받아들이는 것뿐이라고 주장했다. 바오로의 입장은 "믿음으로 의롭게 된다"라는 것이다. 더 충실하게는 "예수 그리스도에 대한 믿음으로"와 같은 긍정적 표현들로 드러내거나, "율법에 따른 행위가 아니라", 또는 좀더 단순히 "율법을 통해서가 아니라"와 같은 부정적 표현으로 나타낼 수 있다. 그는 그리스도에 대한 믿음이라는 요구조건을 이방인들뿐 아니라 유다인들에게도 적용했다. 이 내용에 관해서는 이 책 제11장에서 자세히 살펴볼 것이다. 그러나 "믿음으로 의롭게 된다"라는 구절이야말로 이방인들이 하느님의 백성에 속할 수 있는 근거가 됐다.

갈라티아서에 쓰인 이 구절들의 의미 전체를 충실히 뒤쫓으려면 다음의 다섯 가지 주제를 구분해야 한다. 여러 분쟁에 관한 이야기로 드러난 바오로의 자전적이고 개인적인 차원, 바오로의 반대자들이 주장하는 논거, 바오로가 응답하려는 바, 바오로가 자신의 결론을 주장하는 방식, 바오로가 그러한 결론에 이르게 된 이유. 마지막 두 가지 주제 사이의 구분, 곧 하나의 입장을 옹호하고자 펼치는 주장들과 그러한 주장을 하는 실제 이유 사이의 구분은 거의 모든 학생들이나 학자들이 간과하고 있다. 많은 이들이 바오로가 논거로 끌어들이는 성경 구절들을 보고 '이런 구절들 때문에 바오로는 그렇게 생각한 것이다'라고 말해버린다. 내 제안은 우리가 바오로의 주장들과 그 근거 텍스트들을 살펴보는 동안, 바오로가 그것들을 주장하는 진짜 이유들이 무엇인지 결론 내리기 전에 먼저 그의 주장들을 전부 분석해보자는 것이다. 사람들은 한 관점을 옹호하려 여러 주장을 제시하곤 하지만, 실제로 그 입장에 이른 경위는 제시한 주장들과 다른 경우가 종종 있는 법이다.

이방인들에게 무엇을 요구해야 하는가에 관해 다른 그리스도인들과 충돌하게 된 바오로 자신의 자전적 이야기들을 먼저 살펴보려 한다. 이방인들도 유다인들의 율법을 지켜야 하는가? 갈라티아서에서 바오로는 그 자신과 다른 유다인 그리스도인들 사이에서 있었던 세 번의 충돌에 관해 이야기한다. 첫번째 이야기는 바오로가 그리스인 개종자로 그의 가장 큰 조력자 중 하나였던 티토와 함께 예루살렘에 갔을 때의 일이다. "거짓 형제들"(예루살렘에 있던 유다인 그리스도인들 일부)은 '강제로' 티토에게 할례를 베풀려 했으나, 바오로가 이에 저항했다. 그는 자신이 비꼬는 투로 예루살렘 교회의 "기둥"들이라 불렀던 베드로, 야고보 및 요한과 합의에 도달했다. 합의 내용에 따르면 바오로는 이방인들에 대한 선교를 계속하고, 베드로는 계속해서 사도들의 수장으로 유다인들에 대한 선교를 계속하며, 바오로의 이방인 개종자들은 예루살렘 교회에 돈을 기부해야 했다(갈라티아서 2:1~10).

두번째 충돌은 바오로의 근거지랄 수 있는 안티오키아 교회에서 일어났다. 이 교회는 유다인과 이방인 신자들로 이뤄저 있었으며, 이들은 식사를 함께하는 것에 익숙했다고 하는데, 이는 필시 주님의 마지막 만찬을 기념하면서 이뤄진 것이다. 베드로는 처음 이곳에 왔을 때 그들과 함께 식사했다. 그러나 야고보가 전갈을 보내자 베드로는 이방인들과 함께하지 않고 물러났으며, 바오로의 첫 동반자였던 바르나바를 비롯해 다른 유다인 신자들도 그를 따랐다. 바오로는, 적어도 그가 회상한 바에 따르면, 이때 열정적으로 설교하면서 베드로를 복음에 따라 행동하지 않는 '위선자'라고 비난했다. 베드로를 힐난하면서, 바오로는 우리가 이미 앞에서 살펴본 구절을 통해 그에게 호소했다. "우리는 본디 유다인으로, 죄인들인 이방인이 아닙니다. 그러나 사람은 율법에 따른 행위가 아니라 예수 그리스도에 대한 믿음으로 의롭게 된다는 사실을 우리는 알고 있습니다."(갈라티아서 2:11~21) 이러한 상황을 일으킨 "율법에 따른 행위"가 구체적으로 무엇이었는지는 완전히 분명하지는 않다. 필시 음식—이방인들의 고기와 포도주—이나 이방인들과 동석하는 것 자체가 문제였을 것이다. 유다인들을 향한 수석 사도가 이방인들과 지나치게 어울리면 안 되는 일이었다. 여하튼, 논점은 이방인 신자들과 유다인 신자들이 어느 정도까지 어울릴 수 있는가 하는 것이었다. 이방인들이 여전히 이방인이라서 유다인 그리스도인들이 그들을 완전하게 받아들이려 하지 않는다면, 이는 실제로 그들에게 유다인이 되라고 강제하는 것과 다름없다. 바로 이점에서 바오로는 베드로를 비판하고 있다(2:14). 첫번째 충돌이야기에서 "거짓 형제들"이 티토에게 '강제로' 할례를 베풀려 했다는 걸 기억할 것이다. 이번에는 같은 종류의 강제 행위로 베드로가 비난받고 있다.

마지막으로, 이방인 개종자들의 신분에 관한 충돌은 갈라티아에서 일어났다. 바오로가 거쳐간 뒤, 다른 그리스도교 선교사들이 이곳에 와서 이방인 그리스도인들은 할례를 받음으로써 유다인이 돼야 한다고 주장했다. 바오로가 좀더 강하게 표현한 바로는, 이들 선교사들이 갈라티아의 이방인들이 할례를 받도록 "강요"했다는 것이다(갈라티아서 6:12). 바오로는 이에 대해 분노했다. "우리는 물론이고 하늘에서 온 천사라도 우리가 여러분에게 전한 것과 다른 복음을 전한다면, 저주를 받아 마땅합니다."(1:8) 이에 대해 바오로는 자신의 편지에 매우 험악한 진술들을 덧붙이고 있다. 그는 이방인들의 포피를 잘라내기 원하는 그의 적들에 대해 이렇게 말하고 있다. "여러분을 선동하는 자들은 차라리 스스로 거세라도 하면 좋겠습니다."(5:12) 개역표준성경RSV은 이 부분을 "신체를 절단한다"라는 완곡한 표현으로 번역해놓았다.

열정과 분노는 어디에서 오는가? 이사야서 2장 3절('수많은 백성들이 모여 오면서 말하리라. "자, 주님의 산으로 올라가자.

야곱의 하느님 집으로! 그러면 그분께서 당신의 길을 우리에게 가르치시어 우리가 그분의 길을 걷게 되리라." 이는 시온에서 가르침이 나오고 예루살렘에서 주님의 말씀이 나오기 때문이다.'─옮긴이)의 의미를 두고 왜 이들은 정중하고 학술적인 토론을 벌이지 못한 것일까? 바오로에 대한 주요 사실 두 가지를 상기해 보자. 그는 진정 이방인을 향한 사도였으며, 그의 이방인들이 종말론적 하느님의 백성을 이루는 온전한 구성원이 된다고 열렬하게 믿었다. 바오로의 관점은 학술 이론이 아니라 일생의 과업이었다. 그와 대립하는 이들에게 저주를 퍼붓고 베드로, 야고보, 요한과 맺었던 명백한 합의사항에 호소할 때, 그는 또한 자신을 한 사람의 사도라고 변호하고 있다. 여기에는 그의 선교 사업뿐 아니라 그의 자의식마저 걸려 있었다. 그는 "사람들에게서도 또 어떤 사람을 통해서도 파견된 것이 아니라, 예수 그리스도와 그분을 죽은 이들 가운데에서 일으키신 하느님 아버지를 통해서 파견된 사도인 바오로"였다(갈라티아서 1:1).

갈라티아 신자들에게 보내는 이 편지를 정확히 독해하려면, 이를 격화된 논쟁의 한쪽 입장을 표현한 것으로 읽어야 한다. 그리고 오랜 시달림에 마음이 산란해진 사도 바오로가 불안스레 서성대면서, 가끔은 툴툴거리고 종종 소리를 지르며 자기 말을 받아쓰게 하는 모습을 상상해야 한다. "사람들에게서 〔……〕 파견된 것이 **아닌** 〔……〕 사도"(갈라티아서 1:1), "내가 어떤 사람에게서 받은 것도 **아니고** 배운 것도 **아닙니다**"(1:12), "내가 전한 복음은 사람에게서 비롯된 것이 **아닙니다**"(1:11), "나는 어떠한 사람과도 따로 상의하지 **않았습니다**. 〔……〕 예루살렘에 올라가지도 **않았습니다**"(1:16~17), "내가 여러분에게 쓰는 이 글은 하느님 앞에서 말합니다만 거짓이 **아닙니다**"(1:20). 이들 구절에는 그의 적들이 바오로를 두고 사도들의 아류라고 비난했으며, 만일 그가 예루살렘의 사도들과 의견을 달리한다면 그를 따라서는 안 된다고 주장했다는 사실이 담겨 있다. 그가 독립적인 사도라는 주장은 모두 거짓말이라는 것이었다.

할례에 관한 논쟁도 신학 논쟁과 마찬가지로 다뤄졌다. "티토는 〔……〕 할례를 **강요받지 않았습니다**"(갈라티아서 2:3), "우리는 그들〔**거짓** 형제들〕에게 잠시도 양보하지 **않았습니다**"(2:5), "주요 인사들은 나에게 아무것도 따로 부과하지 **않았습니다**"(2:6). 바오로의 반대자들 말로는, 그의 조력자였던 티토가 이미 할례를 받았으며, 바오로도 이에 동의했다는 것이다. 또한 바오로는 베드로와 야고보가 이 논점에 관한 최종 결정권자임을 인정하면서 그들이 원한다면 기존의 요구사항에 할례를 더할 수 있게 했다고 한다.

바오로의 열정과 분노는 이방인들의 사도인 그가 자신의

신학뿐만 아니라 자기 자신마저 속여야 했음을 보여준다. 갈라티아 신자들을 향한 논증의 첫 부분은 자전적이다.

바오로의 적들은 자신들의 주장을 어떻게 펼쳐나갔나? 이방인들의 할례를 주장하는 이들은 이전에 이스라엘 민족이 받아들인 하느님이 바로 온 세계의 하느님이며, 이 하느님이 온 세계를 구원하신다고 굳게 믿었다. 그들은 이스라엘의 구약성경 내용이 사실이며 하느님의 뜻을 계시한다고 보았다. 여기까지는 바오로와 생각이 같다. 그러나 이들은 예수의 부활과 재림 사이의 기간에 이방인 신자들이 유다인이 되기를 바랐는데, 이 지점에서 바오로와 관점이 갈렸다. 바오로는 아브라함의 이야기를 이용해 이방인들이 할례를 받을 필요가 없다는 사실을 '증명'하려고 하는데, 이러한 바오로의 대응에서 우리는 그의 반대자들이 갈라티아 신자들에게 했던 말과 갈라티아 신자들이 이들에게 응답한 바를—후자의 경우 확실성이 좀더 떨어지긴 해도—재구성해볼 수 있다. 이러한 재구성이 필수적인 것은 그들의 주장이 바오로의 응답을 결정지었고, 그래서 그가 간혹 어떤 용어들을 기묘하게 사용했기 때문이다.

"바오로가 여기 있으면서, 자신이 이스라엘의 하느님을 대표한다는 것과 예수가 하느님이 계획하신 메시아라는 것을 말했습니까?"

"네."

"예수님이 오신 것은 성경 말씀과 일치를 이룬다고 그가 말했습니까? 그렇다면 구약성경 또한 하느님의 의지와 의도를 계시한다고도 말했습니까?

"네, 그는 우리에게 성경을 인용해서 말했고, 우리는 그 인용 구절들을 공부하기 시작했습니다."

"예수님을 하느님이 보내신 메시아라고 받아들인 사람들은 구약성경에서 이스라엘에 계시된 대로 하느님의 율법들을 준수해왔다는 점을 여러분은 알고 있습니까?"

"바오로는 이 점에 대해 그런 식으로 말하지 않았습니다. 그러나 우리는 이러한 입장의 논리를 이해합니다. 하느님은 예수님을 보내셨고, 또한 성경도 모두 하느님이 주신 영감으로 쓰였습니다. 만약 우리가 어느 한쪽을 받아들인다면, 분명히 남은 한쪽도 받아들여야 한다는 생각 또한 확실히 정당합니다."

"최근에 창세기 17장을 읽은 적이 있습니까?"

"아니요. 성경 사본은 흔하게 구할 수가 없으니까요. 우리가 그렇게 공부를 많이 한 것은 아닙니다. 그러니 우리는 당신이 말하려는 것이 무엇인지 확실히 알 수 없군요."

"창세기 17장을 보면, 아브라함의 모든 후손들—곧 이스라엘의 하느님의 법을 따르는 모든 이들—은 할례를 받아야 한다고 분명하게 명시돼 있습니다. 그러니, 남자들은 모두 할례를 받아야 합니다. 게다가 할례를 받지 않는 이들은 하느님과, 아브라함과 그 후손들 사이에 맺은 계약에서 잘려나가리라고 기록돼 있습니다."

"자, 그게 사실이라면, 우리도 당연히 할례를 받아야 한다는 말이군요. 우리가 이 사안에 대해서 검토해볼 기회가 있었으면 좋겠습니다. 바오로에게 편지를 보내어 우리가 지금 고려하고 있는 바에 대해 알려야겠습니다."

"바오로가 여러분에게 그 자신이 본질적으로 조금 뒤떨어진 사도라는 점을 말해주지 않았습니까? 예수님의 복음을 제대로 아는 사람들은 예수님이 살아 계신 동안 그분을 따랐고, 부활하셨을 때 그분을 목격한 사람들이라는 것을 말하지 않던가

요? 새로운 시대의 성전 기둥이 된 베드로와 주님의 형제인 야고보에게 우선권이 있다는 사실도 말해주지 않았습니까?"

"아니요, 아닙니다. 그런 일들에 대해서 말한 적이 없습니다. 우리는 그가 하느님을 직접 대변할 수 있도록 온전한 권한을 받았다고 이해했습니다."

이 대화에 따르면, 갈라티아의 이방인 그리스도인들은 바오로에게 편지를 썼거나 전령을 보냈고, 바오로는 우리가 오늘날 읽고 있는 갈라티아서를 써 보냄으로써 이들에게 응답했다. 바오로를 반대하는 이들이 성경을 바탕으로 논지를 펴고 있었으므로, 전문적인 성경 주석가인 바오로 또한 같은 식으로 답하고 있다. 바오로는 성경에서 논거를 취해 메시아가 이미 도래한 뒤의 시대를 사는 이방인들은 유다인이 되기 위해 성경의 계명들을 지켜야 할 필요가 없다는 점을 증명하는 일에 착수했다. 그는 자신의 논지를 담아낼 수 있는 용어들을 주조했다. "아브라함의 후손"이란 말은 바오로에게 '하느님의 백성에 속한 자, 마지막 때에 구원받게 될 사람'을 의미하는 암호가 됐다. 그의 반대자들이 사용하는 용어들로 적들을 논박하려면 아브라함의 이야기에 나오는 어휘들을 그대로 사용해야 했던 것이다.

바오로의 응답 내용과 논지 전개 방식을 보면 글 속의 어려운 대목들과 마주치게 되며, 그 부분은 이 책에서도 어려운 대목이다. 먼저, 바오로의 생각엔 복잡할 것이 하나도 없다는 점을 강조해야겠다. 그는 이방인 개종자들이 할례를 받지 말아야 한다고 생각했다. 여기까지는 어려울 게 없다. 해석하는 사람 앞에 놓인 과업 중 어려운 부분은 그가 펼친 복잡한 논지를 설명하는 일이고, 그가 자신의 관점을 지니게 된 실제 이유와 그 논거들을 관련짓는 일이다. 바오로의 주장들이 다 어렵지만은 않다. 바오로는 이방인 개종자들의 할례에 관한 첫 논의를 자전적 이야기로 시작하며 이전에 일어난 분쟁들에 대한 자신의 관점에 기대어 주장을 편다. 그다음 두번째 논의에서는 신자들의 경험에서 논지를 끌어낸다. "여러분에게 성령을 주시고 여러분 가운데에서 기적을 이루시는 분께서, 율법에 따른 여러분의 행위 때문에 그리하시는 것입니까? 아니면, 여러분이 복음을 듣고 믿기 때문에 그리하시는 것입니까?"(갈라티아서 3:1~5) 이러한 논의들은 직설적이면서 쉽게 이해할 만한 논증이다. 그러나 창세기에 근거하고 있는 세번째 논의는 설명이 따라야 한다.

바오로는 마치 옛 유다인처럼 논쟁하고 있다. 이것 자체는 전혀 놀라운 일이 아니다. 이 부분을 읽는 것이 우리를 혼란스럽게 할 순 있겠지만 말이다. 바오로는 갈라티아서 3장

16절~18절에서 용어에 관해 논지를 펼치고 있다. 그는 아브라함의 이야기에서 근거가 되는 텍스트를 사용해 그 이야기의 용어들을 자신의 관점에 적합하게 만들었다. '근거 텍스트proof text'란 권위 있는 원문 자료에서 가져온 발췌문으로, 그 안에는 작가가 자신의 논지를 원문에서 쓰인 원래 의미와 관련해 '증명'하는 데 사용할 수 있는 어휘나 구절이 담겨 있다. 현대 근본주의에 대해 좀 알고 있는 사람들이라면 바오로가 구사하고 있는 기법을 이해할 수 있을 것이다. 그는 성경 발췌문들이 집필 당시에 지녔을 맥락상 의미에 대해 신경쓰지 않았다. 그는 성경에 들어 있는 수많은 어휘를 알고 있었으며, 만약 어휘들이 적절히 조합돼 있는 구절들을 찾게 되면 그것들을 이어붙여 자신의 논점을 뒷받침하는 데 썼다. 나는 갈라티아서에서 가져온 발췌문 하나를 성서학적/수사학적 논증의 예로 들어 설명하고자 한다. 이러한 기법은 다소 복잡하게 꼬여 있으며, 따라서 이에 관한 설명 또한 그러하다. 이처럼 바오로를 독해할 때 난관에 부딪히는 까닭은 그가 이처럼 복잡한 논증 방식을 쓰고 있기 때문이며, 여기서 그 예를 하나 반드시 살펴볼 필요가 있다.

먼저 바오로의 결론을 알아보자. 그리스도교로 개종한 이방인들은 할례를 받지 말아야 한다. 바오로는 성경을 인용함으로써 이를 증명하고 싶었으나, 쉽지 않았다. 성경에는, 적어도 표면상으로는, 그러한 언급이 드러나 있지 않기 때문이다. 그러나 해석가 바오로는 문헌을 조사해 올바른 결론을 이끌어낼 준비가 되어 있었다.

바오로는 "아브라함의 후손"이란 표현에서부터 조사 작업을 시작했다. 그의 반대자들이 펼친 주장에서 아브라함이란 인물이 가장 두드러지기 때문이란 것은 거의 확실하다. 창세기 12장에 따르면, 하느님은 아브라함을 불러 자신을 따르도록 했다. 하느님은 아브라함과 많은 약속을 맺었으며, 이는 이어지는 장들에서 반복된다. 이중에서 한 가지 중요한 조항이 있었으니, 아브라함과 그의 남자 후손들은 모두 할례를 받아야 한다는 것이었다(창세기 17장). 바오로는 명백한 이유들을 들어 창세기 17장을 무시한 채 아브라함이 부름받는 부분만을 택해 이야기하고 있다.

여기서 그는 자신의 목적에 맞는 어휘들을 찾아냈다. "아브람[아브라함]이 하느님을 믿으니, 하느님께서 그 믿음을 의로움으로 인정해주셨다."(창세기 15:6) "세상 모든 이방인들이 그를 통하여 축복을 받을 것이다."(창세기 18:18) 이 두 절은 적절히 결합하기만 하면 그의 논점을 증명하고 계속해서 논지를 펼쳐나갈 수 있는 네 단어를 우리에게 제공해주었다. 믿음, 의로움, 이방인, 축복. 그는 첫 세 단어를 결합해 그 자신의 언명을 만들었다. "성경은 하느님께서 **이방인들을 믿음으로**

의롭게 하신다는 것을 〔……〕 미리 전해주었습니다."(갈라티아서 3:8) 바오로는 이를 배타적 의미에서 취하고 있다. 아브라함 이야기의 나머지 부분은, 적어도 이방인들과 믿음에 관한 한, 모두 문제가 되지 않는다. 이방인들이 채워야 할 필요조건은 오직 믿음뿐이다.

그런 뒤에 바오로는 네번째 단어 "축복"에 대해 이야기하기 시작한다. 축복의 반대는 "저주"인데, 이 둘은 창세기 12장에서 함께 등장하고 있다. 하느님은 아브라함에게 말씀하셨다. "너에게 축복하는 이들에게는 내가 복을 내리고, 너를 저주하는 자에게는 내가 저주를 내리겠다."(12:3) 바오로는 방금 그의 반대자인 유다인 그리스도인들을 저주하긴 했지만, 다른 사람을 저주하는 사람들에게 하느님의 저주가 내리기를 바라지는 않았다. 그래서 그는 이 "저주"라는 단어를, 그가 그의 반대자들을 저주할 수 있게 허락해줄 구절을 찾는 동안에만 썼다. "이 율법의 말씀들을 존중하여 지키지 않는 자는 저주를 받는다."(신명기 27장 26절. 바오로가 읽은 그리스어 성경을 따랐다. 히브리어 성경 원문의 표현은 "지키지 않는"보다 "긍정하지 않는"이 맞다.) 이것이 그리스어 구약성경에서 유일하게 "저주"라는 단어를 "율법νόμος"과 관련짓는 구절이다. 바오로는 율법을 이방인들에게까지 적용하는 데 반대해서 싸우고 있었으므로, 여기서 그는 자신의 저주에 대한 근거 텍스트를 발견한 셈이다. '나의 적들은 저주받았으며, 그들을 따른다면 여러분 갈라티아 사람들도 저주받을 것입니다.' "축복"이라는 단어가 등장한 덕분에 바오로는 아브라함의 이야기에서부터 신명기에 나타난 계약에 관한 저주 부분으로 옮겨갈 수 있었다. 전자를 통해 바오로는 자신의 논점을 긍정적인 방식으로 증명했고, 후자를 통해서는 그의 적들을 저주했다.

용어를 둘러싼 논증은 계속되지만 여기서 더 자세히 다루지는 않겠다. 다만 두 가지 사항에 대해 간략히 살펴보고자 한다.

바오로는 "저주"라는 말을 집어든 뒤, 그 밑에서 빠져나갈 방법을 보여주고 있다. 나무에 매달림으로써 그리스도는 "저주"받은 몸이 되었다(갈라티아서 3:13). 그리하여 그리스도는 그를 받아들이는 이들에게서 저주를 풀어주셨다(이 책 제8장 참조).

바오로는 자신의 주장에 맞춰 하바쿡서 2장 4절을 인용하고 있다. 이 구절은 원래 '올곧은 사람은 하느님을 신뢰함으로써 살 것이다'라는 뜻인데, 바오로는 이를 '의로운 이는 믿음으로 산다', '어떠한 사람도 율법으로 의롭게 될 수 없다'는 뜻으로 해석했다. 달리 말하자면, 바오로는 이 구절이 마치 '사람은 믿음으로〔만〕 의롭게 된다'라고 쓰여 있는 것처럼 읽었던 것이다. 창세기 15장 6절을 제외하면 하바쿡서 2장 4절은 바오로가 "믿음"과 "의로움"을 결합하는 데 유일하게 인용한 성경 구절이다.

갈라티아서 3장 12절에서 바오로는 "저주"와 "율법", "의로움"과 "믿음"에 관한 성경의 진술들을 샅샅이 다뤘지만, 아브라함의 이야기를 다룰 때는 그렇지 않았다. 갈라티아서 4장 21절~31절에서 바오로는 아브라함의 이야기를 다시 꺼내는데, 이 부분에 대해 여기선 분석하지 않으려고 한다. 하지만 갈라티아서 3장 안에서도 그는 즉각적으로 이 이야기를 다시 쓰고 있다. 이 부분에는 바오로가 다만 이방인들은 (그리스도에 대한) 믿음으로 의롭게 되며 율법을 받아들이는 자들은 저주받는다는 주장보다 더욱 웅대한 주장을 펴게 해주는 용어가 있다. 결정적 구문은 바로 "그리고 너의 씨에게"다. 창세기에서 하느님은 아브라함에게 축복이 그와 그의 씨에게 내리리라고 반복해서 말씀하신다(창세기 12:7, 13:17, 17:7, 24:7). "씨스페르마씨σπέρμα"는 바오로가 주목하고 있듯 문법적으로 단수다. 이 단어는 집합명사로 쓰여 "후손", "일족"을 뜻하며, 바오로가 이미 완벽하게 이해하고 있었던 것처럼, 집합명사란 복수의 개인들을 뜻한다. 그는 로마서 4장 13절에서도 같은 발췌문을 복수의 뜻으로 쓰고 있다. 그러나 갈라티아서 3장에서는 그것을 단수로 쓰고 있다는 사실을 역설하고 있다. 하느님의 약속은 아브라함과 그의 씨앗 하나에 맺어졌으며, 그 하나의 씨앗은 곧 그리스도임에 틀림없다. 여기서 바오로는 아브라함의 축복이 단 한 사람이 아니라 다수의 이 방인에까지 내린다는 자신의 이전 주장을 뒤집는 것처럼 보인다. 그는 여기서 이방인 신자들을 바로 이 단수의 씨앗, 곧 그리스도의 한 부분으로 만들 수 있는 자신의 으뜸패를 내놓으려는 것이다. 그러나 이를 위해서는 창세기 15장 6절과 18장 18절에서 가져온 용어들을 버려야만 한다.

> 그리스도와 하나되는 세례를 받은 여러분은 다 그리스도를 입었습니다. 그래서 유다인도 그리스인도 없고, 종도 자유인도 없으며, 남자도 여자도 없습니다. 여러분은 모두 그리스도 예수님 안에서 하나입니다. 여러분이 그리스도께 속한다면, 여러분이야말로 **아브라함의 후손**($\sigma\pi\acute{\epsilon}\rho\mu\alpha$)이며 약속에 따른 상속자입니다(갈라디아서 3:27~29).

약속은 아브라함의 단수형 씨앗, 곧 그리스도에게 맺어졌으나, 다른 사람들은 그리스도 안으로 합체되면서, 성경에 기록된, 아브라함에게 내린 하느님의 약속을 상속할 수 있게됐다.

여기서 바오로는 갈라티아 사람들의 경험과 자신이 성경의 근거 텍스트들을 바탕으로 했던 설교(세례받음으로써 인정되는 믿음)를 결합하고 있다. 그는 하나의 암호로 설정돼 있는 "구원받을 이들" 곧 "아브라함의 후손"이란 용어로 돌아간다. 그러나 그는 "후손"이 단수임을 역설한다. 그러고 나서 그의 이방인 그리스도인인 "여러분"은 세례를 받음으로써 바로 이 하나의 후손인 그리스도의 한 부분이 되었다고 주장한다. "믿음으로 의롭게 된다"는 이전 논의의 핵심 개념은 이제 무너져내렸다. 갈라티아서 3장 끝부분에 이르면, 믿음으로 주어진 신분은 다만 "의롭게 된다"는 것이 아니라 "하느님의 자녀"가 되는 것이다(3:26). 믿음이 신자들을 "그리스도 예수님 안에서 하나"로 만들어주기 때문이다. 여기서 "세례를 받"음, "그리스도를 입"음, 그분과 "하나"가 됨, "그리스도께 속함" 이란 표현들이 바오로 자신의 용어들이란 것을 모를 순 없다. 바오로는 성경에서 이 용어들을 찾아내지 못했지만, 새로운 합체의 신학을 통해 "아브라함의 후손"이란 성경 용어와 관련짓고 있다. 이에 대해 그는 아무런 근거 텍스트도 없이 다만 자신의 생각과 경험을 근거로 삼아 만들어낸 용어들을 쓰고 있다.

사람들은 바오로의 논의를 이해하려면 먼저 히브리어 성경의 그리스어 번역본에 완전히 몰입해야 한다는 이야기를 자주 한다. 옛날이나 지금이나 전문 학자만이 바오로의 논의를 제대로 이해할 수 있다는 점은 확실하다. 바오로는 그리스어 성경을 외우고 있었으며, 특정한 단어들이 한데 묶여 있는 구절들을 끄집어낼 수 있었다. 우리가 앞서 보았던 것처럼 그는 "의로움"과 "믿음"이 결합된 구절들만 찾아내어 인용하고 있으며 "저주"와 "율법"이 결부돼 있는 유일한 구절을 차용하고 있다. 현대 독자가 이를 이해하려면 용어 색인이 필요하다. 고대인이라면 바오로에 필적할 만큼 성경 텍스트에 정통해 있었어야 할 것이다. 또한 전문 학자쯤 돼야 단어 사이의 연합을 통해 발췌된 구절들을 어떻게 결합하고 연결해 한 논점에서 다음 논점으로 옮겨가는지 볼 수 있다. 그러나 오직 전문가들만이 바오로의 논지를 파악할 수 있다는 말은 아니다. 갈라티아 신자들 또한 이전에 다른 신을 섬기던 사람들이었기에(갈라티아서 4:8) 바오로가 눈이 부실 정도로 고대 성경 해석 기술에 정통해 있다는 사실을 오늘날의 보통 독자들처럼 제대로 알아볼 수 없었다. 하지만 바오로가 그의 목적에 맞게 성경 구절들을 발췌해 쓰고 있다는 사실을 알 수는 있었을 테고, 바오로의 결론이 무엇이었는지는 확실히 알아보았을 것이다. 다시 말하자면, 그들은 바오로가 말하고자 하는 바를 알고 있었으며, 그가 거룩한 성경 말씀을 인용하고 있다는 것을 인식하고 있었다. 바오로의 주장은 그의 신자들만이 아니라 성경을 인용하고 있는 그의 반대자들을 겨냥하고 있었던 것이다. 성경을 인용하면서 논쟁하는 유다인 전문가들

사이에 오가는 말들 속에 담긴 미묘한 뉘앙스까지 갈라티아 신자들이 모두 이해했으리라고는 생각할 수 없다. 그럼에도 그들은 논쟁의 요지만큼은 파악하고 있었다.

더욱이 갈라티아서 3장의 처음과 마지막 절들은 다른 용어들을 사용해 이 신자들에게 호소하고 있다. 그들은 율법과 상관없이 성령을 받았다(3:1~5). 그리고 그들은 세례를 받아 그리스도와 하나가 되었음을 이해하고 있었다(3:27).

이제까지 해온 논의만으로는 바오로가 그렇게 생각하게 된 근본적 이유를 아직 알 수 없다. 우리는 이제 문제가 무엇이었으며, 그의 반대자들이 무엇을 생각했고, 어떻게 주장했는지 알고 있다. 또 이에 대해 바오로가 무엇을 생각했는지, 그가 어떻게 주장을 펼쳐나갔는지도 알고 있다. 그러나 바오로가 그의 반대자들에게 왜 동의하지 않았는지는 아직 알지 못한다. 그들 편에서 주장한 창세기 17장의 의미는 명백하다. 바오로는 유다인들의 유산을 자랑스러워했으며, 성경을 믿었다. 그렇다면 바오로는 왜 그들에게 동의하지 않았을까?

내 생각에는 갈라티아서의 다른 두 구절과 또다른 관련 자료를 살펴봄으로써 이 질문에 접근할 수 있을 것 같다. 먼저, 갈라티아서에서 바오로는 놀랍게도 이렇게 쓰고 있다. "할례를 받았느냐 받지 않았느냐는 중요하지 않습니다. 새 창조만이 중요할 따름입니다."(갈라티아서 6:15) 이것은 바오로에게 중요하다. 그는 이것을 자신의 손으로 직접 썼으며, 이에 동의해줄 것을 간청하고 있다. 할례 여부가 중요하지 않다는 내용은 다른 구절에서도 나타난다. "그리스도 예수님 안에서는 할례를 받았느냐 받지 않았느냐가 중요하지 않습니다. 사랑으로 행동하는 믿음만이 중요할 따름입니다."(갈라티아서 5:6) "할례를 받았느냐 받지 않았느냐는 대수롭지 않습니다. 하느님의 계명을 지키는 일만이 중요합니다. 저마다 부르심을 받았을 때의 상태대로 지내십시오."(코린토1서 7:19~20)

로마서 14장에서도 바오로는 비슷한 방식으로 유대교 율법의 다른 두 중요 부분인 음식에 관한 규정과 "특정한 날"(안식일)의 준수 규정을 신경쓰지 않아도 되는 문제로 묘사하고 있다. 그는 이 율법들을 지킬 수도 있고 지키지 않을 수도 있는 율법이라 보았다. 유일한 요구사항은 그 목적의 신실함이다. 그러나 갈라티아서에서는 똑같은 세 가지 사항이 — 할례, 이방인들과 함께하는 식사, 안식일 준수 — 분노, 저주, 간청, 뒤틀린 논쟁을 불러일으키고 있다. 바오로에게 이 문제들이 어떻게 해서 중요하지 않거나 신경쓰지 않아도 되는 문제들로 여겨질 수 있었던 것일까?

할례를 비롯한 유대교 율법들을 준수한다는 표지들을 대하는 바오로의 태도는 다른 이들이 그 표지들에 대해 부여하는 의미의 중대성에 따라 달라진다. 그 자신의 태도는 상황에 따라 이것이 될 수도, 저것이 될 수도 있다. 나는 여기에서 다른 이들의 입장들을 다시 한번 재구성해보고자 한다. 바오로의 신자들 중 한 사람이 그에게 다음과 같이 이야기했다고 가정해보자.

"바오로 사도님, 저는 오랫동안 유다인들의 생활양식에 마음이 끌렸습니다. 그리고 저는 당신의 설교에 응답했습니다. 예수님이 정말로 약속된 이스라엘의 기름 부음 받은 자라고 믿게 됐기 때문입니다. 저는 이제 세례받아 그리스도의 지체가 되었으니, 제가 진정한 아브라함의 후손임을 압니다. 그렇긴 한데, 전 이제 이스라엘 사람이 됨으로써 이스라엘의 하느님께 대한 제 헌신을 완성하고자 할례를 받고 유다인들의 율법 중 주요 사항들을 따르려 합니다. 당신도 유다인이므로, 이러한 제 결심이 저를 제 믿음의 아버지인 당신과 더욱 같아지게 해줄 것입니다."

바오로는 아마 이렇게 대답했을 것이다.

"이것은 어떤 식이든 꼭 밟아야 하는 절차가 될 수 없습니다. 하느님은 이방인들을 정확히 이방인인 채로 구원하려 하십니다. 더욱이, 시간이 없습니다. 나는 여러분 모두 지금 상태 그대로 남아 있길 바랍니다. 지금 유다인이 되려는 것은 이혼하거나 결혼하려는 것만큼이나 소용없는 일입니다. 이런 일들은 모두 하나도 중요하지 않습니다. 그러나 여러분이 할례받기를 원한다면, 잠시 겪게 될 약간의 통증 말고는 여러분에게 해로울 것이 없습니다. 나는 이에 대해 여러분이 원하는 대로 하는 것을 반대하지 않습니다. 다만, '육으로 된' 사람들을 기쁘게 하려는 것이 아니라, 오직 하느님께 영광을 돌리고자 할례받는다는 것을 분명히 하십시오."

상상으로 작성한 바오로의 응답은 갈라티아서 5장 6절, 6장 15절, 코린토1서 7장 19절, 로마서 14장을 바탕으로 했다.

이제 또다른 대화를 상상해보자. 예루살렘에서 온 사람, 그러니까 예수의 원래 제자들 중 한 사람이 — 베드로나 요한은 아니고, 조금 덜 중요한 인물이라고 하자 — 바오로에게 와서 이렇게 이야기한다.

"바오로, 당신은 저 이방인들을 속이고 있소. 예수님은—당신이 그분을 알았더라면—허락하지 않았을 것이오. 그분은 이방인들에게 설교하지 않으셨소. 다만 이스라엘의 잃은 양들을 되찾으려 하셨을 뿐이오. 그분은 이방인들을 가리켜 '개'(마르코복음 7:27)라고 하셨소. 물론 이방인들이라고 해서 문제될 것은 없소. 그들이 개종하고, 할례받아 아브라함에게 하신 하느님의 약속을 상속받는다면 말이오. 다시 말해, 그들이 모세의 율법을 따르고 올곧게 삶으로써 하느님께서 택하시고 계약을 맺은 이 민족의 충실한 일원으로 남는다면 말이오. 그들은 확실하게 예수님을 하느님이 보내신 기름 부음 받은 자, 즉 메시아로 믿어야 하오. 그러나 그분께서 다시 오실 때에는 양과 염소를 구분하실 것이오. 예수님을 보내신 분과 동일한 거룩한 분께서 모세에게 내리신 율법을 지키지 않는 이들은 구원받지 못할 것이오. 당신이 지금 이방인들에게 하고 있는 말이 그들의 유일한 희망을 부수고 있소. 그들은 당신 말에 넘어가서는 하느님께서 아브라함과 맺은 계약을 지키려고도 하지 않은 채, 그 계약의 증표인 할례를 받지도 않고 아브라함에게 내린 하느님의 약속들을 상속하게 될 거라 믿고 있단 말이오. 게다가 당신이 주장하는 내용이 완전히 틀렸을 뿐만 아니라, 당신 자신은 이 문제에 대해서 왈가왈부할 아무 권한도 없소. 당신이 예수님에 대해서 알고 있는 것은 모두 간접적으로 전해들은 것뿐이잖소. 당신의 복음이라고 하는 것도 사실은 복음이 아니오. 당신의 사도직이라는 것도 사도직이 아니오. 당신은 의사擬似 사도인 거요. 예수님을 직접 알고 있는 사람들은 당신이 설교하는 예수님을 예수님으로 인정하지 않소."

우리는 갈라티아서 1장과 2장에서 바오로의 응답을 이미 보았다. 그는 적들에게 호통치며 저주를 퍼부으면서, 자신에게 내린 직접적 계시에 호소함으로써 자신의 사도직을 정당화한다. 그리고 그의 개종자들 중 어느 누구라도 그의 반대자들의 관점을 받아들인다면 그리스도로부터 잘려나갈 것이라고 주장한다.

갈라티아서에서 "강요하다"나 "강제하다"와 같은 술어들이 사용된 세 가지 경우를 조사해보면, 왜 바오로가 때때로 할례와 안식일 준수를 받아들이지 말아야 한다고 주장하는지 알게 될 것이다. 예루살렘에 있는 "거짓 형제들"은 티토에게 할례를 "강요"하려 했다. 바오로는 이방인에게 유다인과 같은 방식으로 살기를 "강요한" 데 대해 베드로를 비난했다. 그는 갈라티아에 있는 그의 반대자들이 갈라티아 신자들에게 할례를 "강요"하려 했다고 주장했다. '할례를 받고, 음식과 안식일에 대한 율법을 지킴으로써 유다인이 되어야 한다'고 말하는 사람들에게 바오로는 '할례를 받아들인 이들은 잘려나갈 것이다'라고 응수하고 있다. 그러나 '바오로 님, 할례를 받으면 어떻겠습니까?' 하고 묻는 이에게는 '그 자체로는, 그리고 그것만으로는 문제될 것이 없습니다'라고 답했다.

우리는 바오로의 이 두 가지 답을 하나로 종합할 수 있으며, 그래야만 한다. 할례 자체는 문제가 아니므로, 마치 그것을 중요한 문제인 양 다뤄서는 안 된다. 이방인들에게 할례를 강요해서도 안 된다. 구원받으려면 할례가 꼭 필요하다고 할 경우, 이는 곧 유다인이 됨으로써 구원받는다는 의미가 되기 때문이다. 그렇다면 그리스도의 죽음은 꼭 필요했던 것이 아닌 것처럼 된다. 바오로는 이렇게 주장한다. "율법을 통하여 의로움이 온다면 그리스도께서 헛되이 돌아가신 것입니다." (갈라티아서 2:21)

이는 신학적인 논의였다. 바오로 개인에게는, 이방인에게 할례를 "강요"하려는 이들이 승리한다면, 자신의 선교활동이 헛된 것이 되고 만다. 그렇다면 그는 회심해서 개종하지 말았어야 하고, 이방인들을 향한 사도가 되지 말았어야 한다. 그는 훌륭한 바리사이로 남아 다른 유다인들이 율법을 준수하도록 했어야 한다. 율법을 지키지 않는 이들을 핍박하면서 말이다.

달리 말해서, 이제까지 우리가 살펴본 관점을 바오로가 취하게 된 까닭은, 그 관점이 하느님이 그리스도를 보내어 그의 죽음과 부활로써 세상을 구원하려 하셨다는 신학적 확신과 함께, 바오로 자신이 이방인들을 개종시키도록 부름받았다는 개인적 확신에 단단히 묶여 있기 때문이다. 만약 유다인이 됨으로써 구원받을 수 있다면, 하느님이 그리스도를 보내신 것과 바오로를 부르신 일 모두 필수적인 일은 아니게 된다. 그러므로 유다인이 되는 것은 필수적이지 않으며, 이방인들이 유다인이 돼야 한다고 생각하는 이들은 저주받아 마땅했다. 이방인들 또한 이러한 생각을 받아들인다면, 그들이 믿음으로 복음을 받아들이고 성령을 받게 됐을 때 바오로가 그들 눈에 "생생히 새겨"놓은 그리스도의 죽음을 부정하는 것이 되고 만다(갈라티아서 3:1~5).

갈라티아서에서 "율법에 따른 행위가 아니라, 그리스도에 대한 믿음으로 의롭게 된다"는 말이 본질적으로 뜻하는 것은, 그리스도를 믿는 이방인들이 유다인이 될 필요는 없다는 것이며, 원래 착실한 유다인이었던 사람들조차 오직 그리스도를 믿음으로써만 하느님과 올바른 관계를 맺을 수 있다는 것이다(특히 2:15 참조). 이 단순한 명제를 표현하려 바오로는 엄청나게 폭넓은 용어들을 사용해 계속 공세를 펼치고 있다. 갈라티아서 3장을 결론짓는 논지 전개는 그 좋은 예다. **그리스도 안에 있는 사람들, 세례받아 그리스도 안에 든 사람들은 아브라함의 후손**이다. 아브라함은 하느님과 맺은 약속의 상속자다. 그와 함께 약속의 상속자가 되는 길은 **그리스도 예수 안에서 하나**가 되는 것이다. 이들 용어의 의미는 "믿음으로 의롭게 된다"는 말과 다르지 않다. 용어들은 바오로가 사용한 근거 텍스트에 따라 달라진 것뿐이다. "믿음으로 의롭게 된다"는 창세기 18장 18절과 12장 3절에 나오고, "아브라함의 후손" 또는 "씨"는 창세기 12장 7절과 그와 비슷한 구절에 나온다. 여기에 바오로가 자신이 만든 용어들을 더한 것뿐이다.

이 단계에서 우리는 바오로가 '실제로 의미한' 바, 즉 용어들을 둘러싼 그의 논증 뒤에 놓인 종교적 현실을 더 자세히 밝히려고 하지는 않을 것이다. 하지만 이후에 우리는 갈라티아서 3장 말미에서 그가 근거 텍스트에서 비롯하지 않은 구절들을 사용하고 있음을 다시 돌아보게 될 것이다.

유다인들의 율법에 관해 우리는 아직 완전하고도 섬세하게 다루지 못했다. 부정적 측면들은 분명히 보인다. 사람은 율법을 지킴으로써 의롭게 되는 것이 아니다. (하느님과 아브라함이 맺은 약속의) 상속은 율법에 의해 이루어지는 것이 아니다(갈라티아서 3:18). 율법 아래 있는 이들은 여전히 노예 상태에 있다(4:5~9, 4:21~31). 이들은 모두 바오로가 주장하는 긍정문들을 다만 부정문으로 바꿔놓았을 뿐이다. 사람은 그리스도를 믿음으로써 의롭게 된다. 그리스도 안에 속한 이들이 아브라함과 맺은 하느님의 약속들을 상속받는다. 그리스도는 자유와 (잠재적으로) 생명을 가져왔다. 그러나 사람이 율법에 의해서 의롭게 되는 것이 아니라고 주장할 때, 바오로는 여전히 율법이 유효한 내용들을 담고 있는 것처럼 인용했다. 그가 끌어다 쓴 근거 텍스트들은 유다인들의 율법에서 가져온 것들이다. 게다가 그는 레위기 19장 18절의 "네 이웃을 너 자신처럼 사랑해야 한다"로 요약되는 율법이 완성되리라는 데 찬성한다(갈라티아서 5:14). 율법의 중요한 의무 가운데 하나인 할례는 한편으로 신자와 그리스도 사이를 "끊어놓는" 것이라 하고(5:4), 다른 한편으론 중요한 문제가 아니라고 한다(6:15). 갈라티아서를 읽는 이들은 이러한 관점들이 어떻게 합치될 수 있는지에 관해 미루어 생각해볼 수 있을 따름이다. 이에 관해서는 이 책 제9장에서 다루겠다.

제 7 장

믿음에 의한 의로움: 로마서

로마서를 쓸 당시의 바오로는 직접적으로 공격받고 있지
않았다. 그래서 로마서는 갈라티아서보다 훨씬 덜 논쟁적이
다. 그는 또한 로마서를 쓰기 전에 그의 관점을 비판하는 소
리에 귀기울였으며 그 논점들에 대해 좀더 생각해보았다. 로
마 교회는 그가 세운 것이 아니었으며, 이 사실 또한 편지의
억양에 영향을 주었다. 그는 갈라티아 신자들을 호되게 꾸짖
고, 겁주기도 하고, 때로는 처음 그들이 보여줬던 반응에 호
소하거나 과거의 호의와 온정을 이용해보기도 한다(예를 들
면 갈라티아서 4:14). 이런 설득 도구들은 그 자신이 세우지 않
은 교회에서 쓰기에 적절하지 않았으므로 다른 방법들이 필
요했다. 바오로는 로마인들을 칭찬해서 자신의 말을 끝까지

듣게 만드는 방법을 쓰지 못할 정도로 자존심을 내세우진 않았다.

나는 여러분을 보게 되기를 간절히 바랍니다. 여러분과 함께 성령의 은사를 나누어 여러분의 힘을 북돋아주려는 것입니다. 다시 말하면, **여러분의 믿음과 나의 믿음을 통하여 다 함께 서로 격려를 받으려는 것입니다**(로마서 1:11~12).

편지 뒷부분에서 그는 자신의 훈계들을 뒤돌아보며 아첨하듯이 이를 온화한 말로 누그러뜨렸다. "로마의 그리스도인들은 이미 선의와 지식으로 충만합니다, 그러나 ……"(15:14) 그는 분명 자신이 그들에게 지시를 내릴 수 있는 권리가 있다고 생각했지만 그런 권위를 내세워서는 안 된다는 것을 의식하고 있었다.

로마서에서 바오로가 감안하고 있던 비판은 율법에 대한 공격이 부도덕한 생활로 이어질지도 모른다는 것이었다. 율법이란 여러 다른 기능들을 갖고 있지만, 그중에서도 인간 행동의 지침서 구실을 했기 때문이다. 바오로는 이전에 율법이 죄가 불어나게 하거나 더 나쁜 것으로 만드는 기능이 있다고 했고, 독자들에게 "죄가 많아진 그곳에 은총이 충만히 내렸다"는 것을 납득시킨 바가 있는데, 이제는 부도덕한 생활에 대해 경고해야만 했다. "은총이 많아지도록 우리가 계속 죄 안에 머물러 있어야 합니까? 결코 그렇지 않습니다!" (5:20~62) 몇 절 뒤에서 그는 "우리가 율법 아래 있지 않고 은총 아래 있으니 죄를 지어도 좋습니까?"라고 묻고는 똑같이 부정한다. "결코 그렇지 않습니다!"(6:15) 그가 도덕성을 손상하게 한다고 비난받았다는 점은 3장 8절에 명확히 드러나 있다. "더 나아가서 '악을 행하여 선이 생기게 하자'고 해야 하지 않겠습니까? 사실 어떤 자들은 우리가 그런 말을 한다면서 우리를 비방하고 있습니다." 이러한 비난은 바오로가 율법을 옹호하기 위해 매우 강한 진술들을 쓰도록 몰아가는 데 일조했다. "그렇다면 우리가 믿음으로 율법을 무효가 되게 하는 것입니까? 결코 그렇지 않습니다. 오히려 율법을 굳게 세우자는 것입니다."(3:31, 7:7, 12~13 참조) 갈라티아서에는 이에 상응하는 구절이 없다.

로마서와 갈라티아서 사이에는 이러한 차이점들이 있지만, "믿음으로 의롭게 된다"라는 논의는 본질적으로 똑같다. 문제는 또다시 이방인들을 하느님의 백성 안에 포함시키는 것과 얽혀 있었다. 로마서의 가장 중요한 주제는 유다인과 이방인의 동등함이다.

복음은 먼저 유다인에게 그리고 그리스인에게까지, 믿는 사람

5. 설교하는 성 바오로의 모습을 그린 중세화. 로마서 필사본을 장식한 삽화.

이면 누구에게나 구원을 가져다주는 하느님의 힘이기 때문입니다(로마서 1:16).

먼저 유다인이 그리고 그리스인까지, 악을 저지르는 자는 누구나 환난과 고통을 겪을 것입니다. 그러나 먼저 유다인에게 그리고 그리스인에게까지, 선을 행하는 모든 이에게는 영광과 명예와 평화가 내릴 것입니다. 하느님께서는 사람을 차별하지 않으시기 때문입니다(2:9~11).

우리가 유다인으로서 나은 점이 있습니까? 전혀 없습니다. 사실 우리는 이미 앞에서 유다인들이나 그리스인들이나 다 같이 죄의 지배 아래 있다고 고발하였습니다(3:9).

거기에는 아무 차별도 없습니다(3:22).

하느님은 유다인들만의 하느님이십니까? 다른 민족들의 하느님은 아니십니까?(3:29)

〔하느님께서는〕 당신의 풍성한 영광을 〔우리에게〕 알리려고 〔……〕 우리를 유다인 가운데에서만이 아니라 이방인들 가운데에서도 불러주셨습니다(9:23~24).

유다인과 그리스인 사이에 차별이 없습니다. 같은 주님께서 모든 사람의 주님으로서, 당신을 받들어 부르는 모든 이에게 풍성한 은혜를 베푸십니다(10:12).

사실 하느님께서 모든 사람을 불순종 안에 가두신 것은, 모든 사람에게 자비를 베푸시려는 것입니다(11:32).

이 논의 첫 부분(로마서 1장~3장)의 절정에서 바오로는 유다인이건 이방인이건 모두 동등하게 믿음으로 의롭게 되었음을 역설한다(3:30). 그리고 다시 4장에서는 아브라함의 이야기로 돌아가 그의 논점을 증명하고자 한다. 여기서 그는 암묵적으로 창세기 17장을 인정하고 있다. 창세기 17장에 따르면 하느님은 아브라함에게 그와 그의 후손 모두 할례를 받아야만 한다고 말씀하셨다. 바오로는 여기서 하느님께서는 아브라함에게 할례를 요구하시기 전에 이미 아브라함이 의롭게 되었다고 선언하셨다는 점을 지적하고 있다. 그러므로 아브라함은 "할례를 받지 않고도 믿는 모든 사람의 조상"이며, 동시에 "할례를 받았을 뿐만 아니라 우리 조상 아브라함이 할례를 받지 않았을 때 걸어간 그 믿음의 발자취도 따라 걷"는(4:11~12) 이들의 조상이다.

로마서 3장~4장의 논의에서 동사 '인정하다로기조마이 λογίζομαι'가 매우 두드러지게 쓰이고 있는데(3:28, 4장에서 11회 등장), 이는 창세기 15장 6절에서 비롯한 것이다. 그러나 믿음을 가진 이들이 사실은 여전히 죄인인 상태로 남아 있긴 해도, 바오로가 의로움이 허구적으로 그들에게 전가된 것이라고 생각했다는 뜻은 아니다. 그리스도의 죽음을 나눔으로써 그리스도인들은 이미 옛 질서에 대해서 죽었다. 그들은 이제 죄 안에서 살지 않고(6:2), 의로움의 "종"이 되어 하느님께 순종하게 되었다(6:15~18). 바오로는 창세기에서 '인정하다'란 단어를 끄집어내어 반복해서 쓰고 있는데, 여기에는 '단순히 전가된' 허구적인 의로움이란 생각은 전혀 들어 있지 않다.

유다인과 이방인들이 하느님의 백성으로서 동등한 신분을 갖는다는 생각은 그에 대한 논의가 계속됨에 따라 윤리와 율법에 관한 생각과 결합된다. 우리가 앞에서 보았듯이, 로마서 6장에서 그는 율법으로부터 놓여난 그리스도인들이 은총이 많아지도록 오히려 죄를 지어야 한다는 생각을 반박하고 있다(6:1). 그리고 율법 없이도 어떻게 윤리가 유지될 수 있는지 설명하려고 한다. 그는 '성령' 안에 있는 그리스도인들은 악행을 끝내고 율법이 요구하는 바를 완성할 수 있다고 주장한다(8:1~14). 로마서 1장~3장에서는 유다인들과 이방인들이 모두 같이 죄를 지었다고 주장하고, 3장과 4장에서는 하느님의 백성에 속하는 권한 또한 유다인과 이방인 모두 똑같이 얻어낼 수 있다고 주장했다. 그리고 이제 바오로는 이방인들이 옳은 일을 할 때 유다인들과 같은 기반 위에 있게 됐다고 주장하는 것이다. 곧, 그리스도와 함께 죽고(6:5~11) 성령 안에서 살아가는 이들은 하느님 마음에 드는 일을 하게 된다(8:8).

이러한 주장에서(6장~8장) "믿음으로 의롭게 된다"는 구절은 다른 용어들의 조합에 자리를 내주고 물러난다. 하느님이 "의롭게 하신"다는 말이 로마서 8장 30절과 33절에서 반복되고 있는데, 이때의 논의는 사법적 판단에 관한 것이다. 하느님은 단죄하시기보다 의롭게 하신다(8:33). 그리스도와 함께 죽는 사람이 죄의 상태에서 벗어나 "의롭게 된다"는 것, 다시 말해 죄에서 해방된다는 것은 6장 7절에 쓰여 있다. 그러나 그러함에도 6장~8장에 걸친 논의에서 바오로는 그리스도와 '함께 죽는다'(6:5~11), '죄에서 해방된다'(6:18), '율법 또는 육에 대해 죽는다'(7:1~6), '그리스도 안에 있다'(8:1), '육이 아니라 성령 안에 있다'(8:1) 등 다른 용어들을 사용해 공세를 펴고 있다. 우리가 갈라디아서에서 보았듯이, 이 새로운 용어들은 "의롭게 된다"는 말과 다르지 않다. 오히려 같은 것을 다른 단어들로 말하는 것이다. 그런데도 바오로는 아브라함의 이야기에 근거해 성경에 관해 벌이는 논쟁을 뒤로하면서 그와 연결돼 있던 용어들까지 함께 두고 떠났던 것이다.

우리는 지금까지 바오로에 대한 이해를 어렵게 하고 또 논쟁을 불러일으키도록 하는 구절들을 대부분 조사해보았다. 율법에 관한 구절들은 빨리 지나갔지만, 이후 이 책 제9장에서 다시 다룰 것이다. 이제는 "믿음으로 의롭게 된다", "그리스도 예수 안에 머무른다", "그리스도와 함께 죽는다" 및 그와 관련된 구문들을 해석하는 데 집중해야 한다.

갈라티아서와 로마서에서 다루는 주요 논점 두 가지에 관해 바오로가 생각한 요지는 다음과 같이 간추려볼 수 있겠다.

구원 자격: 바오로는 그리스도에 대한 믿음이 구원받을 자들 사이에 들 수 있는 자격을 얻는 데 유일한 요구 조건이라고 주장했다. 유다인들의 율법을 받아들이지 않아도 된다는 의미다. 이것이 "율법에 따른 행위에 의해서가 아니라, 그리스도에 대한 믿음으로 의롭게 된다"는 말의 의미다.

윤리 행위: 그리스도인들은 도덕적으로 비난받을 일 없는 삶을 살아야 한다. 전가된 허구적 의로움이라는 개념이 바오로에게는 떠오른 적도 없다. 만약 그러했다면, 그는 이에 격분하며 반대했을 것이다. 바오로의 도덕적 완벽주의에 대해서는 이 책 제10장에서 다룰 것이다.

때로 바오로를 이해하기란 가망 없이 어려운 일이라 생각되곤 한다. 따라서, 우리는 어느 종교에서나 중요 사안이 되는 두 가지 주제에 대해 바오로의 시각이 매우 직설적이고 단순했다는 점을 강조할 필요가 있다. '누가 내부 집단에 들 것인가?' 그리고 '내부 집단의 구성원들은 어떻게 행동해야 하는가?' 하는 물음은 종교가 반드시 다뤄야 할 두 가지 실제적물음이다(그 밖에 다른 주요 질문들은 대부분 사색적인 것들이다. 우리는 어디에서 왔나? 사후에는 어떤 일이 벌어지나?). 실제적인 두 가지 질문에 대해 바오로는 이렇게 응답하고 있다. 그리스도를 믿는 이들은 모두 어떠한 차별 요소 없이 내부 집단의구성원이 된다. 그리고 그들은 도덕적으로 완벽하게 행동해야 한다.

이 두 응답은 기본적으로 무척 단순하지만 제각각 어려운문제들을 품고 있다. 구성원의 자격에 관한 복잡함을 이해하려면 두 가지 질문에 답해야 한다. 바오로의 진짜 생각을 가장 잘 표현하는 용어들은 무엇인가? 한 사람이 내부 집단의구성원으로 받아들여졌을 때, 실제로 변하게 되는 것은 무엇인가? 그 사람 자신인가? 아니면 그 사람에 대한 하느님의 견해인가? 이러한 질문들은 서로 겹치며, 한 질문에 대한 답은다른 질문에 답하는 데 도움이 된다. 우리는 두번째 질문에서시작하고자 한다.

세상에서 이미 진행되고 있는 변화

바오로의 가장 두드러지는 견해 중 하나는 그리스도 안에 있는 자들은 주님의 재림 때 절정에 이르게 될 탈바꿈 과정을 이미 겪기 시작했다는 것이다. 사실, 때때로 그는 변화가 이미 일어난 것처럼 기술하고 있다. "누구든지 그리스도 안에 있으면 그는 새로운 피조물입니다. 옛것은 지나갔습니다. 보십시오, 새것이 되었습니다."(코린토2서 5:17)

그러나 이는 보통 때의 기준으로 보자면 과장된 진술이다. 로마서에서 그는 "그리스도와 함께 죽었"다고 과거 시제로 쓰긴 했지만, 그리스도와 함께하는 부활을 과거 시제로 쓰는 데까지는 가지 못했다. "우리는 그분의 죽음과 하나되는 세례를 통하여 그분과 함께 묻혔습니다. 그리하여 그리스도께서 아버지의 영광을 통하여 죽은 이들 가운데에서 되살아나신 것처럼, 우리도 새로운 삶을 살아가게 된 것입니다."(로마서 6:4)

사람들이 '그리스도가 되살아나신 것처럼, 우리도 또한 되살아났습니다'라는 문장을 기대했을 법도 하다. "새로운 삶을 살아가게 된 것입니다"라는 표현은 결국 완전한 탈바꿈은 주님이 다시 오실 때, 또는 우리가 부활하게 될 때 이루어진다는 뜻이다. 로마서 8장 19절~25절을 보면, 바오로는 이미 그리스도인들이 가지고 있는 것과 앞으로 오게 될 것 사이의 관계를 분명히 하고 있다. 이 시대의 모든 피조물들은 구속에서 해방되기를 기다리고 있다. 그리스도인들은 성령의 "첫 열매"들을 가지고 있다. 그러나 아직 완전히 "자녀"로서 받아들여지기를 기다려야 하는데, 이는 곧 '우리 육신의 구속救贖'을 의미한다. 이러한 구절들에 기초해 보면 바오로의 관점에서 변화란 다만 개인에 대한 하느님의 태도 및 그 개인의 전망과 정신적 방향성에서 일어나는 것이라고 생각할 수 있다. 그러나 바오로는 '이미 새로운 피조물이 되었다'는 것과 '다만 태도의 변화들이 일어났다'는 것 사이의 중간 단계를 설정하고 있다.

> 우리는 모두 너울을 벗은 얼굴로 주님의 영광을 거울로 보듯 어렴풋이 바라보면서, 한 영광의 단계에서 다른 영광의 단계로 그분과 같은 모습으로 바뀌어갑니다. 이는 영이신 주님께서 이루시는 일입니다(코린토2서 3:18).

> 우리의 외적 인간은 쇠퇴해가더라도 우리의 내적 인간은 나날이 새로워집니다(코린토2서 4:16).

여기에 사용된 동사들은 현재 시제 수동태이다. 그리스도인들은 바뀌어가고 있다. 첫번째 인용구에 나타난 "한 영광에서 다른 영광으로"(그리스어 성경에는 '단계'라는 말이 없다) 변화한다는 내용은 하늘에 속한 몸들도 있고 땅에 속한 몸들도 있다는 코린토1서 15장 40절을 상기시킨다. "하늘에 속한 몸들의 영광이 다르고 땅에 속한 몸들의 영광이 다릅니다." 코린토2서 3장 18절에 따르면, 그리스도인들은 한 영광에서 다른 영광으로 변화되는 과정중에 있다. 그들은 마지막에 부활 뒤의 그리스도와 같은 몸, 곧 "영적인 몸"이 될 것이다(코린토1서 15:44, 48~49).

바오로는 당대에 일어나고 있다는 탈바꿈에 대해 얼마만큼 현실적으로 생각한 것일까? 이러한 질문은 고대 사상가에 대해 생각할 때 현대 학생들이 대면하는 가장 어려운 질문들 중 하나이다. 오늘날 대부분의 사람들은 '육체적 또는 물질적'인 것과 '정신적, 감정적 혹은 영적'인 것들 사이에 분명한 선을 긋는다. '자연법칙'이라는 우리의 관점은 이러한 선을 거의 절대적인 것으로 만들어놓았다. 변화가 일어난다면, 육체가 변화하는 것이거나―이 경우 우리는 그 변화를 계측할 수 있어야 한다―정신적 전망이나 방향성이 변화하는 것 둘 중 하나다. 곧, 변화는 육체적인 것 아니면 심리적인 것이란 이야기다. 바오로 또한 내적인 영과 외적인 육을 구분할 줄 알았고, 우리가 인용한 구절들에서도 실제로 구분하고 있다. 그러나 그의 관점이 우리의 관점과 똑같지는 않다. "해의 영광이 다르고 달의 영광이 다르고 별들의 영광이 다릅니다. 별들은 또 그 영광으로 서로 구별됩니다."(코린토1서 15:41) 이들은 모두 우리에게 물질적인 존재일 뿐이며, 우리는 이들이 모두 같은 기초 원소들로 이루어져 있다는 것을 알고 있다. 바오로에게는 한 영광에서 다른 영광에 이르는 연속체가 있으며, 그는 서로 다른 영광들을 개인들이 지상의 영광에서 천상의 영광으로 변화하는 데 대한 유비로 사용했다. 이중 어떤 것도 다른 것보다 덜 '현실적'이지 않다. 해가 달이나 지구보다 덜 현실적이지 않은 것처럼 말이다. 그 자신은 부활한 그리스도를 본 적 있으며, 그리스도인들은 바로 이 '천국의 사람' 이미지에 맞추어 변화되는 과정중에 있었다(코린토1서 9:1, 15:46). 그는 부활하신 주님이 '자연의' 몸이 아니라 '영적인' 몸을 지니고 있다는 것을 알았다. 어찌됐든, 이는 눈에 보이는 것이었다.

그리스도인들의 탈바꿈도 눈에 보이는 것일까? 바오로는 그렇지 않다는 것을 깨달았다. 믿는 이의 몸은, 살았든 죽었든 오직 주님이 다시 오실 때만 변화되는 것이다(코린토1서 15:51, 로마서 8:23, 코린토2서 5:1~2). 인간의 오감으로 알아볼 수 있는 변화의 유일한 징조는 "우리의 외적 인간"이 "쇠퇴해가"는 것이다(코린토서 4:16). 이것은 아마도 그리스도인들이 그리스도와 같이 고난을 겪고 나서야 그리스도와 같이 변화될 수 있다는 바오로의 관점과 이어져 있는 것 같다(로마서 8:17). 고난을 겪는다는 것이 "쇠퇴해가"는 것의 의미이든 아니든, 우리는 바오로가 영광스럽게 변해가는 과정을 눈으로 확인할 수 있게 해주는 징조들을 제시할 수 없었다고 생각해도 될 것이다. 하지만 그렇다고 해서, 그리스도인들은 '변화되고 있는 중'이라는 그의 진술이 도덕적 교정을 나타내는 비유일 뿐이란 말은 아니다.

우리가 이를 가장 잘 이해할 수 있는 방법은 윤리 문제에 직접적으로 초점을 맞추고, 바오로가 올바른 행위란 그리스도와 하나되는 것에 피할 수 없이 따라오는 결과라고 생각하게 된 그 경지에 주목하는 것이다. 그리스도의 지체가 된 사람은 당연히 "성령의 열매"를 맺으며 살아간다. 바오로가 모든 도시에서 윤리를 가르치며 시간을 보낸 것 같지는 않다. 우리는 그가 편지를 써서 윤리에 관한 기초적 훈계를 전달해야 했다는 것을 알 수 있다. 그는 편지를 읽는 이들에게 이전에 그가 말했던 바를 다시 생각해내라고 호소한 적이 거의 없다. 이런 이상한 사실을 명확히 설명할 수 있는 것은 그가 올바른 행위란 세례에 따라오는 결과이며, 개인과 그 개인의 행위란 나무와 나무 열매 같다고 생각했다는 것이다.

바오로에 의해 개종한 이들 또한 그렇게 생각했던 것으로 보인다. 그들 중 한 사람이 "〔여러분은〕 새로운 피조물입니다"

라는 선언에 감명받았던 탓인지, 자신의 계모와 성관계를 해도 괜찮겠다고 생각했던 것 같다(코린토1서 5:1~5). 바오로는 옛 세상의 관계들은 모두 지나가버렸고 이제 새 세상이 왔다는 생각을 내세우긴 했다(코린토2서 5:17, 249~251쪽 참조). 그러나 그는 이 사건을 접하고 충격과 혐오를 느꼈다. 그와 문제의 코린토 사람은 새로운 질서의 구성원들이 이미 변화된 사람들이라는 데는 생각이 같았다. 그러나 이것이 무엇을 의미하는지에서 의견이 갈렸다. 코린토 신자들에게 보낸 서간에는 바오로의 개종자들이 그가 선언한 변화를 얼마나 실제적으로 이해했는지 드러나 있다. 그들은 자신들이 정말로 새로운 사람이 됐다고 믿었다(코린토1서 4:8 참조). 바오로가 그의 편지에 이전에 언급한 듯한 흔적이 전혀 없는 주요 논점들에 대해 아주 기초적인 윤리 강령들을 종종 전달하고 있다는 사실에 이러한 실재론을 더하게 되면, 그와 그의 신자들이 그리스도의 지체가 되었음이 실제로 그들을 바꿔놓았으며, 그리하여 그에 맞는 삶을 살게 되리라 생각했다고 결론지을 수밖에 없다. 그는 신자들이 죄에 대해 이미 죽었고 하느님에 대해 살게 되었다고 생각했다. 그리고 행위는 사람에게서 자연스레 흘러나오는 것이며 따라서 그들이 정말 누구인가에 따라 행위는 달라지기 마련이라고 생각했다. 죄 아래 놓인 자들은 당연히 죄를 짓는다. "육 안에 있는 자들은 하느님을 기쁘게 할 수 없다."(로마서 8:8) 그리스도 안에 있는 자들은 "성령의 열매"를 맺는다(갈라티아서 5:22).

이렇듯 인간의 탈바꿈과 서로 다른 인격의 자연스러운 결과물로서 행위에 관한 '실재론적' 관점은, 바오로의 윤리학이 그의 기초적인 구원 선포와 어떻게 관련되는가에 관한 심리학적 설명과 대비될 수 있겠다. 심리학적 설명에 따르면, 바오로는 "믿음으로 의롭게 된다"는 것을 하느님에게서 전가된 것이라고 설교한 셈이 된다. 개종자들은 그들의 죄성罪性이 뿌리 뽑을 수 없는 것이란 사실을 받아들였으나, 그럼에도 하느님이 그들을 무죄하다고, 또는 의롭다고 여기신다는 선포에 의해 심리적으로 자유로워졌다. 복음을 통해 그들은 사랑받고 있다는 것을 느끼게 됐고, 이로써 사랑은 사랑을 낳는다는 지극히 건전한 원칙에 따라 그들은 서로 사랑할 수 있게 됐다. 감정적으로 안정된 사람들은 감정적으로 박탈된 사람들보다 타인을 더욱 너그럽게 대할 수 있다.

이러한 설명이 잘못된 까닭은 바오로 자신이 그런 식으로 쓴 적 없기 때문이다. 이 책 제10장에서 좀더 충실하게 살펴보겠지만, 바오로의 윤리적 훈계들은 믿음으로 의롭게 된다는 '교의'와 연결된 것이 아니라, 주로 다른 개념 두 개, 곧 그리스도의 지체가 된다는 것과 성령 안에 있다는 것에 연결돼있다. 이 두 가지는 모두 개인이 누구인가, 어떠한 더욱 높은 힘 안에 참여하고 있는가와 관련된다. 자기 인식이나 정신적 또는 감정적 조망과 관련된 것이 아니다. 오늘날 사람들에게 심리학적인 설명이 잘 먹혀드는 것과 달리 실재론적 설명은 받아들여지기 어렵다. 하지만 바오로와 그가 보낸 편지의 수신자들에게는 그렇지 않았다.

바오로의 관점에서 그리스도의 지체가 된다는 것이, 하느님과 세상에 대한 그들의 인식을 변화시키기보다는 어떤 실제적 의미에서 신자들 자신을 변화시킨다는 것이 당연하다 하더라도, 우리는 여전히 신자들에 대한 하느님의 인식 또한 변화되는 것인지 묻게 된다. 대답은 그렇다는 것이다. 우리가 알기로, 하느님이 의인과 악인의 이름을 기록해놓았다는 장부에 대해 바오로는 논의하지 않았다. 그러나 그는 하느님께서 누가 누구인지를 계속 지켜보신다고 생각했다. 재림 때 어떤 이들은 그분과 같이 탈바꿈하겠지만, 다른 사람들은 멸망할 것이다(필리피서 3:18~20).

그러나 바오로가 하느님은 사람들의 행적을 계속 지켜보시다가 그들에 대한 의견을 바꾸시는 일보다는 무언가 다른 일을 하신다고 생각했음에 주목하는 것이 더 중요하다. 하느님은 신앙이 있는 개인을 의롭다고 "인정하셨을" 뿐 아니라, 실제로 그 사람을 "의롭게 하셨다". 하느님을 주어로 하는 능

175

동태 동사는 로마서 3장 26절과 30절, 4장 5절, 8장 30절과 33절, 갈라티아서 3장 8절에 등장한다. 이 밖에 보통의 경우엔 사람을 주어로 해서 수동태 "의롭게 된다"라고 표현한다. 하지만 수동태는 당연히 행위 주체가 하느님이라는 것을 함축하고 있다. 곧 한 사람이 의롭게 되는 것은 하느님에 의해서 그렇게 되는 것이다. 이는 다만 "인정"한다는 것이 의미하듯이, 그 사람의 이름이 하느님의 한 장부에서 다른 장부로 넘어가는 것만을 말하지 않는다. 그 사람 자체가 "그리스도의 몸", 성령 등으로 불리는 다른 영역으로 옮겨가는 것이다. 이 이동 과정에서 실제적 변화가 일어나며, 이것이 재림 때 얻게 될 영광스러운 몸을 향한 첫 단계다. 이 변화의 결과로써, 새 사람이 되어 좋은 행실이 자연스레 흘러나와 그 삶 속에서 율법이 요구하는 바가 모두 "채워지게" 된다는 것이다(로마서 8:4).

앞의 마지막 몇 문장들만 보면 지나치게 기계적이라고 생각할 수 있다. 바오로가 그리스도인들이나 다른 사람들을 자동인형으로 여겼던 것은 아니다. 그는 그를 따르는 이들이 스스로 결정할 수 있고 그에 따라 행동할 수 있다는 것을 충분히 잘 알고 있었으며, 그렇기 때문에 그는 사람들에게 성령의 행동을 행하라고 훈계했던 것이다. 훈계한다는 것은 훈계를 듣는 사람이 스스로 결정을 내릴 수 있는 능력이 있음을 함축한다(예: 갈라티아서 5:16). 어떤 사람은 하느님께 순종할 수 없는데 어떤 사람은 자연스레 순종한다는(로마서 7:15~23, 8:7~8) 주장과, 사람들은 각각 개별적 관점에서 선택할 수 있다는 두 가지 주장을 어떻게 조화시킬 수 있는지 바오로는 설명하지 않았다. 앞서 언급한 코린토 신자는 자신의 계모와 함께 살지 않을 수도 있었고(코린토1서 5:1~5), 그리스도인은 성매매를 할지 말지 스스로 결정할 수 있었으며(코린토1서 6:15~20), 그 밖에도 모든 행동반경에서 선택할 수 있었다. 1세기의 많은 유다인들이 그랬듯, 바오로 또한 하느님의 섭리와 인간의 선택(이 책 제5장 참조)을 함께 주장하는 데 어떤 논리적 문제가 있다고 보지 않았다. 그는 또한 자연스레 맺게 되는 "열매" 이론이 자유의지라는 개념과 부조화한다고도 생각하지 않았다. '율법은 그리스도인들 안에서 충족될 것이다', '비그리스도인들은 하느님을 기쁘게 할 수 없다', '사람들은 하느님의 뜻에 순종할 것인지 아닌지를 결정할 수 있다'와 같은 각각의 진술들이 반영하는 바는 바오로에게 깊은 의미를 지니고 있다. 그는 이 생각들이 그의 다른 모든 생각과 어떻게 들어맞는지 합리적으로 보여주는 2차적 설명 없이 그대로 주장하고 있다.

이번 장에서 나는 특별히 그리스도의 몸이 되는 자격 요건에 관해 바오로가 어떻게 생각했는지를 탐구하는 데 관심을 기울였다. 오늘날 사람들은 이런 측면을 간과하는 경향이 있다. 그러나 이는 다만 고대사회에 관한 호기심 때문이 아니라, 바로 이것이 바오로의 생각과 하느님에 대한 그의 믿음에 깊이 가닿을 수 있도록 해주기 때문에 의미 있다. 바오로는 하느님이 창조하신 것들 중 가장 다루기 어려운 부분, 곧 인성humanity을 정말로 바꾸어놓으실 수 있다고 생각했다.

핵심 용어

어떤 용어들의 집합 또는 집합들이 바오로의 생각에서 가장 중요한 부분들을 드러내고 있는가 하는 질문에 사실상 우리는 이미 대답한 것과 다름없다. 사법적이거나 법률적인 용어들보다는 새로운 창조에 참여함으로써 일어나는 실제적 변화를 묘사하는 용어들이 바로 그 중요한 부분들이다.

바오로는 재판관으로서의 하느님을 믿었고, 따라서 유죄·무죄 판결에 대해서도 믿었다. 우리는 이전에 이미 "의롭게 하다" 또는 "의롭게 되다"라는 술어가 이러한 사법적 판단을 나타내는 경우들을 살펴보았다(로마서 2:13, 8:30/33, 코린토 1서 4:4, 6:11). 다른 구절들도 더 있다. 로마서 5장 18절~21절을 보면 의로움 또는 사면을 나타내는 디카이오시스$_{δικαίωσις}$

의 반대말로 "유죄판결"이 등장한다. 그리스도인들은 구원을 보장받았더라도, 코린토2서 5장 10절에 분명히 명시돼 있는 것처럼 잘못한 행위에 대해 재판을 받아야 한다.

이 모든 것에도, 바오로가 생각했던 더 깊은 차원의 문제들은 이러한 사법적 판단의 범주들이 아니라 그리스도 또는 성령에 대한 충실한 신자들의 참여, 곧 실제적 변화를 일으키는 참여에 관해 표현한 범주들에서 드러난다. 이러한 결론을 정당화하는 몇몇 관찰 결과들이 있다.

첫째, 갈라티아서와 로마서에서 바오로는 "의롭게 되다"라는 용어를 그 사법적 해석의 가능성과 함께 뒤에 남겨두고, 그가 사용했던 근거 텍스트에서 멀어져간다. 갈라티아서 3장에서 첫번째 근거 텍스트들을 통해 바오로는 믿음으로 의롭게 된다는 것에 관해 이야기한다. 그러나 그다음 누가 아브라함의 후손인가라는 질문으로 옮겨가서는 그리스도 안에 있는 사람이야말로 아브라함의 후손이라는 대답을 제시한다. 비슷한 방식으로, 그는 로마서 5장 이후로 의롭게 된다는 용어를 버리고 그리스도와 함께 죽는 것(로마서 6:5~11), 하느님의 의로움의 종이 되는 것(로마서 6:18, 22), 그리스도와 함께 죽고(반복) 그리하여 그리스도의 소유가 되는 것(7:4), 그리스도 예수 안에 있는 것(8:1), 그리스도 또는 하느님의 영이 우리 안에 사는 것에 관해 이야기한다(8:9~11). 그가 사용한 근거 텍스트들의 용어들보다 그 자신의 용어들을 통해 우리는 그가 어떻게 사고했는지를 더 많이 알 수 있다.

둘째, 사법적 판단에 관한 주요 구절들 중 일부는 바오로 이전의 그리스도교 전통에서 가져온 것들이다. 바오로 서간에서 바오로 이전의 그리스도교 신조를 완전히 확실하게 규명할 수는 없지만, 학자들은 일반적으로 로마서 3장 21절 ~26절의 내용이 전체적으로든 부분적으로든 바오로 이전의 신조들에 관한 것이라는 데 동의한다. 코린토1서 6장 9절 ~11절의 내용도 마찬가지다. 다시 한번 말하지만, 바오로 자신의 용어들을 통해 우리는 그의 생각이 어떻게 움직여갔는 가를 더 잘 알 수 있다.

셋째, 사법적 판단에 관한 생각들은 우리의 죄를 말끔히 닦아낼 희생 제물로써 그리스도의 죽음을 다룬다(예: 로마서 5:18). 이 생각들이 그리스도의 죽음에 대한 바오로의 관점을 가장 잘 드러내는 것이 아니라는 데는, 법률적 영역이 바오로에게 중요하다고 생각하는 이들까지도 모두 동의한다. 로마서 6장이나 코린토2서 5장 14절 같은 구절들에서 우리는 다음과 같은 관점을 보게 된다. "〔그리스도〕 한 분께서 모든 사람을 위하여 돌아가셨고 그리하여 결국 모든 사람이 죽은 것"이다. 그리스도의 죽음에 대한 바오로만의 독특한 관점은 그리스도의 죽음이 그 죽음을 나눠 갖는 신자들에게 옛 창조에서 벗어날 길을 마련해줬다는 것이다(이 책 제8장 참조).

넷째, 바오로가 어원학적으로 볼 때 사법적 단어로서 '무죄 선언'을 뜻하는 "의롭게 되다"란 단어를 '한 상태에서 다른 상 태로 옮겨지다', '그리스도의 지체가 되다'란 뜻으로 쓴 것은 좀 억지스럽다. 이러한 뜻을 강제했던 가장 명확한 예를 우리 는 앞에서 이미 보았다. 로마서 6장 7절에서 완료 수동태 **"의 롭게 되었다"**는 '그리스도와 함께 죽음으로써 죄가 지배하는 옛 창조로부터 벗어났다'는 뜻을 나타내도록 억지스럽게 쓰 이고 있다(가톨릭 성경에서도 '죄에서 벗어나'로 번역했다―옮 긴이). 그러나 갈라티아서 2장과 3장 전체를 통해 "의롭게 된 다"는 그리스도를 믿는 사람이 옛 존재에서 새로운 존재로 옮겨짐을 뜻한다. 바오로가 자신이 훌륭한 유다인이지만 오 직 그리스도에 대한 믿음으로만 "의롭게 되다"라고 썼을 때 (갈라티아서 2:15~16), 그는 자신이 이미 "그리스도와 함께 십 자가에 못 박혔"고, 그 결과 이제는 그 자신이 사는 것이 아니 라 그리스도가 그 안에 사는 것이 되었음을(2:20) 뜻한다. 이 처럼 강제된 용어들이 그것의 진정한 의미를 드러내고 있다. "의롭게 된다"란 "그리스도와 함께 죽"는 것, 그리하여 그의 생명을 나누는 것을 뜻한다.

다섯째, 윤리에 대한 바오로의 논의 대부분은 그리스도의 지체가 된 사람이나(코린토1서 6:15, 10:1~22) 성령 또는 그리스도 안에 참여하는 사람(로마서 8:2~11)의 행위에 관한 것이다. 바오로의 윤리학은 의롭다고 선언되는 법률적 무죄판결이 아니라 또하나의 존재 또는 힘에 참여하는 것과 유기적으로 얽혀 있다.

마지막으로, 사법적 범주의 용어 집합이 불완전하다는 점을 주목해보자. 하느님의 "유죄판결"에 대한 인간 쪽의 법률적 상대어는 '유죄'인데, 이 단어를 우리는 전혀 찾아볼 수 없다. 또한 '회개(하다)'와 '용서(하다)'라는 단어도 사실상 등장하지 않는다("용서받고"란 단어가 단 한 번 로마서 4장 7절에 언급되긴 하지만, 구약성경을 인용한 부분이다). 이러한 용어들은 유죄·무죄를 가르는 사법적 판단 틀에서는 중심적인 용어들이지만, "믿음으로 의롭게 된다"는 것이나 그리스도인이 된다는 것을 논하는 바오로한테는 아무 구실도 못하고 있다. 그리스도교 안에서 사법적 범주들이 작동되기는 한다. 그리스도인들은 심판 때 자신들의 행위에 응당한 책임을 져야 한다(코린토1서 3:15, 4:4, 코린토2서 5:10). 바오로는 이미 그리스도인이 된 사람들이 부적절한 행위에 대해 회개할 것을 기대했다(코린토2서 7:9, 12:21). 이는 그들이 용서받을 수 있다는 것을 뜻한다. 여기서 두드러지는 점은 유다인이라면 누구나 이처럼 이미 잘 알고 있던 사법적 영역들이, "의롭게 된다"는 것에 관한 논의에서는 아무 구실도 하지 못한다는 것이다. "의롭게 된다"는 것은 '누가 하느님의 백성 안에 드는가?'라는 질문과 관련 있기 때문이다. 그 안에 들어가는 방법, 그리고 그 안에 남는 자들에 대한 정의는, 그리스도와 함께 죽는 것, 그리고 그리스도와 함께 하나가 되는 것에 대해 쓴 부분에서 더 잘 드러난다.

이 모든 논의를 정리해 나타내는 방법을 하나 더 꼽으면, "믿음으로 의롭게 된다"란 '멸망할 사람들에서 구원받을 사람들로 옮겨진다'는 의미라고 말하는 것이다. 이러한 이동은 개인이 변화해 그리스도가 그 안에, 그를 통해 살게 된다는 것과 관련 있다. 바오로의 이 어려운 수동태 동사 "의롭게 된다"가 뜻하는 더 깊은 의미는 한 사람이 그리스도와 함께 죽고 새사람이 된다는 것이다.

제 8 장

그리스도론

하느님이 온 세상을 구원하기 위해 선택했고, 그리스도인들이 더불어 하나가 되는 바로 그 사람, 예수에 대해 바오로는 어떻게 생각했을까? 바오로는 예수에 대해 직접적으로 언급하는 일이 거의 없었고, 다만 몇 번 그의 말을 인용할 따름이었다. 그는 예수가 "여인에게서 태어나, 율법 아래 놓였다"(갈라티아서 4:4)는 것을 알았고, "육으로는 다윗의 후손으로 태어났"(로마서 1:3)다는 것도 알았다. 그러나 그가 한 번쯤 그렇게 생각했을지는 몰라도, 그는 이제 그리스도를 "육에 따라" 속된 기준으로 고려하지 않기로 결심했다(코린토2서 5:16). 예수는 하느님의 아들이었다.

여기서 논하는 그리스도와 이후에 고전적인 그리스도

교 신학에서 형성되는 그리스도를 구별하는 것이 지금 다루는 논의를 이해하는 데 도움이 될 것 같다. '그리스도론 Christology'에는 두 가지 측면이 있다. 그리스도의 인격과 그리스도의 과업, 곧 그리스도는 누구인가 하는 문제와 그가 무엇을 했는가 하는 문제이다. 3, 4, 5세기에는 그리스도가 누구인가 하는 진술에 엄청난 노력을 기울였다. 그러나 이 시기에 형성돼 오늘날까지 그리스도교에서 받아들이는 신경(信經, creed)들과 다른 그리스도론의 신조들은 대체로 부정문 형태로 이뤄져 있다. 곧, 허용하는 내용보다 금지하는 내용들이 더 명확하다. 그리스도의 과업에 관한 교의는 완성된 적이 없다. 사람들은 오직 대속(代贖, atonement)에 관한 이론들에 대해서 말할 수 있을 뿐이다. 그리스도인들은 그리스도가 이러저러한 방식으로 "구원"한다는 데 동의하지만, 그가 어떻게 구원하는가에 대해서까지 의견이 일치한 것은 아니다.

그리스도론의 두 가지 측면 모두 바오로 서간에 드러나 있다. 물론 후대에 만들어진 정식 용어들이나 정의들은 없다. 그리스도의 '과업'에 관한 바오로의 논의들은 좀더 논의할 만한 가치가 있는 것들이었다. 그가 그 부분에 대해 더 많이 생각했기 때문이다. 우리도 이에 관한 논의에서 시작해보자.

그리스도는 어떻게 구원하는가

그리스도가 어떻게 그를 믿는 이들을 이롭게 하는가 하는 문제와 관련해 바오로에게는 두 갈래의 생각이 있었다. 어느 쪽에도 역사적 예수가 실제로 행하고 말한 바에 대한 논의는 들어 있지 않다. 생각의 한 갈래는 그리스도의 죽음이 갖는 함의를 해석하는 것이고, 다른 한 갈래는 죽음과 부활 모두에 관해 논하는 것이다.

먼저, 예수의 죽음은 희생적이다. 희생 제물을 바치는 것은 유대교를 포함한 고대 종교들의 요체다. 희생 제물을 바치는 데는 여러 이유가 있었지만, 가장 주요한 이유는 속죄(贖罪, expiation)하려는 것이었다. 속죄 제물을 바칠 때 흘리는 피로 죄를 씻는다고 생각했다. 그래서 레위기에서는 "주님이 하지 말라고 명령한 것을 하나라도 하여" 죄지은 사람은 알고 한 것이든 모르고 한 것이든 "죗값"이 되는 제물을 성전으로 가져와야 한다고 명시하고 있다(레위기 5:17~19). 대속의 논리─희생 제물이 죄를 없애준다는 근거─는 레위기에 명확히 나오지 않는다. 대속이 어떻게 이루어지는가를 말해줄 수 있는 한 가지 설명은 제물이 되는 동물이 죄지은 사람을 대신해 죽는다는 것이다. 현대에도 이와 비슷한 생각에서 비롯한 예들이 많이 있다. 이를테면, 전쟁에서 죽는 병사들은 비전투 요원들을 위해서, 그러니까 그들을 대신해서 죽는다고 이해할 수 있다. 『두 도시 이야기A Tale of Two Cities』에서 시드니 카턴은 샤를 다네를 대신해 죽는다(18세기 혁명기의 파리와 런던을 배경으로 한 찰스 디킨스의 소설 주인공 시드니 카턴은 사랑하는 여인 뤼시 마네트의 연인 샤를 다네가 처형될 위기에 처하자 그녀를 위해 대신 처형되는 길을 택한다 ― 옮긴이).

코린토1서 15장 3절에 따르면 "그리스도는 우리의 죄 때문에 돌아가셨다". 다시 말해, 우리의 죄를 대속하신 것이다. 로마서 3장 25절을 보면 속죄는 "그분의 피로" 이루어졌다. 4장 25절에서는 그분이 "우리의 잘못 때문에 죽음에 넘겨지셨다"고 쓰여 있다. 바오로가 로마서 5장 9절에서 우리는 "그분의 피로 의롭게" 되었다고 썼을 때, 그가 생각한 것은 속죄에 관한 것이며, 5장 18절에서 죄의 굴레를 벗고 해방을 이끌어내는 "한 사람의 의로운 행위"란 예수의 죽음을 뜻한다는 것 또한 그만큼 명확하다. 이러한 대속 이론은 갈라티아서 3장 13절에서도 찾아볼 수 있다. 그분이 "우리를 위하여 저주받은 몸이 되었다"는 말은 '우리의 선익을 위하여'라는 뜻도 되지만 '우리를 대신하여'라는 뜻도 된다. 코린토2서 5장 21절에서 바오로는 "하느님께서는 죄를 모르시는 그리스도를 우리를 위하여 죄로 만드시어"라고 썼다. 죄 없는 이가 '죄'가 되도록 만들어지고, 그리하여 죽었을 때, 그는 다른 사람들 몫의 죗값을 대신 짊어진 것이다. 이런 생각은 로마서 8장 3절에도 깔려 있다.

이러한 구절들 중 어떤 것들은 바오로 이전의 신조들을 부분적으로 담고 있다. 코린토1서 15장 3절("**나도 전해 받았고** 여러분에게 무엇보다 먼저 전해준")은 이러한 사실을 명백히 드러내고 있으며 로마서 3장 21절~25절의 내용은 그럴 가능성이 많다는 점을 시사하고 있으며, 로마서 4장 25절에서도 가능성을 엿볼 수 있다. 맨 처음 그리스도인들은 예수의 죽음을 대속으로 이해했으며, 바오로 또한 이를 받아들였다.

그러나 그리스도의 죽음을 이렇듯 희생 제물로 해석하는 것이 바오로가 생각한 중심 사상은 아니라고 일반적으로 여겨져왔다. 데이비스W. D. Davies는 이를 다음과 같이 표현했다. "그리스도의 죽음이 품은 속뜻을 정당하게 다루고자 애쓰면서 바오로가 희생 제물과 관련한 용어들을 쓰긴 하지만, 그는 이를 더욱 발전시키지 않고 오히려 불완전한 초기 상태로 내버려두고 있다." 이러한 관점은 여러 다양한 학파의 수많은 학자들 사이에 공유되는 것이며, 이 점에서 학자들의 의견 일치는 옳은 것이다.

예수의 죽음을 희생 제물로 여긴다면, 이때 그 죽음이 극복하는 인간의 문제는 바로 범죄transgression라고 이해할 수 있다. 사람들은 잘못된 행위를 저지르고, 그에 대해서 용서받거나 사면돼야 한다. 사면되려면 피를 흘릴 필요가 있다. 그러나 우리가 봐왔듯이 바오로는 죄가 다만 규칙을 어기는 잘못된 행위라는 생각을 넘어서서 죄에 대한 관념을 더욱 철저하게 가지고 있었다. 인간은 그저 죄인인 것이 아니라, 죄라고 하는 힘의 노예가 된 상태다. 개별적인 범죄들에 대한 회개와 보속은 인간 조건의 문제를 완전히 충족시키지 못한다. 사람들은 유죄일 뿐 아니라 노예 상태에 있으며, 여기서 벗어나야만 한다. 바오로는 죄라는 힘이 너무나 크기 때문에 사람은 죽어서야 죄로부터 자유로워질 수 있다고 생각했으며, 이 생각에 따라 그리스도의 죽음을 해석했다. 그리스도와 하나가 되는 사람들은 그의 죽음을 나누고, 그 결과로 속박에서 벗어난다. 그리하여 그들은 죄의 힘에서부터 자유로워져 그리스도의 생명을 나누게 된다. 그리스도의 죽음에 관한 해석을 두고 바오로가 자신만의 방식으로 기여한 바가 바로 이 점이다.

우리는 살아도 주님을 위하여 살고 죽어도 주님을 위하여 죽습니다. 그러므로 우리는 살든지 죽든지 주님의 것입니다. 그리스도께서 돌아가셨다가 살아나신 것은, 바로 죽은 이들과 산 이들의 주님이 되시기 위해서입니다(로마서 14:8~9).

중요한 것은 그리스도에게 속하는 것이다. 그의 죽음이 이를 가능하게 한다. 죄 아래 놓여 있는 상태에서 성령 안에 살아가는 상태로 옮겨가는 '메커니즘'은 우리가 자주 인용했던 로마서 6장 5절~11절에 쓰여 있다. 그리스도와 함께 죽을 때 사람들은 죄의 속박에서 벗어난다. 죽음은 이제 우리 위에 군림하지 못한다(6:9). 이는 로마서 7장 4절~6절에 반복돼 있다.

> 나의 형제 여러분, 여러분도 이와 같이 그리스도의 몸 덕분에 율법과 관련해서는 죽음으로써, 다른 분 곧 죽은 이들 가운데에서 되살아나신 분의 차지가 되었습니다. 그래서 우리는 하느님을 위한 열매를 맺게 되었습니다. 사실 전에 우리가 육에 갇혀 있을 때는, 율법으로 말미암아 생겨난 죄 많은 여러 욕정이 우리 지체 안에서 작용하여 죽음에 이르는 열매를 맺게 하였습니다. 그러나 우리가 이제는, 우리를 사로잡고 있던 율법과 관련해서는 죽음으로써 그것에서 벗어났습니다. 그리하여 법전이라는 옛 방식이 아니라 성령이라는 새 방식으로 하느님을 섬기게 되었습니다.

코린토2서 5장 14절에 따르면 그리스도는 "모든 사람을 위하여 돌아가셨다". 그리고 그 결과로 "모든 사람이 죽었다". 이 내용은 바오로의 현전하는 서간 중 가장 초기의 서간에 있는 구절을 반영한다. 그분은 "우리가 살아 있든지 죽어 있든지 당신과 함께 살게 하시려고, 우리를 위하여 돌아가셨습니다"(테살로니카1서 5:10). 그리스도는 "우리의 죄 때문에" 당신 자신을 내어주셨는데, 이는 다만 그들을 사면하려는 것이 아니라, "우리를 지금의 이 악한 세상에서 구해내시려"는 것이었다(갈라티아서 1:4).

우리가 여기서 다시 확인하게 되는 것은, 바오로가 법정 용어, 곧 사법적인 개념들(죄는 법률을 어기는 잘못된 행위다. 하느님은 그리스도를 믿는 이들을 방면해주신다. 그리스도의 죽음은 죄인의 명부에 적힌 이름을 지워준다)을 알고 이를 쓰기도 하지만, 그의 중심 사상은 다른 사고 체계 안에 놓여 있다는 점이다. 한 사람이 죄 아래 있는 상태에서 그리스도에 참여해 성령 안에서 살아가는 상태로 옮겨가는 변화가 그것이다. 그리스도를 믿는 사람은 죽음과 부활을 통해 이러한 변화를 겪을 수 있게 되는데, 이는 그리스도 자신이 처음으로 해냈던 전이轉移를 공유함으로써 이뤄진다.

그리스도는 누구인가

이 지점에서 그리스도교는 마침내 교의를 성립하기에 이른다. 우리가 이후에 나타날 그리스도론의 문제에 대해 간략하게나마 살펴본다면 바오로 서간 중에 있는 두 구절을 이해하는 데 도움이 될 것이다. 그리스도에 대한 긍정적 기술은 그리스도가 완전히 인간이었으며 동시에 완전히 신이었다는 것이다. 우리가 앞에서 이미 지적했듯이 이는 부정문으로 정의됐다. 그리스도 안에서 인성과 신성은 따로 떨어져 있지도 않지만, 서로 결합해 있지도 않다. 이것이 의미하는 바는 이렇다. 예수의 신적 인격이 기적을 일으키는 것이라고 말할 순 없다. 그의 신성과 인성을 떼어놓을 수 없기 때문이다. 수난 중에 오직 그의 반쪽인 인성만 고통받았다고 할 수도 없다. '반반半半' 그리스도론은 여러 신경에서도 인정하지 않는다. 그리스도를 인간도 신도 아닌 제3의 존재로 생각하는 것 또한 똑같이 이단적이다. 실제 현실에서 사람들은 (조금 과장해서 말하자면) 어떤 이단들이 진정한 신성과 진정한 인성을 부인하려는지 골라내야 한다. 자유주의 그리스도인들은 예수의 인성을 침해하지 않으려 진정한 신성이란 무엇인지 새롭게 정의하고자 노력해왔다. 그들에게는 예수의 인성이 더욱 중요하기 때문이다. 보수주의 그리스도인들은 신성을 보호하고자 진정한 인성을 그저 입으로만 고백하곤 한다. 이를테면 이들은 일반적인 비평 방식을 끌어와서 역사적 예수에 관해 연구해서는 안 된다고 제안할지 모른다. 그들에게 예수는 평범한 인간이 아니기 때문이다. 여러 신경 속에 있는 그리스도론에 관한 기술들은, 허용된 영역 안에 머물기를 바라지만 동시에 예수에 관해서 이야기하기를 원하는 사람들을 곤경에 빠트리곤 한다.

   물론 바오로가 문제를 이러한 맥락에서 바라본 것은 아니다. 그렇기는커녕, 그는 이런 문제가 있다는 것조차 알지 못했다는 듯이 보인다. 그는 율법 아래 있는 사람들이 모두 죄의 노예가 됐으며, 예수는 "여인에게서 태어나 율법 아래 놓여" 있었으나(갈라티아서 4:4), 죄를 알지 못했다고(코린토2서 5:21) 생각했다. 그는 자신의 견해들을 한 페이지 안에 정리해놓지 않고 여기저기 나열해놓았는데, 결국 그 자신 또한 스스로 이것들을 어떻게 통합할 것인가 묻지 않았던 것이다.

   그리스도가 누구인가 하는 문제에 관해 그가 언급한 구절 중 가장 본질적인 구절을 둘 꼽자면 로마서 1장 1절~6절, 필리피서 2장 5절~11절을 들 수 있다. 첫번째 구절에서 바오로는 예수를 "육으로는 다윗의 후손으로 태어나셨고, 거룩한 영으로는 죽은 이들 가운데에서 부활하시어, 힘을 지니신 하느님의 아드님으로 지명되신" 분(로마서 1:3~4)이라 기술하고 있다. 이 구절을 읽은 사람이라면 예수가 하느님의 아들로 "지명된" 것이며(가톨릭 성경에서는 ὁρισθέντος를 "확인된"이라 번역했고 개신교 성경(들)에서는 "선포된"으로 번역했으나, 본래 ὁρίζω 동사는 다른 것들과 경계를 설정하여 대상을 구분한다(to mark out)는 뜻이며 보통 '한정하다', '지정하다', '지명하다'라는 의미로 쓰인다―옮긴이), 그것도 부활했을 때야 비로소 그렇게 됐다고 이해하게 될 것이다. 후대 용어로는 이를 '양자養子' 그리스도론이라 한다. 예수는 하느님의 아들로 태어난 것이 아니라, 이후에 하느님의 아들로 입양됐다는 것이다.

두번째 구절은 반대 방향의 극단으로 향해 가고 있다. 필리퍼서 2장 5절~11절에 따르면 예수는 태어나기 이전에 "하느님의 모습을 지니셨"으나, 태어나면서 "종의 모습을 취하시고 사람들과 같이 되었다". 계속해서 읽어보면 예수는 "여느 사람처럼 나타나 당신 자신을 낮추시어 죽음에 이르기까지 순종하였다". 하느님은 "그분을 드높이 올리시고 모든 이름 위에 뛰어난 이름을 그분께 주셨다". 그러니 예수는 곧 주님이다. 여기서 이목을 끄는 것은 '아들'이란 단어가 등장하지 않는다는 점이다. 대신에 "모습μορφή"이란 새 용어가 쓰인다. 예수는 하느님의 모습을 지니고 있다가, 종의 모습, 곧 사람의 모습이 되었다. 여기서 "모습"을 강조하면 예수는 진정한 신도 아니고 진정한 인간도 아니라는 것으로 이해할 수 있다. 그러나 이것은 특정 단어만을 집어내어 논하는 것에 지나지 않는다. 개별 단어들로 나타낸 표현이 얼마나 복잡하든, 이 구절의 본질적 의미는 예수 그리스도가 세상에 태어나기 이전부터 존재하고 있었으며, 어떤 의미에서 신이었는데, 인간이 되었고, 이후 원래의 지위보다 더욱 드높이 올려져 "주님"의 자리에 이르렀다는 것이다.

바오로 서간에서 예수 그리스도가 누구인가에 대해 단일

한 교의에 이를 수 있는 무언가를 끄집어내기란 불가능하다는 것을 이해할 수 있을 것이다. 위에서 인용한 구절들 또한 사실은 바오로가 언급하기 전부터 있었을 가능성이 크다. 그렇다면 위의 두 구절은 바오로가 구상해 쓴 것이 아니라, 다른 곳에서 끌어다 쓴 것으로 각기 '낮은' 그리스도론과 '높은' 그리스도론을 제시하고 있는 셈이다.

　이러한 구절들이 비록 조화롭고 일관된 관점을 이루지는 않지만, 이들에 대해 고찰해봄으로써 그리스도 안에서 하느님이 인류를 구원하고자 활동하신다는 바오로의 근본적인 믿음을 다른 각도에서 이해해볼 수 있다. 좁은 의미에서는 바오로가 지닌 신학적 중요성을 간과하기 쉬운데, 일단 한 번 그것을 탐지해내면 바오로 서간 어디에서나 큰 수확물을 거둘 수 있다. 우리는 이 책의 제5장에서, 일어나는 일들은 무엇이든 하느님이 의도하신 것이며 그분의 목적에 봉사한다는 유대교의 위대한 교의를 살펴본 바 있다. 이제 우리는 그리스도교의 위대한 교의, 곧 하느님이 그리스도 안에서 어떠한 방식으로든 세상을 구원하고자 활동하신다는 교의를 보게 될 것이다. 가장 유명한 구절은 코린토2서 5장 19절로 "하느님께서는 그리스도 안에서 세상을 당신과 화해하게 하시고" 있다는 것이다. 이것이 바로 '그리스도의 과업'에 대한 바오로의 견해다. 곧, 세상을 구원하고자 하느님이 그리스도를 통해 활동하신다는 말이다.

다음 사항을 고려해보면 그리스도론은 신학의 시녀라는 점이 명백히 드러난다. 그리스도의 과업에 대한 질문으로 돌아가보면, 그의 죽음이 죄를 대속하고 그 '안에' 머무는 사람에게 죽음과 함께 완전히 새로워지는 가능성을 준다는 관점 말고도 제3의 기능, 곧 우주론적 관점이 있다는 것을 주지해야 한다.

그러고는 종말입니다. 그때에 그리스도께서는 모든 권세와 모든 권력과 권능을 파멸시키시고 나서 나라를 하느님 아버지께 넘겨드리실 것입니다. 하느님께서 모든 원수를 그리스도의 발 아래 잡아다놓으실 때까지는 그리스도께서 다스리셔야 합니다. 마지막으로 파멸되어야 하는 원수는 죽음입니다(코린토 1서 15:24~26, 로마서 8:18~39 참조).

하느님은 그리스도를 믿는 이들을 옛 생명에서 새로운 생명으로 옮겨가도록 하는 데만 그리스도를 쓰시는 게 아니라, 어둠의 힘들을 전부 파멸시키는 일에도 쓰실 것이다. 로마서 9장~11장에서 보듯 구원 역사의 위대한 계획을 설계하신 분은 하느님이다. 유다인과 이방인 모두 죄 안에 갇혀 있었다. 하느님은 모든 이에게 자비를 베푸시려 그리스도를 보내셨다. 이 일들이 어떻게 이루어지는가는 여러 다른 방식들로 쓰여 있다. 그러나 여기서 우리는 바오로의 삶과 신학의 위대한 확신을 알 수 있다. 그리스도 안에서 하느님은 온 세상을 구원하고자 활동하셨다. 그런데 인간이 받아들이려 하지 않는다면, 하느님은 이를 어떻게 실행하실 것인가? 바오로는 사실상 이렇게 대답하고 있다. '그분을 믿어라, 그분은 하느님이시다. 그분은 그분이 하고 계신 일을 아신다.'

제 9 장

율법

우리는 이미 유다인의 율법에 대해 많이 살펴보았다. 때로 바오로의 이야기는 율법이 그리스도 안에 드러난 새로운 계시와 상극이라고 말하는 듯하다. 사람은 율법에 의해서가 아니라, 그리스도에 대한 믿음으로 의롭게 된다. 그러나 이것이 모든 이야기에 관해 전부 말해주는 것은 아니다. 바오로가 자신이 물려받은 유산에 대해 단호하게 부정적 태도만 취했던 것은 결코 아니다.

유대교의 공통된 두 기둥은 하느님이 이스라엘 민족을 선택하셨다는 것과 율법을 주셨다는 것이다. 이것이 바오로 서간에서는 매우 독특한 방식으로 드러난다. 바오로 서간을 읽어보면 이들이 일으킨 문제들에 관한 내용 속에서 오히려 그 중요성을 알아채게 되기 때문이다. 우리는 이미 이전에 바오로가 맞닥뜨린 근본적 신학 문제에 대해 언급한 적이 있다. 어떻게 옛 율법 시대와 새로운 그리스도 시대 사이의 조화를 이룰 것인가. 바오로는 양쪽 모두에 믿음을 지니고 있었다. 율법은 이미 상당히 곡해돼어 다뤄졌다. 우리는 이를 좀더 자세히 살펴보고자 한다.

율법에 대한 바오로의 생각을 이해하는 데서 나타나는 어려움 중에서 겉으로 드러난 부분은 그가 상황에 따라 다르게 이야기한다는 점이다. 우리는 앞에서 이에 대해 짧게 살펴보긴 했다. 어떤 사람이 그가 개종시킨 이방인들에게 '여러분은 할례를 받아야 합니다'라고 말했다면, 바오로는 할례를 받아들이는 것이 곧 그리스도를 부인하는 것이라고 응답할 것이다. 그러나 만약 다른 방식으로 주제가 제시된다면, 바오로는 아마도 할례를 받을지 받지 않을지가 중요한 문제는 아니라고 주장할 것이다. 어느 누구도 중요한 문제라고 생각하지 않으면, 그것은 문제가 되지 않는다. 할례에 대한 그의 견해처럼, 율법에 대한 여러 발언도 상황에 따라 결정된 것들이었다. 이러한 사실이 우리를 놀라게 하거나 불안하게 만들지는 않는다. 이것이 바오로에게 체계적인 원칙이 전혀 없었다거나, 그가 쓴 내용들이 임의적이었음을 의미하지도 않는다. 율법에 대해 그가 말한 각각의 내용은 그의 주요 원칙들 중 하나와 줄곧 일치를 이루고 있다. 그러나 바오로가 율법에 대해서 단 하나의 신학을 가지고 있었던 것도 아니다. 그것이 그의 생각이 나타난 시작점이 아니었으며, 그가 율법에 관해 기술한 여러 주장들을 모두 설명할 수 있는 중추적 주장 하나를 제시할 수도 없다. 그러나 바오로가 율법에 관해 쓴 다양한 내용 각각을 설명할 수는 있다. 우리는 율법에 대한 내용이 두드러지게 드러나는 네 개의 맥락에 관해 논의하고자 한다. 바오로 신학의 근본 문제가 나타나는 곳은 이중 세번째 맥락이다.

자격 요건으로서의 율법

바오로가 하느님 백성에 들기 위한 자격 요건에 대해 논쟁을 벌인 것과 관련해서는 율법에 대해 더 이야기할 것이 별로 없다. "율법이 아니라 믿음으로 의롭게 된다"라는 문장은 율법을 지킴으로써 "그리스도와 함께 죽는" 것은 아니라는 뜻이다. 그와 반대로, 그리스도인들은 그리스도 안에서 옛 세상에 대해서 죽으며, 율법은 바로 그 옛 세상의 일부다(예: 로마서 7:4~6).

바오로가 율법에 대해, 사람을 의롭게 하는 것이 아니라는 말보다 훨씬 더 부정적으로 언급하거나, 율법의 좀더 긍정적인 부분들에 대해 이야기할 때 문제는 더 복잡해진다. 바오로

6. 〈성 바오로〉, 루벤스 作.

는 율법을 "굳게 세우자"라고 주장하기도 하고(로마서 3:31), 계명을 지키는 것에 찬성하기도 한다(코린토1서 7:19, 로마서 13:8~10, 8:4, 갈라티아서 5:14). 그리고 그는 "율법은 거룩합니다. 계명도 거룩하고 의롭고 선한 것입니다"(로마서 7:12)라고도 한다. 그러나 그는 또한 율법을 실제로 죄와 육에 필적하는 것으로 보고 있으며(로마서 6:14, 7:5), 율법의 목적은 죄를 불러일으키는 것이거나 전 인류를 범죄자로 만드는 것이라는 주장을 견지하고 있다(갈라티아서 3:19, 로마서 3:20, 4:15, 520).

율법과 올바른 행위

율법에 대한 긍정적 기술들은 상대적으로 이해하기 쉽다. 바오로는 율법이 요구하는 행동들에 대해 대부분 동의하고 있다. 갈라티아서를 보면, 할례에 대한 논의를 거의 마무리짓는 부분에서 바오로는 그리스도인들이 어떻게 행동해야 하는지 언급할 필요를 느꼈다. 그리스도인들은 자유롭다. 특히, 율법을 준수해야 한다는 데서 자유롭다. 그러나 이를 남용해서는 안 된다. 율법에 "네 이웃을 너 자신처럼 사랑해야 한다"라고 쓰여 있듯이 그리스도인들은 서로 사랑해야 한다(갈라티아서 5:14〔레위기 19:18을 인용〕). 로마서 13장을 보면, 바오로는 "남을 사랑하는 사람은 율법을 완성한 것"이라고 썼으며, 그뒤에 십계명 중 간음, 살인, 절도, 탐욕을 금지하는 네 가지 계명을 나열하고 있다(로마서 13:8~10). 로마서 8장에서는 그리스도인들 안에서 율법이 요구하는 바가 "채워지는" 것이라 주장한다(로마서 8:4).

율법이 요구하는 것은 좋은 것이다(로마서 7:12). 사도로서 바오로는 자신이 본디부터 가지고 있던 관점을 유지하고 있지만 상대적으로 체계적으로 검토하지는 않는다. 우리는 이 책 제10장에서 바오로가 대체로 유다인들의 관습이, 특히 그것이 이교도인들의 관습과 상충할 때, 옳다고 생각한다는 것을 알게 된다. 그러나 우리는 이미 그가 때로 할례와 안식일 준수에 반대했다는 것을 보았다. 그가 율법의 일부분을 받아들이지 않고 있다면, "율법 전체"를 포용하려는 그의 태도를 우리는 어떻게 이해할 수 있을까?

일부 신약학자들은 율법을 분석해 어떤 부분들이 "네 이웃을 사랑해야 한다"라는 계명과 맞지 않는지를 보려고 노력해왔다. 학자들은 그들이 의례법이라 부르는 것에 초점을 맞추고 이를 제외돼야 하는 것으로 여겼다. 바오로는 윤리에 관한 율법은 유지하고자 했으나 의례나 예식에 관한 율법에는 반대했다는 것이다. 이러한 구분은 고대 유다인들이 율법을 항목별로 분류하던 방식과 맞지 않는다. 또한 바오로가 이러한 구분 방식을 만들어낸 것도 아니다. 아래에서 보겠지만, 그는 이러한 구분 방식에 동의하지도 않았을 것이다. 여기서 간단하게나마 고대 유다인들이 율법을 분류한 방식을 살펴본다면, 우리가 논의를 진전시키는 데 도움이 될 것이다.

유다인들은 일반적으로 계명을 두 범주로 나눴다. 하나는 인간과 하느님의 관계를 다루고, 다른 하나는 인간들 사이의 관계를 다룬다. 이렇게 구분 짓고 보면, 레위기 19장 18절은 율법의 '두번째 돌판', 곧 인간 사이의 관계를 규정하는 율법 전체를 요약한 것이 된다. 어느 누구라도 레위기를 주의깊게 읽어본 사람이라면 이 구절이 그에 앞서 나왔던 계명들 전체를 요약한 것임을 알 수 있다.

유다인 농부들은 가난한 이들을 위해 들판에 양식을 남겨 둬야 하며, 절도, 강도, 거짓말, 학대, 사기는 모두 금지돼 있다. 유다인들이 때로 '두번째 돌판'의 요약 또는 초록으로서 레위기 19장 18절을 암송하긴 했어도, 사실 이는 "율법" 일반에 관한 요약으로 더 자주 쓰였다. 때로 이 구절은 다른 경구로 표현되기도 했다. "네가 싫어하는 일은 아무에게도 하지 마라." 이 경구는 토빗기 4장 15절에서 찾아볼 수 있는데, 바빌로니아계 탈무드를 보면 바리사이인 힐렐이 한 말로 알려져 있다(「안식일에 관하여Shabbath」 31a). 필론은 "자신이 겪고 싶지 않은 일을 다른 사람들에게 해서는 안 된다"(『가언집Ὑποθετικα』 7:6)라고 했다. 바오로는 로마서 13장 10절에서 율법에 관한 논의의 끝부분에 부정문 형태로 이 요약을 쓰고 있다. "사랑은 이웃에게 악을 저지르지 않습니다. 그러므로 사랑은 율법의 완성입니다."

부정문 형태의 요약문을 사용했다고 해서 그 안에 오직 특정 행위들을 부정하는 함의만 있다고 생각하면 안 된다. 필론은 "하지 말라"라는 요약문 뒤에 "가난한 이나 장애가 있는 이가 먹을 것을 구걸하면, 하느님에 대한 봉헌으로 여겨 그에게 음식을 주어야 한다"(『가언집』 7:6)와 같이 긍정문 형태의 예를 들고 있다. 비슷한 방식으로, 바오로 또한 율법의 금지 조항들을 인용하고 부정문 형태로 율법을 요약하고 있지만, 그렇다고 "율법" 자체나 "사랑"을 다만 악행을 금하는 것으로 한정하려는 의도가 있었던 것은 아니다. 코린토1서 13장(잘 알려진 '사랑의 송가'가 나오는 부분이다―옮긴이)에서 바오로는 사랑에서 흘러나오는 행동들을 긍정문 형태로 제시하고 있다.

전체 율법을 요약하며 "네 이웃을 사랑해야 한다"라는 말을 암송하는 사람이든, "다른 이들에게 옳지 못한 일을 하지 말라"라는 말을 인용하는 사람이든, 율법의 다른 돌판, 곧 하느님과 인간의 관계에 관한 계명들을 배제하는 것은 아니다. 필론은 토빗과 힐렐과 마찬가지로 희생 제사가 옳다고 생각했다. 예수는 훨씬 더 인상적인 예를 들고 있다. 복음서의 한 부분에 따르면, 첫째가는 계명이 무엇이냐는 질문을 받고서 예수는 두 가지 계명을 들었다. "하느님을 사랑해야 한다"(신명기 6:5), 그리고 "네 이웃을 사랑해야 한다"(레위기 19:18). 이 둘은 율법의 두 돌판을 가장 잘 요약한 구절들이다. 그러나 예수는 "남이 너희에게 해주기를 바라는 그대로 너희도 남에게 해주어라"(마태오복음 7:12)라는 말로 "율법과 예언서"의 내용을 집약해 제시할 줄도 알았다. 논리적으로 보면 이 문장은 율법의 반쪽만 포함하고 있다. 그러나 예수가 다른 반쪽을 거부한 것은 아니다. 그는 대속(마태오복음 5:23)과 정결(마르코복음 1:44)을 위해 희생 제물을 바치는 행위를 인정했다. 율법을 요약하려는 노력이 논리적 과정일 수만은 없다. 그것은 율법의 정신을 포착해내려는 시도인 것이다. 이는 바오로와 동시대 다른 유다인들에게도 마찬가지였다.

바오로 서간들을 좀더 자세히 검토해보면, 그가 절대로 '첫 번째 돌판'에 적힌 계명들을 배제하지 않았음을 알게 된다. 바로 그 돌판에 이러한 규칙들이 새겨져 있다.

너에게는 나 말고 다른 신이 있어서는 안 된다.

너는 너를 위하여 어떤 형상으로도 신상을 만들어서는 안 된다.

너는 주 너의 하느님의 이름을 헛되이 불러서는 안 된다.

안식일을 거룩하게 지켜라(탈출기 20:2~11, 신명기 5:7~15).

바오로는 이들을 대부분 받아들이고 있는데, 안식일에 관한 것만큼은 예외였다. 그는 갈라티아 신자들이 유다인들의 달력을 따라 거룩한 날들을 지키려는 것에 반대했다(갈라티아서 4장). 로마 신자들에게는 그것이 선택사항이라고 했다(로마서 14장). 갈라티아 신자들에 대해서 의심할 바 없이 거룩한 '날들'을 반대한 까닭은 그의 반대자들이 이를 끌어들였기 때문이다. 안식일 자체를 이방인들도 지켜야 하는 의무사항으로 만드는 데 반대하긴 했지만, 바오로 자신은 당연히 안식일을 지켰을 것이다. 어쨌든 갈라티아서에 드러나 있는 "특정한 날"을 지키는 데 바오로가 부정적 태도를 보였다는 점을 들어 단순히 그가 안식일 규정에 반대했다고 말할 수는 없다. 로마서 14장에서 그는 안식일 준수를 선택사항으로 여기고 있기 때문이다.

인간과 하느님의 관계를 규정하는 계명들에 대한 바오로의 태도를 고려할 때 특히 더 흥미로운 부분은 첫 두 계명에 관한 것이다. "너에게는 나 말고 다른 신이 있어서는 안 된다"와 "너는 너를 위하여 어떤 형상으로도 신상을 만들고 그것에

절하거나 그것을 섬겨서는 안 된다". 바오로는 여러 가지 신상으로 가득찬 세상에 살고 있었으며, 이 신상들은 제물과 잔치로 정성을 들인 "섬김을 받았다". 바오로는 이방인들을 향한 사도였고, 이 이방인들은 이전에 이교도들이었으므로, 그는 첫 두 계명에 대한 자신의 관점을 정리해둬야 했다.

여기에 의문을 제기한 자들은 코린토 신자들이었다. 우상에 바쳤던 고기를 먹어도 되는 것일까? 고대사회에서 동물은 일반적으로 이중의 의무를 지녔다. 사람들은 동물을 신에게 제물로 바쳤고, 그런 다음 먹었다. 당시 지중해 지역에서는 제물로 바쳤던 동물의 고기 일부가 공공 시장에서 팔리기도 했다. 바오로의 반응은 상당히 교훈적이다. 그는 유다인으로서 역겹게 느껴지는 관행에서 본능적으로 물러난 뒤 그에 반대하는 주장 두 개를 펼쳐놓고 있다. 첫째 주장은 우상숭배 예식에 참여하는 것과 그리스도의 성찬례에 참여하는 것은 상호 배타적이라는 것이다.

우상숭배를 멀리하십시오. 〔……〕 우리가 축복하는 그 축복의 잔은 그리스도의 피에 동참하는 것이 아닙니까? 〔……〕 나는 여러분이 마귀들과 상종하는 자가 되지 않기를 바랍니다. 여러분이 주님의 잔도 마시고 마귀들의 잔도 마실 수는 없습니다. 여러분이 주님의 식탁에도 참여하고 마귀들의 식탁에도 참여할 수는 없습니다(코린토1서 10:14~21).

이 부분은 다른 신들의 신전에서 그들의 예배에 참여함으로써 다른 신들을 "섬기지" 말라고 한 성경 계명을 지지한다. 이 경우 예배에 참여한다는 것은 그들이 바쳤던 제물을 예배 참례자와 사제와 제단 사이에 섞어서 나누어 먹는 식사를 함께한다는 의미다. 그러나 바오로는 이에 대해 자신의 주장을 펼치면서 두번째 계명을 인용하지 않고, 그리스도의 피에 참여한다는 새 원칙에 호소하고 있다. 주님의 만찬을 나누는 자들은 악마의 음식을 나눔으로써 더럽혀지지 말아야 한다. 위의 인용문 중 한 문장은 모세의 법전에 의존하고 있다. "사람들이〔이교도들이〕바치는 제물은 하느님이 아니라 마귀들에게 바치는 것입니다."(코린토1서 10:20) 이는 "그들은 하느님이 아니라 잡신들에게 제물을 바쳤다"(신명기 32:17)라는 구약성경의 반향으로 들린다. 그러나 바오로는 해당 계명 자체를 인용하지 않는다.

같은 편지의 두 장 앞에서 바오로는 우상숭배로 바쳐진 고기를 먹는 데 반대하며 또다른 논쟁을 펼쳤다. 만약 우상들이 실제로 존재하지 않음을 아는 '강한' 사람이 우상에게 바쳐졌던 고기를 먹는다면, '약한' 그리스도인은 이에 걸려 넘어지게 될 수도 있다. 약한 사람은 이 강한 사람이 정말로 우상을 숭배한다고 생각할 수 있기 때문이다. "음식이 내 형제를 죄짓게 한다면, 나는 내 형제를 죄짓게 하지 않도록 차라리 고기를 영영 먹지 않겠습니다."(코린토1서 8:9~13) 이러한 주장은 사실상 '의례'에 관한 율법을 "네 이웃을 사랑해야 한다"라는 계명 아래 두는 것이다. 바오로는 비록 계명을 인용하길 꺼린 듯하지만, 그렇다고 의례에 관한 율법에 반대했던 것은 아니다. 그의 의도는 "네 이웃을 사랑해야 한다"라는 계명을 전체 율법의 집약으로써 '윤리적' 행위든 아니든 모든 행위에 적용하려는 것이었다.

코린토 신자들은 바오로가 이전에 그들에게 가르친 내용에 기대어 우상에 제물로 바쳐진 고기를 먹어도 된다고 주장했다. 그들은 '우상이 실제로 존재하지 않는다'라는 것을 알았고, 따라서 우상에 바쳐진 것은 사실 무엇에도 바쳐진 것이 아니라고 알고 있었다. 바오로는 그들이 옳다고 인정해야만 했다(코린토1서 8:1~6). 그리고 결국 그는 부분적으로 그들의 주장에 양보하고 있다. 그들은 다른 신전에 가서 예배에 참여할 수는 없으나, 우상에게 바쳤던 제물이라는 게 겉으로 드러나지 않는다면 시장에서 파는 것이나 손님으로서 대접받게 된 것을 먹어도 괜찮았다(10:23~30).

공식적으로, 바오로는 그의 이방인 신자들이 율법에서 자유롭다고 주장했다. 이 원칙 때문에 바오로는 행위를 결정하면서 단순히 계명들을 인용하는 것을 꺼렸다. 그러나 적절한 행위에 대한 그 자신의 관점은 '윤리'에 관한 것이든 '의례'에 관한 것이든 뼛속까지 유다인의 것이었다. 코린토1서 8장과 10장에서 우리는 바오로가 그의 신자들과 맞붙어서, 탈출기나 신명기의 율법을 인용하지 않고도 그들이 공유하고 있는 믿음에 근거해 올바른 행위를 정립하고자 씨름하는 모습을 볼 수 있다. 그들은 오직 한 분 하느님이 계신다는 것과, 희생 제물을 바치든 다른 어떤 방법을 쓰든 오직 그분만을 경배해야 한다는 것을 믿었다. 곧, 모세의 율법들이 담긴 '첫번째 돌판'의 내용에 동의한 것이다. 그들은 다른 사람들에게 해가 될 만한 행동을 해서는 안 된다는 것 또한 믿었다. 이는 레위기 19장 18절 "네 이웃을 사랑해야 한다"라는 계명에 동의하는 것이다. 마지막으로, 그들은 그리스도의 몸에서 하나가 되었으며, 이 때문에 그들의 행위에 제약이 생긴다는 것 또한 믿었다. 이러한 원칙들을 활용해, 바오로와 그의 이방인 추종자들은 무엇이 옳고 그른지를 정립하고자 했으며, 이 문제를 그들이 다른 사람들 및 하느님과 맺는 관계 맥락 속에서 다뤘다.

마지막으로 한 가지 사항을 덧붙이면, 유대교 계명들의 첫번째 돌판을 대하는 바오로의 태도에 대한 고찰을 완성할 수 있을 것이다. 고대인들에게 '다른 신들을 **섬기지** 말아라'(탈출기 20:5)라는 계명은 다른 신들에게 제물을 바치지 말라는 의미였다. 그리고 이는 다시 오직 한 분이신 하느님께만 제물을 바쳐야 한다는 의미기도 했다. 바오로는 제물을 바치는 데 대한 이 암시적 계명에 반대하지 않았다. 하느님이 이스라엘에 주신 축복들 중에는 하느님에 대한 섬김service(개역표준성경RSV에서는 "예배worship"라 번역), 곧 성전에서 드리는 제사도 있다(로마서 9:4).

그렇다면, 바오로가 율법의 첫번째 돌판에 반대한 것은 아니다. 다만 안식일 준수는 선택사항이 됐다. 그가 자리에 앉아서 첫번째 돌판의 율법들을 나열하고는 '나는 이들에 반대합니다'라고 말했을 것 같지 않다. 또한 율법의 목록들을 만들어놓고는 자신이 옹호하는 율법들과 반대하거나 불필요하다고 생각하는 율법들을 신학적으로 구분했을 것 같지도 않다. 그러나 지난 많은 논의를 잘 살펴보면, 갈라티아서에서 그가 반대했던 율법들과 다른 곳에서 그가 반대하거나 선택사항일 뿐이라고 주장했던 율법의 항목들을 제시할 수 있겠다. 다시 말해, 바오로는 유다인들의 이산 공동체인 디아스포라 안에서 유다인들을 이방인들과 분리하는 율법들에 반대했으며, 여기에는 할례, 음식에 관한 규칙들, 안식일("특정한 날"들) 준수가 포함된다. 이 규칙들은 유다인들의 율법 중에서도 이방인들에게 부정적 평가를 받곤 했던 사항들이다. 유다인들과 이방인들을 분리하는 사항들과는 별개로, 율법은 하느님의 뜻을 드러내주며, 여기에는 올바른 행위에 대한 정의도 들어 있다. 따라서 적절한 그리스도인의 행동에 대해 간결한 개요를 제시하고자 했을 때 바오로는 어린 시절부터 배워왔던 율법의 표준 요약본에 기댈 수 있었을 것이다.

우리는 다음 장에서 행위의 다른 측면들에 대해 다룬다. 바오로가 이웃을 사랑하라는 계명을 어떻게 적용하고 있으며, 그가 유다인으로서 물려받은 유산들이 때로 그의 교회들에 있는 이방인들의 관점과 어떻게 대립했는지를 보게 될 것이다. 지금까지 우리가 본 것은 바오로가 그리스도인들은 "율법 전체"를 지켜야 한다고 말했을 때 그 의미가 무엇인지에 대한 부분일 뿐이다. 사실, 그는 율법의 일부를 거부했다. 그러나 그는 많은 사람들이 제시했던 것처럼 '의례' 또는 '예식' 율법이라는 시대착오적 용어를 사용하지도 않았고, 당대의 사람들처럼 '인간과 하느님의 관계를 다루는 계명들'이란 용어를 사용하지도 않았다. 그전에 바오로는 자신의 선교 사명에 반대되는 율법의 측면들을 거부했다. 곧 하느님의 백성 안에서 이방인들과 유다인들을 구분하는 규칙들을 거부했던 것이다. 일단 그가 할례, 음식, 안식일 준수와 같은 규정들을 "하느님의 계명"에서 배제했다면(코린토1서 7:19, 할례에 관한 한 배제한 것이 확실하다) 그는 자신에 대한 모순 없이 추종자들에게 "율법 전체"를 지키라고 말할 수 있었을 것이다. 곧, 그들은 바오로가 재규정한 율법을 받아들여야 하는 것이다. 그러나 이는 직접적으로 명확하게 드러나지 않는다. 왜냐하면 그가 하느님이 주신 율법의 일부를 삭제하는 데 대한 신학적 원칙들을 제안하지 않은 채, 임시방편적으로 율법을 개정하고 있기 때문이다. 그 결과, 이 부분에 관한 바오로의 생각은 언제나 읽는 이들에게 문제가 돼왔다. 그러나 기존의 것을 재정의하는 일은 물려받은 전통과 텍스트를 사용하는 종교 사상가들에게 흔히 있는 일이다. 정말로 어려운 부분은 바로 다음에 제시될 주제이다. 바오로 또한 그 어려움을 의식하고 있었다.

율법의 목적

이 책의 제5장에서 이미 보았듯이, 유다인들은 하느님께서 역사를 주관하시므로 일어나는 일들이 모두 그분 뜻에 따른 것이라는 가정을 공유했고, 이는 바오로 또한 의문의 여지 없이 품고 있던 주요 가정들 중 하나였다. 바오로는 하느님이 이스라엘 민족을 택하셨으며 그들에게 율법을 주셨다고 믿었다. 그런데 이제 그는 이에 대해 의문을 제기하며 왜 그렇게 하셨는지를 물어야 할 처지에 놓였다. 유다인이 되어 율법을 받아들이는 것이 하느님께 구원받으려면 거쳐야 할 형식 요건이 아니라는 새 계시가 그에게 내렸기 때문이다. 그렇다면, 인류를 향한 하느님의 계획에서 율법은 대체 어떤 목적으로 주어진 것이란 말인가? 바오로는 아마도 한때 하느님께서 생명을 주시기 위해 율법을 주셨으며 율법은 잠재적으로 생명을 제공했다고 믿었던 듯하다. 율법에 충실했던 이들은 구원받을 것이다. 우리는 이러한 견해의 잔재를 로마서 7장 10절에서 볼 수 있다. 계명은 생명을 약속했다. 그러나 그의 새로운 견해에 따르면 생명은 그리스도와 함께 죽는 이들에게 주어진 것이다. 하느님은 전 인류가 그리스도에 대한 믿음으로 구원받도록 하셨으므로, 하느님이 그들에게 율법을 주심으로써 구원하려고 했던 것은 아닌 게 된다. 그러나 그분은 율법을 주셨다.

우리는 이 문제에 대해 바오로가 대담하고도 충격적이기까지 한 응답을 했다는 사실을 간단하게나마 이 책 제5장에서 살펴보았다. 하느님은 단죄하시려고 율법을 주셨으나, 궁극의 목적은 그리스도를 통해 인류를 구원하시려는 것이었다. 이는 갈라티아서 3장 19절에 가장 먼저 드러나 있다. "그렇다면 율법은 무엇을 위한 것입니까? 약속을 받은 그 후손이 오실 때까지, 사람들의 범법 때문에 덧붙여진 것입니다." 그뒤에 바오로는 다음과 같이 계속한다.

율법은 우리가 믿음으로 의롭게 되도록, 그리스도께서 오실 때까지 우리의 감시자(παιδαγωγός) 노릇을 하였습니다. 그러나 믿음이 온 뒤로 우리는 더이상 감시자 아래 있지 않습니다. 여러분은 모두 그리스도 예수님 안에서 믿음으로 하느님의 자녀가 되었습니다(갈라티아서 3:24~26).

이 구절이 놓인 맥락을 보지 않는다면, 율법이 범죄를 방지하면서, 다가올 구원을 준비하게 해준다는 점에서 교사(파이다고고스παιδαγωγός: 어린아이를 이끌어주는 이)와 같은 노릇을 했다고 이해할 수 있을 것이다. 그러나 갈라티아서 4장 1절을 보면 어린아이는 "종과 다를 것이 없"다고 한다. 어린아이는 율법에 의해 훈련받는 것이 아니라, 노예가 되는 것이다. "범법 때문에 덧붙여진 것"이라는 말의 의미는 '범죄를 일으키려고 덧붙여진 것' 또는 '그들을 단죄하려는 것'으로 이해해야한다. 곧 '범죄를 방지하려는 것'이 아니다. 율법을 주신 목적은 하느님의 궁극적 목적, 곧 "우리가 믿음으로 의롭게 되는" 것이다. 이 절(3:24)을 이끄는 접속사(그리스어 ἵνα)는 목적을 나타내는 '하려고/하도록'이라고 읽어야 한다. 이곳만이 아니라 바오로는 자신의 편지 곳곳에서 이를 하느님의 궁극적 목표, 곧 '그리스도에 대한 믿음으로 모든 이를 구원하는 것'을 가리키는 의미로 쓰고 있다. 조금 앞에서 바오로는 율법 아래 있는 이들은 저주 아래 있는 것인데, "그리하여 아브라함에게 약속된 복이 다른 민족들에게 이르게 하도록 하려는 것"(갈라티아서 3:10~14)이라고 썼다. 갈라티아서 3장 22절을 보면 더욱 분명하다. "성경은 모든 것을 죄 아래에 가두어놓았습니다. 그리하여 예수 그리스도에 대한 믿음을 통하여, 믿는 이들이 약속을 받게 되었습니다." 하느님은 다른 방식으로 모든 이를 구원하려고 하셨기 때문에, 율법으로 단죄하신 것이다.

바오로는 로마서에서도 비슷한 방식으로 기술하고 있다. 어느 누구도 율법으로 의롭게 될 수는 없다. "율법을 통해서는 죄를 알게 될 따름"이기 때문이다(3:20). "율법은 진노를 자아내기 때문입니다. 율법이 없는 곳에는 범법도 없습니다."(4:15) 율법이 인류 역사에 들어와 "범죄가 많아지게 되었습니다"(5:20).

이 모든 경우에서 율법은 분명히 죄와 단죄에 연결돼 있으며 이는 **하느님 자신의 뜻에 따른** 것이다. 이러한 신학적 해석의 힘은 유대교의 유일신 사상과 일치해, 일어난 모든 일의 원인을 하느님의 뜻에 돌리는 데 있다. 나쁜 일들조차 구원을 예비하고자 하느님이 의도하신 일이라 보는 것이다.

한편, 이러한 견해는 직접적으로 죄와 단죄를 하느님 뜻에 따른 것이라 탓하고 있기 때문에, 언제나 좋은 일만 의도하지는 않는 존재라고 하느님을 비판할 수 있는 길을 열어놓게 된다. 그러므로 하느님이 율법을 주신 목적과 관련해서 바오로가 또다른 대안적 입장들을 제시한 것은 이해할 만하다.

로마서 7장 12절~13절에서 바오로는 "율법은 거룩합니다. 계명도 거룩하고 의롭고 선한 것입니다"라고 설명하고 있다. 그리고 원래 계명은 "생명"을 약속하는 것이었지만, "죽음으로 이끄는 것으로 드러났"다. 죄는 "탐내서는 안 된다"라는 계명을 이용해 탐욕을 만들어냈다. 계명이 탐욕을 금지하지 않았더라면, 계명을 받은 이들은 탐욕에 대해서 아무것도 몰랐을 것이다. 탐욕에 대한 금지가 탐욕에 대한 앎을 불러일으켰고 죄가 활동할 수 있는 기회를 주었다.

이러한 설명에서, 하느님의 의도는 단죄하려는 것이 아니다. 단죄는 계명의 부산물에 지나지 않는다. 물론 이 부산물 속에서 또다른 힘인 죄가 창조적인 역할을 하게 됐지만 말이다. 바오로 또한 이러한 설명을 두고 완전히 만족했던 것 같지는 않다. 하느님의 통제 바깥에서 선을 이용해 악을 만들어낼 수 있는 외부적 힘을 설정하는 것이 신학적 문제들을 일으키리라 의식하고 있었을 것이다(98쪽 상단의 이원론에 관한 논의 참조).

어떠한 이유에서건, 바오로는 즉각적으로 또다른 설명을 이어가고 있다(로마서 7:14~25). 율법은 선한 것이다

(7:7~13). 그러나 사람들은 율법을 따를 수 없다. 사람들의 물질적인 육체에는 또다른 법이 담겨 있어 사람들로 하여금 자신이 원하지도 않는 일들을 하도록 강제하며, 율법이 요구하는 선한 일들을 하지 못하도록 막기 때문이다.

이러한 설명은 다른 형태의 이원론, 곧 인성적 이원론에 빠지고 만다. 악하거나 유약한 물질적 육체 안에 선한 마음 곧 우리의 영혼이 들어 있다는 이론은 1세기에 널리 알려져 있었으며, 바오로는 매우 드문 방식으로 이를 이용했다. 인성적 이원론은 창조 질서의 선함을 부인하며, 따라서 창조주 하느님에 대한 비난으로 이어지거나, 세상을 창조한 하느님은 완전히 선한 하느님과 동일한 존재가 아니라는 결론에 이르게 된다. 다시 말하면, 인성적 이원론은 쉽사리 신학적 이원론으로 이어지며, 하느님이 세상을 창조했고 그것이 "좋았다"라고 선언하셨다(창세기 1:31)는 유대교의 핵심적 신학을 어떤 경우든 부인하게 되어 있다.

모든 일신론자들, 특히 하느님이 역사를 주관하신다고 주장해온 유대교의 일신론자들이 악의 존재에 대해 고찰할 때 갖게 되는 문제를 바오로 또한 가지고 있었다. 그러나 바오로는 추상적인 이론 신학자가 아니었으므로, 이방인에 대한 사도가 되기 이전에는 악의 문제에 대해 전면적으로 마주한 적이 없었을 것이다. 그가 이 문제에 부딪히게 된 방식은, '선하신 하느님에 의해 창조되고 통치되는 이 세상에 어떻게 해서 악이 존재할 수 있는가?'라는 보편적 질문이 아니라, '어떻게 신이 예전에 내려주신 질서가 새로이 내려주신 질서와 관련 되는가?' 하는 구체적 논점이었다. 곧, 유일하시고 선하시며 역사를 주관하시는 하느님이 이제 자신의 아들을 보내시어 유다인이든 이방인이든 그에 대한 믿음을 갖고 있다는 조건 만으로 모두 같이 구원하려 하셨다면, 그 이전에 율법을 주시 면서 의도하셨던 것은 도대체 무엇이란 말인가? 바오로의 주 된 설명은—로마서 7장에서 서로 다른 두 가지 방식을 통해 이를 다시 철회하고 있긴 하지만—율법은 단죄하기 위해 주 어졌다는 것이다. 다른 여러 대안적 설명은 그를 이러저러한 이원론에 얽어두고 있다.

로마서 7장 다음부터는 그가 명백히 율법을 참조하지 않으 면서도 다시 첫번째 설명으로 돌아가고 있다는 점을 알아차 리는 것이 중요하다. 로마서 8장 20절에서 피조물이 허무의 지배 아래 든 것은 하느님이 그렇게 하신 것이라고 진술했다. 로마서 11장 32절에서는 하느님께서 "모든 사람을 불순종 안 에 가두신 것은, 모든 사람에게 자비를 베푸시려는 것"이었 다고 진술했다. 결국 바오로는 할 수 있는 것을 모두 시도해 본 뒤, 하느님의 섭리라는 교의를 유지하기로 결정한 듯하다. 무슨 일이 일어나든, 그것이 죄와 불순종이더라도, 모든 일은 그분 뜻에 따라 일어난다.

그러나 이것이 자유로운 도덕적 주체인 인간을 부정하는 것은 아님을 이미 앞에서 보았다(173~177쪽 참조). 스토아학파 철학자들은 운명이나 예정을 믿었다. 더욱 정교한 철학자들은 운명과 인간 개인의 선택을 어떻게 조화시킬 것인가 하는 물음에 대면하고자 했다. 바오로는 철학자가 아니었다. 하느님에 대해서 생각할 때, 그는 당연히 그분을 전능하신 분으로 여겼다. 인간에 대해서 생각할 때는 스스로 결정을 내릴 수 있는 존재로 생각했다.

이제 우리는 바오로가 율법에 대해 단일한 신학적 관점을 가지고 있지 않았다는 진술의 온전한 힘을 볼 수 있다. 그는 신이 주신 두 가지 서로 다른 질서가 조화를 이루도록 만들어야 하는 문제를 안고 있다. 모세로 대표되는 옛 질서와 그리스도 안에서 주어진 새 질서 말이다. 그는 가장 기본적 직관을 통해 옛것이 거꾸로 새것에 이어지게 함으로써 둘을 연결할 수 있다고 보았다. 율법은 사람들을 단죄하며, 이로써 하느님은 그리스도를 통해 인류를 구원할 수 있게 된다. 이러한 견해를 따를 때 하느님께 일관된 목적이 있다고 주장할 수 있다는 이점이 있음은 이미 살펴보았다. 그러나 또한 이러한 견해는 바오로를 이원론의 한 형태에 빠뜨리며, 그리하여 또다른 신학적 문제들을 일으킨다는 점 또한 이미 논의했다. 죄가 하느님에게서 율법을 탈취해갔다면, 이는 사실상 하느님의 목적이 실패했다는 의미다. 죄가 하느님을 힘 또는 계략으로 이겼다는 이야기다. 인류가 육으로 이루어진 존재라서 율법에 순종할 수 없었다면, 이는 하느님께서 그들을 창조할 때 그다지 잘 만들지 못했다는 말이 된다.

이제 우리는 바오로가 전혀 생각지도 못했을 한 가지 대안도 언급해야 한다. 하느님이 마음을 바꾸셨다는 이야기다. 처음에 하느님은 율법을 줌으로써 사람들을 구원하려고 하셨다. 그런데 그분은 이에 대해 다시 생각하셨고, 율법을 거두어들이고 두번째 계획을 실행하셨다. 이렇게 되면, 하느님은 처음부터 줄곧 그리스도에 대한 믿음으로 구원하시려고 했던 것은 아니라는 이야기가 된다. 그리스도의 역할은 대체 가능한 임시방편으로 축소되고, 하느님 자신은 변덕스러운 존재가 되고 만다. 호메로스의 이야기들은 그리스 신들의 변덕에 관해 이야기하며, 이것이 그 이야기들을 알레고리로 해석해야 하는 이유들 중 하나다. 처음에는 이런 일을 하다가 나중에는 저런 일을 하는 식으로 일관된 목표가 없는 신이란 지각 있는 이교도들 사이에서도 가치 있는 신으로 여겨지지 않았으며, 유다인들 사이에서는 더더욱 그러했다. 그렇기 때문에 바오로는 본능적으로 모세의 율법과 그리스도 모두를 아우르는 단 하나의 종합적 기본 계획을 추구했던 것이다.

로마서 7장은 보통 바오로 신학의 요체라고 여겨져왔다. 20세기 전반기에 가장 큰 영향력을 끼쳤던 신약학자인 루돌프 불트만(Rudolf Bultmann, 1884~1976: 독일 루터교 신학자. 성서를 탈신화적으로 해석하여 그리스도의 구원을 현대적이고 철학적이며 심리적이고 과학적인 언어로 다시 썼다는 평을 받는다―옮긴이)이 이 장을 그렇게 다루었으며, 바오로의 핵심은 인간학이라는, 곧 바오로는 인간 본성에 대해 일관된 시각을 가지고 있었다는 견해와 맥락을 같이한다. 여기서 불트만의 관점을 설명하거나 비판하지는 않을 것이다. 다만, 오랫동안 널리 받아들여진 것처럼 로마서 7장이 바오로를 이해하는 데 가장 중요한 장이라는 관점에 서서 몇몇 사항만을 차례로 언급하고자 한다.

바오로는 탐욕을 금지하는 특정 계명을 따로 떼어 언급하고 있다. 로마서 7장 7절~13절을 보면 죄는 바로 이 계명을 포착해 탐욕을 일으키는 데 쓴다. 7장 14절~25절에서 바오로가 "선을 바라면서도 하지 못하고, 악을 바라지 않으면서도 그것을 하고 맙니다"(7:19)라고 불평하며 염두에 두고 있는 것 또한 바로 이 계명인 듯하다. 유대교의 주요 계명 중에도 오직 탐욕을 금지하는 계명만이 이러한 내용을 진술하는 데 쓰일 수 있었다는 사실은 최근에야 주목받았다. 살인을 금지하는 계명에 대해 우리는 그 계명이 사람들에게 살인이 무엇

227

인지를 가르치며, 그로 인해 각 사람들이 살인을 저지르게 된다고 말할 수는 없을 것이다. 대부분의 사람들은 살인을 저지르지 않기 때문이다. 십계명 안에 있는 다른 계명들에 대해서도 같은 방식으로 이야기할 수 있다. 모든 계명들은 피할 수 있고, 실제로 사람들이 피하는 일들을 다루고 있다. 탐욕만이 '내적인' 범죄, 더 정확히 말하자면 기꺼이 내면화될 수 있는 범죄인 것이다. 십계명이라는 맥락에서 보면 "탐내서는 안 된다"라는 계명은 '탐내는 것을 얻기 위해 부정한 방법으로 어떤 일이든 해서는 안 된다'를 의미한다. 그러나 '탐내지 말라'는 말 자체는 '네 마음속으로 탐욕을 품지 말라'는 의미로 이해될 여지가 충분하다. 바오로가 정직하게 이야기할 수 있었듯이, 이런 의미에서 이 계명은 지키기 어렵다. 그러나 살인이나 절도를 금하는 계명들은 쉽게 지킬 수 있다.

이렇듯 간단하지만 통찰력 있는 비평을 따르자면, 로마서 7장이 인간 자체와, 인간이 계명과 관계 맺는 방식에 관해 완전한 분석을 제시하는 것이 아니라는 결론에 이르게 된다. 이는 바오로가 율법에 관해 쓴 부정적 논의의 중심에 있을 수 없다. 하나의 분석이라기엔 너무 부분적이다.

두번째 비평은 로마서 7장에서 하느님이 단죄하려 율법을 주셨다는 자신의 견해를 바오로가 철회한 이유를 설명하려는 시도다. 이제까지 우리는 하느님에게 이러한 의도를 귀착시키는 것은 문제가 있음을 살펴보았다. 인간의 범죄를 직접적으로 하느님의 의지 탓으로 돌리게 되기 때문이다. 그러나 바오로에게 이것이 문제가 되는 것은 오직 로마서 6장에서 시작되는 논의 때문이다. 로마서 3, 4, 5장에서 바오로는 하느님께서 범죄를 일으키고 단죄하려 율법을 의도하셨다는 견해를 망설임 없이 반복했다. 하지만 로마서 6장 전체와 로마서 7장 앞부분에서 율법은 더더욱 죄와 관련된 것으로 드러난다. 신자들은 그리스도와 함께 옛 세계에 대해 죽는다고 하는데, 이 옛 세계는 죄와 율법 모두에 의해 지배되는 세계였다. "죄가 여러분 위에 군림할 수는 없습니다. 여러분은 율법 아래 있지 않고 은총 아래 있습니다."(6:14) 여기에서 두 가지가 사실상 동등해지고 있다. 로마서 7장 4절에 따르면 그리스도인들은 죄와 육에 대해서 죽은 것처럼 "율법과 관련해서"도 죽는다. 죄와 육과 율법을 사실상 등치로 보았던 사실은 너무나 주의를 끌 만한 것이었기에 바오로는 "율법이 죄입니까?"(7:7)라는 질문을 직접적으로 제기해야만 했다. 바오로는 정말 그렇게 말했다. 그러나 그가 이러한 경로를 따라 그 정도로 멀리까지 내려갔을 때는 다시 되돌아 올라와야만 했고, 그때야 그는 이 등식을 철회하기 시작했다. 이와 같이 로마서 7장에서 바오로가 기존 입장을 철회한 것은 그 입장이 일으킨 엄청난 파장 때문에 촉발된 듯하다. 율법을 단죄의 대

229

행자로 만들려던 원래 의도를 훨씬 넘어서서 결국은 그것을 죄, 죽음, 육과 거의 동등한 옛 세계의 일부로 만들어버리고 말았다.

로마서 7장 7절~25절에서 바오로가 자신의 첫 관점 ─ 율법은 단죄를 위해 주어졌다는 것 ─ 이 지나치게 확장되자 이로부터 물러섰다는 점과, 그가 곧이어 다시 똑같은 신학적 관점(하느님 자신이 피조물들을 허무의 지배 아래 들게 했으며, 하느님 자신이 모든 사람을 불순종 안에 가두셨음〔로마서 8:19, 11:32〕)을 거듭 주장한다는 점을 보면, 로마서 7장이 바오로 사상의 중심이 아니라는 것 또한 이해할 수 있다.

결국, 로마서 7장에 대한 고찰을 온전히 마무리지으려면 우리는 이 장에 대해 가장 오래되고 가장 많이 논의된 질문들 중 하나를 다시 물어야 할 것이다. 로마서 7장의 화자인 '나'는 대체 누구인가? "나는 내가 바라는 것을 하지 않고 오히려 내가 싫어하는 것을 합니다"(로마서 7:15)라는 말은 그리스도의 사도인 바오로가 자기 자신에 대해서 한 것일까? 바오로가 그리스도인이 되기 전 자신의 삶에 대해 이야기하는 것일까? 아니면 '나'는 그저 보편적 인간을 나타내는 것일까? 가장 확실한 것은 그리스도인의 삶, 또는 적어도 그에 대한 바오로의 인식이 로마서 8장에 묘사돼 있다는 점이다. 여기에서, 그리스도인들은 육 안에 있지 않고 성령 안에 있다(8:9).

그리고 그들은 성령의 행실을 행한다. 율법이 요구하는 바가 그들 안에서 "채워지게" 된다(8:4). 따라서 그들은 로마서 7장의 '나'와 구별된다.

로마서 7장의 '나'는 사도가 되기 이전의 바오로도 아니다. 바오로는 율법에 따른 의로움으로 말하자면 "흠잡을 데 없는" 사람이었다(필리피서 3:6). 게다가, 로마서 7장의 '나'는 우리가 보았듯이 엄청나게 과장된 상황에 맞닥뜨려 있다. 바오로가 다만 악행을 할 수 있었다는 것(7:19)은 그의 자전적 이야기와 맞지 않으며, 바오로만이 아니라 그 누구의 삶과도 맞지 않다. 로마서 7장에서 말하는 피할 수 없는 죄의 성질이란 우리가 이미 보았듯이 오직 "탐내지 말라"라는 계명과 관련 있다. 대부분의 사람은 나머지 주요 범죄 행위들을 피해왔고, 또 여러 올바른 일들을 잘해왔다. 그러므로 이것이 그리스도인이 되기 전의 바오로나, 그리스도인이 아닌 보편적인 인간의 삶에 대한 묘사라고 할 수 없다. 때때로 많은 사람들이 그렇게 느꼈을지는 몰라도, 이것은 인간 조건에 대한 정확한 분석도 아니고, 표준적 인간 심리에 관한 묘사도 아니다.

달리 말하면, 로마서 7장은 신경증 환자에 대한 것이 아닌 다음에야, 어느 누군가에 대해 실제로 묘사하는 것이 아니다. 그렇다면, 왜 이 장이 존재하는가? 번민에 싸인 외침은 필시 신학적 어려움에서 나왔다. 바오로가 보았던 것처럼, 문제는 이스라엘 민족의 과거 역사에서 하느님은 율법을 주셨지만, 그리스도를 보내지는 않으셨다는 점이다. 그런데 바오로가 생각하기에, 율법이 요구하는 바는 그리스도 안에 있는 이들, 또는 그리스도의 영이 그 안에 사는 이들에게서만 완성된다. 오직 이러한 신학적 의미에서만 바오로는 사람이 율법을 충족시킬 수 없다는 주장을 견지할 수 있었다. 신학적 정의에 따르면 오직 그리스도 안에 있는 이들만이 단죄를 면할 수 있다. 그들만이 율법을 충족시키기 때문이다(로마서 8:1~4 참조). 그다음에야 바오로는 신학적 과장을 통해 비그리스도인들은 올바른 일을 할 수 없다고 말할 수 있게 된다(7:18, 8:7). 그리스도인의 완덕에 관한 그의 견해가 경험적 관찰에서 비롯한 것이 아니었듯(이 책 제10장 참조), 그리스도 밖에 있는 이들이 율법이 요구하는 바를 완전히 실행할 수 없다고 하는 그의 신학 또한 그러하다. 그러나 안에 있으면서 선량하거나, 밖에 있으면서 사악할 수밖에 없다는 그의 신학적 흑백 논리가 결국 그를 이러한 입장에 설 수밖에 없도록 만들었다. 로마서 7장에서 그는 자신의 신학에 따라 온전히 하느님의 뜻 바깥에 놓인 사람들을 애석해했다. 더욱이, 그는 하느님이 정의롭지 못하다고 비난받게 될 가능성에 맞닥뜨려 근심으로 가득차 있었다. 하느님은 율법을 아주 오래전에 주셨다. 그런데 구원은 오직 그리스도를 통해서만 이루어진다. 따라서 하느님이 주신 율법은, 다시 한번 바오로 자신의 신학을 따르자면, 단죄하는 일에만 소용이 된다. 그의 신학이 지닌 이러한 측면들이야말로 필시, "성령 안에" 있지 않고 "율법 아래 놓인" 자들에 대한 고뇌어린 울부짖음을 자아낸 요인일 것이다.

옛 질서와 새 질서의 비교

우리는 여기서 바오로가 율법에 대해 언급하는 네번째 맥락, 곧 율법의 옛 질서와 그리스도에 대한 믿음의 새 질서를 직접 비교하는 부분에 대해 매우 간단하게 살펴보려 한다. 이와 관련된 내용들은 코린토2서 3장과 필리피서 3장 3절 ~11절 두 곳에 나타난다. 코린토2서에서는 옛 질서를 "영광스러운" 것, 또는 "광채의" 질서라고 하되, 새로운 질서는 이보다 더욱 영광스럽다고 한다. 새로운 질서와 비교하면 옛 질서는 "더 뛰어난 광채 때문에 빛을 잃게 된다"(코린토2서 3:10). 필리피서에서는 바오로 자신이 한때 "율법에 따른 의로움"을 지녔던 것으로 나온다(필리피서 3:6). 이것은 "이롭던 것"으로 여겨졌다. 그러나 그는 이 이로움을 "그리스도 때문에 모두 해로운 것"으로 여기게 되었다(필리피서 3:7).

이 두 부분에서, 율법이 정말 나쁜 것은 아니지만, 새 질서의 관점에서 보자면, 옛 질서는 전체적으로 가치 없는 것이 된다. 여기에서도 바오로는 율법에 대해 로마서 6장과 사뭇 다른 견해를 제시하고 있다. 로마서 6장에 따르면, 율법은 사실상 죄와 같다. 우리는 이 진술을 과장된 것으로 본다. 더 섬세하게 표현하자면, 율법은 죄가 아니다. 다만 그리스도를 통한 구원과 비교했을 때 가치가 없어지는 것이다.

바오로가 사고한 방식

이 책 제5장에서 우리는 하느님의 섭리를 믿는 사람들이 역사를 '역방향으로' 읽는 경향이 있다는 점을 다룬 적이 있다. 이들은 결과에서부터 시작한다. 하느님이 그 결과를 의도하셨으므로, 이전에 일어난 일들은 그렇게 되도록 정해져 있었던 것이다. 바오로는 하느님이 당신 아들을 그에게 계시해 주심으로써 그가 이방인들을 위한 사도로 헌신하게 된(갈라서 1:16) 바로 그 계시의 순간을 통해 역사를 읽었다. 이 계시에서 그는 하느님이 세상을, 곧 유다인과 이방인 모두를 그리스도에 대한 믿음으로 구원하시려 했다는 유일한 결론을 이끌어낼 수 있었다. 그러므로, 율법은 "생명"이나 "의로움"을 위해 주어진 것이 아니었다. 의로움이 만약 율법에 따른 것이라면, 그리스도는 아무 이유 없이 (갈라티아서 2장 21절에서 바오로 자신이 명백히 말하고 있는 것처럼) 헛되이 죽은 것이다. 그러나 그리스도는 분명 헛되이 죽지 않았다. 바오로는 그를 보았다(코린토1서 9:1). 그러므로, 율법은 절대 의로움을 가져오려는 목적으로 주어진 것이 아니다.

이는 신학적인, 사실은 교의적인 견해다. 이미 정해진 결론에 따라야 하므로 바오로는 그가 생각한 것들을 모두 다시 조정하지 않을 수 없었다. 그는 유다인이든 이방인이든 모두 똑같이 새로 계시된 구원을 틀림없이 필요로 한다고 생각했다. 그래서 그는 사람들을 극악한 죄인들로 묘사했다(로마서 1장~2장). 이러한 묘사가 경험적 관찰에 따른 것은 아니다. 또한 바오로가 귀납적으로 모든 이들이 죄 아래 놓여 있다는 결론에 이른 것도 아니다. 따라서 이러한 묘사가 과장된 것이라는 사실이 그의 결론을 흔들어놓지는 못한다. 왜냐면 이 같은 결론은 그의 교의적 관점의 첫머리를 반영하는 것이기 때문이다. 모두가 죄 아래 놓여 있었다는 결론은 모두가 그리스도에 대한 믿음으로 구원받아야 할 필요가 있다는 교의만큼이나 정통적이다.

율법을 바라보는 방식 또한 비슷하다. 바오로가 탐욕스러운 인간들에 대한 정신분석학적 사례 연구를 실시해, 그들이 탐욕을 품게 된 것은 오직 탐하지 말라는 계명을 들었기 때문이라는 사실을 알게 된 것은 아니다. 또한 심리학적 연구를 통해, 계명을 따르려는 노력이 자기소외를 불러일으킨다는 견해를 갖게 된 것도 아니다. 율법에 대한 비판은 경험적인 연구에서 비롯한 것이 아니라, 신학적 또는 교의적 숙고에 따른 것이다. 율법은 뭔가 나쁜 일을 하는 것이 틀림없다. 하느님이 율법을 통해 구원하려 하지 않으셨기 때문이다. 하느님은 그리스도를 통해 구원하신다.

그러나 율법에 대한 이러한 견해는 그에게 문제가 됐다. 우리는 바오로가 자라는 동안 율법을 사랑하게 됐고, 하느님이 이스라엘 민족에게 주신 위대한 선물로 여겼으리라 무난하게 추측해볼 수 있다. 율법이 대속과 은총이 아닌 단죄의 대행자라고 여기게 된 변화는 그에게 쉽지 않은 일이었다. 그의 신학에서 유다인들이 하느님의 선택을 받은 민족이라는 점에 대해 말해야 했을 때, 그것은 그에게 더욱 어렵고 더욱 고민스러운 일이었다. 이 문제에 관해서는 이 책의 마지막 장에서 다룰 것이다. 먼저 바오로가 행위에 관한 의문들을 어떻게 다루었는지 더욱 자세하게 검토해보고자 한다. 그가 어떻게 율법을 옹호하면서 동시에 그리스도인들은 그 아래에 놓여 있지 않다는 주장을 유지할 수 있었는지 알게 될 것이다. 또한 이를 통해 바오로 자신과 그의 교회에 영향을 미친 다양한 문화적 요소들에 대해서도 평가해볼 수 있을 것이다.

제10장

행위

바오로가 개종시킨 이들은 주님이 다시 오시길 기다리는 동안 도덕적 완벽을 유지하며 올바르게 행동해야 했다.

평화의 하느님께서 친히 여러분을 완전히 거룩하게 해주시기를 빕니다. 또 우리 주 예수 그리스도께서 재림하실 때까지 여러분의 영과 혼과 몸을 온전하고 흠 없이 지켜주시기를 빕니다 (테살로니카1서 5:23).

〔……〕 무엇이 옳은지 분별할 줄 알게 되는 것입니다. 그리하여 여러분이 순수하고 나무랄 데 없는 사람으로 그리스도의 날을 맞이하고 〔……〕 (필리피서 1:10)

　비슷한 훈계들이 테살로니카1서 3장 13절과 4장 3절~7절, 필리피서 2장 15절, 코린토2서 12장 21절, 로마서 6장 19절과 16장 19절 등에도 나타난다. 많은 학자들이 루터를 따라 바오로의 완벽주의를 간과하고 있다. 이들 부분적인 구절들만 살펴보더라도 도덕적 완벽주의가 그의 설교에서 상당한 측면을 차지하고 있었음을 알 수 있다.

　바오로 신학의 많은 부분이 자전적인데, 특히 행위에 대해 다루는 부분은 더욱 그러하다. 그는 무슨 일을 하든 마지못해 건성으로 하는 일이 없었다. 바리사이로서는 율법의 관점에서 나무랄 데 없는 사람이었으며, 사도로서는 "경건하고, 의롭게 또 흠잡힐 데 없이" 살았다(테살로니카1서 2:10, 코린토1서 4:4 참조). 그는 개종자들에게 요구하는 도덕적 완벽을 먼저 자기 자신에게 요구했다. 바오로는 종말이 가까이 와 있다고 생각했기 때문에 이것이 더욱 쉬운 일이라고 보았다. 그리스도인들은 이 세상에 너무 얽매이지 말아야 한다. "때가 얼마 남지 않았기" 때문이다(코린토1서 7:9~31). 그가 범죄에 대한 일종의 교정 시스템을 고안하지 않았다는 사실은 필시 도덕적 완벽성과 주님의 재림에 대한 그의 기대를 반영한다.

　한편으론 그 자신의 엄격함과 완벽주의 때문에, 다른 한편으론 시간이 얼마 남지 않았고 종말에 이르기까지 절대적으로 올곧게 지닐 수 있다는 생각 때문에 바오로는 조바심이 났고, 그리하여 그의 개종자들을 훈계하고, 격려했으며, 그들의 행동에 관해 때로는 칭찬하고, 때로는 분노했다.

수고와 열매

바오로는 자기 자신을 올바른 행동의 모범이라고 보았던 것처럼, 그 자신을 노력의 모델로 생각했다.

형제 여러분, 여러분은 우리의 수고와 고생을 잘 기억하고 있을 것입니다. 우리는 여러분 가운데 누구에게도 폐를 끼치지 않으려고 밤낮으로 일하면서, 하느님의 복음을 여러분에게 선포하였습니다(테살로니카1서 2:9).

여기서 수고란 바오로가 자신을 부양하기 위해 했던 육체노동만이 아니라(코린토1서 4:12 참조), 사도로서 그의 활동을 특징짓는다. 그는 다른 어떤 사도들보다도 열심히 일했으며(코린토1서 15:10, 코린토2서 6:5, 11:23/27), 자신의 노고가 헛된 것이 될까봐 두려워했다(테살로니카1서 3:5, 갈라티아서 4:11, 필리피서 2:16). 그는 이 새로운 그리스도 운동에서 열심히 일하는 다른 지도자들에 대해 특별한 존경을 표했다(테살로니카1서 5:12, 코린토1서 16:16, 로마서 16:6/12). 바오로는 그 목적이 옳은 것인 한 온전히 '노동윤리work-ethic'(노동과 노동을 통한 경제활동을 선으로 보는 윤리관을 가리키는 개념이다—옮긴이)를 신봉했고 준수했다. 그가 '율법에 따라 일하는 것'에 반대한 까닭은 수고하는 것을 싫어해서가 아니다.

그는 신자들이 그와 그의 "협력자들"을 따라서(필리피서 2:25, 4:3 및 기타 여러 곳), 그들의 노고가 헛되지 않으리라 믿으며 "주님의 일"에 수고를 다하기를(코린토1서 15:58) 기대했다. 하느님은 이 성실한 노고가 좋은 결과를 낳도록 돌보실 것이며(코린토1서 3:6), 사람들은 저마다 수고한 만큼 자기 몫을 받을 것이다. 그러나 최고의 재료를 사용해 집을 짓지 않은 사람들은 벌을 받을 것이다(코린토1서 3:13~15, 4:4, 코린토2서 5:10 참조). 바오로는 테살로니카 신자들 편에서 그들의 "믿음의 행위와 사랑의 노고"를 알고 기뻐했다(테살로니카1서 1:3). 그는 이 신자들이 '형제들'의 사랑을 보여주었다는 것을 알았으나, 그들에게 더욱 열심히 하기를 촉구했다. "더욱더 그렇게 하십시오."(테살로니카1서 4:10) 그는 코린토 신자들에게 사랑을 "추구하라"고 지시했으며(코린토1서 14:1) 때때로 그는 단순한 명령조로 "사랑하라"고 말했다(갈라티아서 5:14, 로마서 13:8 참조).

하지만 바오로는 선행이란 그리스도 안에 사는 삶 속에서 자연스레 흘러나오는 것이라고도 생각했다. 로마서 8장 4절의 어법은 눈에 띄는 수동태로 되어 있다. "우리 안에서, 율법이 요구하는 바가 채워지게 하려는 것이었습니다." 바오로는 그리스도 안에 있는 사람들이 "새로운 피조물"이 되었으며, 성령 안에서 살아간다고 생각했다는 점을 기억할 필요가 있다. 더욱 강하게 말하자면, 그들은 예수 그리스도 안에서 하나가 되었다. 바오로는 그의 개종자들이 "순수하고 나무랄 데 없는 사람으로 그리스도의 날을 맞이하고, **예수 그리스도를 통하여 오는 의로움의 열매를 가득히 맺기를**" 기도했다(필리피서 1:10~11). 여기서 열매란 그들 자신의 것이 아니라 그리스도의 것이다. 그들 또한 그리스도의 부분이기 때문이다. 그리스도에게 참여한다는 이론은 바오로의 완벽주의를 설명하고 그에 대한 신학적 기초를 마련하는 데 도움이 된다. 그리스도인들은 그러한 열매를 맺어야 하며, 오직 그러한 열매만 맺어야 한다. 그러나 바오로는 어떠한 형태로든 선한 일을 하려고 애쓰는 것이 그리스도의 지체에 참여하는 일을 막는 것은 아니라고 보았다.

일반 원칙들과 오해, 그리고 그 이상의 조언

각 도시를 방문하며 교회를 세우는 동안에 바오로는 행위에 관한 지침들을 일반적인 용어들로 표현해 정착시켰을 것이다. 테살로니카 신자들에게 편지를 쓰면서 그는 그가 이전에 그들에게 "하느님께 합당하게 살아가라고" "권고하고 격려하며 역설하였"던 점을 상기시키고 있다(테살로니카1서 2:11~12). 우리는 바오로가 언제나 사랑하기를, 특히 그리스도인 형제들을 사랑하기를 권고했으며(테살로니카1서 4:9, 갈라티아서 5:13, 6:10), 그의 말을 듣는 이들이 성령으로 살아가고 악과 부도덕을 끊어내라고 촉구했음을 확신할 수 있다.

이렇듯 일반적인 권고들에 관한 내용을 구체적으로 제시할 때 바오로와 그의 신자들이 언제나 서로 마음이 맞았던 것은 아니다. 여기에는 두 가지 이유가 있다. 첫째, 바오로는 **이방인들**을 향한 **유다인** 사도였다. 그의 신자 중 다수 또는 대부분이 이전에 우상을 섬겼던 사람들이며, 보편적인 그리스-로마 사회 안에 완전히 속해 있었던 사람들이었다. 바오로는 자신이 본디부터 가지고 있었던 행동에 관한 견해들을 틀림없이 옳다고 믿고 있었으며, 이것이 때로 그의 이방인 신자들과 충돌하는 이유가 됐다. 바오로는 대체로 훈계와 책망으로 응답했다. 그가 논쟁거리에 대해 자신의 새로운 그리스도교적 원칙들에 바탕을 두고 처음부터 면밀하게 생각한 경우는 아주 가끔씩만, 그것도 사람들에게 떠밀려 일어났을 따름이다.

행위에 관해 충돌하게 된 두번째 원인은 바오로가 세운 여러 교회 신자들이 그의 신학이 가져올 실제적 결과들에 대해 때때로 그와 생각을 달리했다는 사실이다. 의견 대립이 일어나게 된 두 가지 원인은 종종 서로 겹치곤 했다. 바오로는 자신을 따르는 이들이라면 자신을 본받아야 한다고 생각했다. 그리고 그는 그 자신의 행동이 자기 안에 살고 있는 하느님의 성령에서 비롯한 것이라고 보았다. 그를 따르는 개종자들 또한 같은 성령을 지니고 있으므로, 그는 개종자들의 행동 또한 자신의 행동과 같아야 한다고 생각했던 것이다. 그리고 그의 행동은 전체적으로 매우 유다인다운 것이었다. 그는 그리스도교의 신학적 근거들을 바탕으로 다른 이들과 논쟁했을지 모르지만, 외부인의 눈으로 보면 유다인과 이방인이 이미 지니고 있는 가정들 사이에서 실제적인 차이가 발생하고 있다는 것을 볼 수 있다.

바오로 서간 중에서 가장 유명한 부분을 쓰게 된 것 또한 코린토 신자들이 그의 원칙에 대해서 생각을 달리했기 때문이다. 바오로는 그가 다른 사람들에게 말하는 것처럼, 그들에게도 서로 사랑하며 성령에 따라 살라고 이야기했다. 코린토를 떠난 후 바오로는 그곳 교회에 관한 이야기를 들었고, 그곳 신자들이 성령에 따라 살려고는 하되 과장된 방식으로 잘못 살고 있으며, 서로 충분히 사랑하지도 않는다고 생각하게 됐다. 그들은 카리스마적 은사, 곧 '방언'하는 것을 강조했는데, 이 은사는 바오로 또한 받았으며, 그 자신도 인정하듯 그 어느 누구보다도 많이 받았다(코린토1서 14:18). 그는 이 주제에 관해 무려 세 개의 장을 할애하고 있는데, 이는 거의 율법에 관한 분량만큼이나 많다. 그는 방언하는 것이 특별히 가치 있는 성령의 은사가 아니라고 강력히 주장한다. 사실, 방언하는 것은 여러 은사에 관한 그의 목록에서 가장 아래 놓여 있다(코린토1서 12:28~31, 14:1~5). 바오로는 코린토 신자들을 지상으로 끌어내리려고 애쓴다. "여러분은 성령의 은사를 열심히 구하는 사람들이니, 교회의 성장을 위하여〔……〕애쓰십시오."(14:12) "그러나 나는 교회에서 신령한 언어로 만 마디 말을 하기보다, 다른 이들을 가르칠 수 있게 내 이성으로 다섯 마디 말을 하고 싶습니다."(14:19)

코린토 신자들은 서로에 대한 사랑이 많이 부족했다. 바오로는 그들의 회합을 두고 논의하면서 이를 지적하고 있다. 그들은 서로 파벌을 짓고 다퉜다. 게다가 그들은 주님의 만찬을 서로 똑같이 나누지도 않고 각자 음식을 가져와서 먹었다(성만찬을 비롯한 여러 전례가 정립된 것은 훨씬 뒤의 일이다. 초기 신자들은 예수와 제자들이 했던 대로 실제 식사를 함께했다─옮긴이). 그 결과 어떤 이들은 다른 이들보다 더 많이 먹었다(11:17~22).

바로 이러한 상황을 계기로 바오로는 코린토1서 13장을 쓰게 됐다. 그가 다른 편지는 쓰지 않고 오직 이것만 썼더라도, 그의 명성은 그대로 남았을 것이다. 그는 먼저 성령에 사로잡혀 방언으로 떠들어댈 수 있다는 이유로 자랑하는 사람들을 꾸짖으며 시작한다. "내가 인간의 여러 언어와 천사의 언어로 말한다 하여도 나에게 사랑이 없으면 나는 요란한 징이나 소란한 꽹과리에 지나지 않습니다." 그러고 나서 그는 왜 사랑이 성령의 모든 은사 중 최고인가를 설명하려 한다.

사랑은 참고 기다립니다. 사랑은 친절합니다. 사랑은 시기하지 않고 뽐내지 않으며 교만하지 않습니다. 사랑은 무례하지 않고 자기 이익을 추구하지 않으며 성을 내지 않고 앙심을 품지 않습니다. 사랑은 불의에 기뻐하지 않고 진실을 두고 기뻐합니다. 사랑은 모든 것을 덮어주고 모든 것을 믿으며 모든 것을 바라고 모든 것을 견디어냅니다(13:4~7).

방언이나 예언과 같은 성령의 다른 은사들은 그칠 것이다. 그러나 사랑은 스러지지 않는다. "그러므로 이제 믿음과 희망과 사랑 이 세 가지는 계속됩니다. 그 가운데에서 으뜸은 사랑입니다."(13:13)

이 세 개의 장에서 바오로는 그의 사목 서간들의 백미를 보여주고 있다. 그 이유는 그가 아주 명백하게 옳기 때문이다. 논지 전개 방식은 계시적이다. 비틀거나 꼬아놓은 부분도 없으며, 에둘러 말하지도 않는다. 율법은 그에게 골칫거리였지만, 사랑과 여타 카리스마적 표징들의 상대적 중요성은 그렇지 않았다.

행위에 관한 다른 의문들은 그 중간 어디쯤에 해당한다. 우리는 바오로와 그가 처했던 환경에 대해 전체적으로 이해하는 데 가장 도움이 되는 사항에 관해 다룰 것이다. 이방인들을 개종시키려는 유다인 사도로서, 바오로는 이방인들이 율법에 매여 있지 않다고 공식적으로 말하면서도, 그들이 율법에 쓰여 있는 대로 행동해야 한다고 생각했다. 많은 부분에서 유다인과 이방인의 행동 기준들은 서로 같았다. 어느 누구도 살인, 절도, 강도, 사기 등을 두둔하지 않았으며, 바오로가 착한 행위와 나쁜 행위의 목록을 만들었을 때도(아래 참조) 많은 이교도들 또한 그에 상응하는 내용들을 제시할 수 있었다. 유다인들과 이방인들이 동의하지 못하는 두 가지 큰 논점은 우상숭배와 성행위의 몇몇 측면들에 관한 것이었다. 유다인들이 이방인들에 대해 비판하는 내용은 보통 이 두 가지 사항에 관한 것이었다(예를 들면, 〔솔로몬의〕지혜서 13장~14장). 바오로가 여러 가지 죄의 목록을 줄줄이 꿰고 있는 구절들을 살펴보면, 그의 "악덕" 목록을 채우고 있는 주내용 또한 이 두 가지 사항이었다. 로마서 1장에 있는 이방인들에 대한 공격은 우상숭배에서 시작해 성적 문란으로 이어지는데, 두 가지 사항 모두에 대해 구체적인 행위들까지 거론되고 있다 (1:19~27). 그리고 난 뒤에야 다른 죄들이 언급되기 시작하지 만, 그것들을 논의하기보다는 그저 나열하고 있다(1:28~31). 코린토1서 5장 11절에서 성적 문란(포르네이아πορνεία, 개역표 준성경RSV에서는 단순히 "부도덕immorality"이라고 번역해서 오 해를 일으킬 수 있다)은 죄 목록의 첫째 항목이며, 우상숭배는 세번째로 나온다. 코린토1서 6장 9절에서는 성적 문란이 첫 째고 우상숭배가 둘째다. 성적 문란의 구체적 예들(간음과 동 성애)이 그 뒤에 기술돼 있다. 갈라티아서 5장 19절~21절에 서는 성적 문란, 불순, 방탕, 우상숭배 순으로 나열하고 있다. 이러한 목록들은 모두 디아스포라에 있던 유대교회당의 영 향을 드러낸다.

그리스도인들이 우상숭배와 접촉하게 되는 주제에 관해서 는 우상에게 바쳐졌던 음식을 먹는 것(173~175쪽)을 다루면 서 이미 논의한 바 있다. 바오로가 품고 있던 행동에 관한 가 정들이 어느 정도까지 유다적이었는지, 거기서 나온 가설들 이 어떠한 방식으로 그의 이방인 개종자들과 충돌했는지 보 려면 두번째 주제인 성性에 초점을 맞추는 것이 가장 좋다. 바 오로에게 성이 매우 중요한 사항이었다는 잘못된 인상을 주 고 싶지는 않다. 어쨌든, 이것이 이 부분에서 우리가 무릅써 야 할 위험 요소이긴 하다.

그러나 우리는 갈등의 또다른 요소, 곧 바오로 자신의 신학적 원칙들에 대한 해석에 주의를 기울이는 일 또한 잊지 않을 것이다. 이 원칙들은 사회적으로 보수적이었던 바오로 자신이 실감했던 것보다 훨씬 더 큰 잠재적 혁명성을 띠고 있었다. 문제는 대부분 코린토1서에 있다. 우리는 이 문제들을 발생 순서에 따라 하나씩 다룰 것이다.

성행위

근친상간: 바오로의 개종자 중 한 사람이 그의 "아버지의 부인", 곧 자신의 계모와 동거하고 있었다(신명기 22:30, 27:20 및 레위기 18:8 참조). 바오로가 이러한 종류의 불륜은 "이교도들에게서도 볼 수 없는" 것이라고(코린토1서 5:1) 말한 것은 옳다. 그는 이에 대해 포르네이아πορνεία라는 이름을 붙였다. 이 단어는 바오로나 다른 사람들이 모든 형태의 성범죄를 총괄해 이르는 일반용어로 쓰였다. 바오로는 이 남자를 교회에서 쫓아내 "사탄에게 넘겨 그 육체를 파멸하게" 해야 한다고 처방했다(코린토1서 5:4~5). 바오로는 그 남자가 사람들의 손에 의해서가 아니라, 단순히 사탄에게 넘겨져 죽음으로써 처벌받게 될 것이라 생각했던 듯하다. 그러나 그는 이렇게 덧붙이고 있다. "그의 영은 주님의 날에 구원받을 것입니다."(5:5)

여기서 지시 사항들이 서로 충돌한다. 이 사안에서 범죄자는 이방인의 도덕 기준을 따르지도 않았다. 그는 이제 그가 그리스도인이라는 지위를 새로이 얻음으로써 그의 행동이 정당화되리라 생각했던 것 같다. 코린토1서 5장 3절~4절은 이해하기가 퍽 어렵다. 그러나 그 의미는 대강 아래와 같을 것이다.

> 나는 비록 몸으로는 떨어져 있지만 영으로는 여러분과 함께 있습니다. 그래서 내가 여러분과 함께 있는 것과 다름없이, 주 예수의 이름으로 그러한 짓을 한 자에게 벌써 판결을 내렸습니다. 여러분들이 함께 모일 때에 〔……〕 그자를 사탄에게 넘기십시오.

번역가들은 대부분 이 남자가 "주 예수의 이름으로" 근친상간을 범했다는 함의를 피하고자, "주 예수의 이름으로"를 "나는 판결을 내렸습니다"에 연결하거나 "여러분들이 함께 모일 때에"에 연결한다. 그러나 가장 간단한 번역은 위에 제시한 바와 같다. 그리고 이러한 번역이 그 남자의 행동에 대해 가장 잘 준비된 설명을 제시한다. 그는 "주 예수의 이름으로" 행동했던 것이다. 무슨 일이 있었는지는 자명하다. 바오로는 "여러분은 새로운 피조물"이며 "성령 안에서" 산다고 말했다. 이 남자는 자신이 새로운 존재가 됐다는 것을 진지하게 받아들였으며, 지난날의 관계들은 모두 사라져버렸다고 결론 내렸다. 그런 다음 그는 자기 안의 영과 의논해 그의 계모와 동거하기 시작했다. 그는 바오로가 고려해보지도 않았던 방식으로 바오로 자신의 원칙을 통해 사고했으며, 바오로의 신학이 지닌 혁명적인 함의를 받아들였다. 그러나 그것이 바오로 자신을 욕보이고 말았다.

우리는 또한 바오로가 그리스도의 지체인 그리스도인에 대한 단죄를 얼마나 싫어했는지 보게 된다. 그는 육체적 죽음이 지은 죄를 대속한다는 유다인들의 원칙을 받아들임으로써 단죄하길 피하고 있다. 그는 육체의 파멸이 영혼의 구원으로 이어지리라 주장한다.

결혼과 독신 생활: 코린토 신자들이 결혼과 독신 생활에 대해 물어온 질문에 답하면서, 바오로는 그가 독신을 선호한다는 점을 반복해 내비쳤다. "남자는 여자와 관계를 맺지 않는 것이 좋다."(코린토1서 7:1) 바오로 자신이 독신이었고, 그는 다른 사도들과 달리 아내를 데리고 여행하지 않았다(코린토1서 9:5). 그리고 그는 모든 사람이 자신과 같아지기를 바랐다(7:7). 독신을 선호한다는 내용은 7장 28절, 32절~35절, 38절에서 다시 반복된다. 그가 판단하기에 과부는 재혼하기보다 과부인 채로 지내는 것이 낫다(7:40).

바오로의 충고들은 두 가지 사항에 바탕을 두고 있다. 첫째, 결혼한 사람들은 서로 배우자들을 생각하느라 바빠서 "주님의 일", "몸으로나 영으로나 거룩해지려는" 것을 생각하지 않게 된다(7:32~34). 둘째, 결혼이란 빠르게 사라지고 있는 이 세상에 대해 몰두하는 것이다(7:29/31). 시간이 얼마 남지 않았다는 관점에서, 사람들은 변화를 바라지 않는 게 좋다. 이러한 생각은 결혼했거나 독신이거나, 노예이거나 자유인이거나, 할례받았거나 받지 않았거나 상관없이 모든 상황에 적용된다(7:17~24). 바오로는 독신을 선호하는 자신의 의견을, 임박한 종말과 주님의 일이라는 그리스도교의 새 원리에 근거했다. 그러나 거기에서 나온 최종 결론은 극도로 보수적이었다. 결국 아무것도 바꾸지 말라는 이야기다.

그러나 금욕주의를 선호한 것은 바오로에게 당연했을지도 모른다. 필시 그는 사도가 되기 전부터 그러했을 것이다. 우리는 그가 부르심을 받고 나서 부인과 이혼했다거나 부인을 집에 두고 떠났다고 생각할 수는 없다. 이 두 행위 모두 결혼에 대한 자신의 규칙들을 어기는 것이었기 때문이다(바로 다음 단락 참조). 부르심을 받기 전에 그는 아마도 이미 정규 열혈당원(젤로테스ζηλωτής: 유다인들의 분리 독립을 주장하던 호전적인 정치 운동의 일원을 이르는 말. 그러나 이 단어는 신앙생활을 열심히 하는 신자를 나타내기도 한다. 사도행전 22장 3절, 갈라티아서 1장 14절에서 바오로는 자신을 ζηλωτής였다고 말하는데, 이것이 어느 쪽의 의미인지에 대해서는 학자마다 의견이 다르다—옮긴이)이었을 것이며, 결혼할 시간도 없었을 것이다. 원칙들이 달랐을 수도 있겠지만, 그렇더라도 결과는 같았을 것이다. 바오로 자신의 행동은 어느 정도 견유학파 철학자들(犬儒學派: 키니코스κῠνῐκός 학파라고도 한다. 일체의 인위를 거부하고 자연 그대로의 삶을 추구했으나 어떤 이들은 일체의 윤리까지 포기해 거부감을 사기도 했다—옮긴이)을 "본보기"로 삼은 것인지도 모른다. 이 떠돌아다니는 설교자들 중 많은 이들이 바오로가 말했던 내용을 이미 말했을 수 있다. 그들은 "주리고 목마르고 헐벗고 매 맞고 집 없이 떠돌아다니면서"(코린토1서 4:11) 가르쳤으며, 그러다보니 당연히 아내도 없었다.

이처럼 바오로가 금욕주의를 선호한 것은 순전히 개인적 이유 때문일 수 있다. 그는 금욕적이었다. 그는 사도였다. 사람들은 사도들을 본받아야 한다. 따라서 그리스도인들은 진지하게 금욕주의에 대해 고려해보아야 한다. 그러나 우리는 바오로의 이름을 걸고, 그가 자신을 따르는 이들에게 금욕주의를 강요하지 않았음을 언급해야 한다. 그는 성적 욕망이 자연스러운 것이라 여겼으며 이 점을 충분히 고려했다. 결혼한 사람들은 상대 배우자의 몸을 서로 '지배해야' 한다. 아내의 몸은 남편 것이며, 또한 남편의 몸은 아내 것이다. 기도에 전 념하고자 한동안 성생활을 하지 않을 수도 있긴 하지만, 그들 은 서로 성적으로 만족시켜줘야 한다(7:3~5). 아직 결혼하지 않은 젊은이들은 성범죄를 저지르는 것보다 차라리 결혼하 는 것이 낫다고 충고한다. 과부의 경우도 마찬가지다(7:8~9, 36~40). 바오로는 자신이 독신을 선호한다고 말하는 것만큼 결혼 또한 적절한 것이며, 결혼생활 안에서 이루어지는 성생 활은 올바른 것이란 점에 대해서도 자주 이야기했다.

재혼과 간음: 바오로는 이혼했더라도 옛 배우자가 살아 있 는 경우에 재혼하는 것은 간음 행위라고 보았다. 바오로가 아 주 드물게 예수의 말을 직접 인용한 구절 중 하나가 이에 관 한 것이다.

혼인한 이들에게 분부합니다. 내가 아니라 주님께서 분부하시 는 것입니다. 아내는 남편과 헤어져서는 안 됩니다―만일 헤 어졌으면 혼자 지내든가 남편과 화해해야 합니다. 그리고 남 편은 아내를 버려서는 안 됩니다(코린토1서 7:10~11).

이 부분에 대해 예수가 말했다는 내용은 공관복음(共觀福 音, Synoptic Gospels: 신약성경의 네 복음서 중 요한복음을 제외한 마태오복음, 마르코복음, 루카복음을 말한다. 내용과 구성이 거의 같아서, 대체로 예수 생전에 작성된 공통 기록을 바탕으로 작성된 것으로 본다―옮긴이)에 나오는데, 어떤 곳에서는 이혼 자체를 완전히 금지하고 있는 것과 달리(마르코복음 10:2~9, 마태오복음 19:3~9), 다른 곳에서는 첫 배우자가 여전히 살아 있는 경우의 재혼만 금지하고 있다(마태오복음 5:31~32, 루카복음 16:18). 바오로는 이 두번째 전승에 대해 알고 있었다. 이는 바로 위에서 인용한 내용에서도 그렇고, 코린토1서 7장 39절(로마서 7:1~3 참조)에서도 분명하다. 이것은 유대교의 일반 규율보다 더욱 엄격했다. 그러나 『사해문서』의 하나인 「다마스쿠스의 계약Covenant of Damascus」에서도 다른 상대를 찾아 재혼하는 것을 금지하는 내용을 볼 수 있다.

성매매: 이 부분을 살펴보다보면, 성경이나 다른 팔레스타인 자료들에 근거한 것보다 디아스포라 안의 유대교에 더욱 엄격한 성 관련 규율들이 있었음이 드러난다. 코린토1서 6장 16절~20절을 보면, 바오로는 매춘부를 이용하는 것을 성적 문란으로서 단죄하고 있다. 그는 이렇게 결정타를 날린다. 그리스도인의 몸은 그리스도의 지체다. 그는 묻는다. "그리스도의 지체를 떼어다가 탕녀의 지체로 만들렵니까?" 그는 이렇게도 말한다. "여러분의 몸이 여러분 안에 계시는 성령의 성

전임을 모릅니까? 그 성령을 여러분이 하느님에게서 받았고, 또 여러분은 여러분 자신의 것이 아님을 모릅니까?" 그러므로 그리스도인은 성적 문란을 저지르는 불결함으로 성전을 더럽혀서는 안 된다.

바오로는 먼저 그리스도와 일치를 이룬다는 개념을 생각해냈고, 그다음 그에 합당하지 못하고, 그것을 해칠 수 있는 결합들에 대해 전부 고찰했다. 그러나 우리는 그 근본 원리를 동기와 원천에서 구별할 준비가 돼 있어야 한다. 바오로는 먼저 창녀와 동침하는 것이 잘못된 일이라고 생각한 다음, 이를 증명할 논리를 찾아 나선 것일 수 있다. 그리고 그가 찾아낸 논리는 물론 흥미를 끈다. 이러한 논지 전개는 바오로가 그의 윤리적 권고를 법률적 정당성에 따라 상정한 교의가 아니라, 그리스도에 참여한다는 생각에 바탕을 두고 있다는 또하나의 실례가 되기 때문이다. 그러나 그리스도와 일치를 이루고 성령의 성전이 된다는 논의는, 사실 그와 다른 근거를 바탕으로 이르게 되는 관점을 지지하려는 합리화의 방편일 가능성이 크다. 그는 유다인이었으며 디아스포라의 엄격한 관행을 따랐다.

사람들이 처음 떠올릴 생각과 달리, 유대교에서는 성매매를 단죄하지 않았다. 성경에서 성매매는 직업으로 받아들여졌으며(물론 권장하지는 않았지만), 랍비들은 이를 합법적인 것으로 여겼다. 가나안의 창녀였던 라합은 영웅이 됐다(여호수아 2장). 요세푸스는 유대교 일반을 개괄하면서 창녀가 받은 화대는 희생 제물로 쓸 동물을 사는 데 쓸 수 없다고 했다(『유다 고대사』 4:206, 4:245 참조). 하지만 그 뒤에서는 성매매가 완전히 그릇된 일로 여겨지지 않는다고 한다. 그러나 팔레스타인에서도 그랬겠지만, 디아스포라에서는 더욱 엄격한 관점으로 성매매를 바라보았다. 필론의 저술에서 우리는 이러한 사실을 찾을 수 있다.『특별법Περὶ τῶν εἰδικῶν νόμων』3장 51절에 따르면 모세의 율법에서는 창녀πόρνη를 돌로 치라고 요구한다.『요셉Περὶ Ἰωσήφ』43장은 훨씬 강경하다. "다른 민족들은 열네 살이 지나면 창녀들πόρναι과 관계하는 것을 허락하지만, 우리는 고급 기생ἑταίρα이라도 살려두는 것조차 허용하지 않는다." 고대 그리스 사회에서는 고급 창녀들이 적어도 경우에 따라서는 사회적으로 받아들여졌다. 보통 창녀는 사회적으로 부적절하다고 생각됐고, 부인들은 사회와 격리됐던 것과 달리, 고급 창녀들은 연인과 함께 토론과 음주를 위한 모임인 향연συμπόσιον에 참석할 수 있었다. 그러므로 필론의 견해는 고대 그리스-로마의 일반적인 문화에 반대되는 것이었다. 게다가 모세의 율법을 넘어서는 것이기도 했다. 모세의 율법에 창녀를 죽여야 한다는 지시는 들어 있지 않았다. 필론이 성경을 염두에 두고 있었다면, 필시 신명기 23장 17절이었을 것이다. 그리스어 번역본(칠십인역성경 23장 18절)에서 이 구절은 이스라엘의 딸이 창녀가 되는 것을 금지하고 있다. 그렇더라도 여전히 필론의 견해는 성경보다 훨씬 엄격하다.

아마도 디아스포라에서는 온갖 종류의 성적 문란과 맞닥뜨리게 됐고, 그래서 일부 유다인들은 공동체 안에서 성매매를 완전히 금지하려고 했을 것이다(이러한 조치가 팔레스타인에서는 필요하지 않았다. 이방인들의 성도덕이 일으키는 문제가 별로 크지 않았기 때문이다). 칠십인역성경의 번역자들과 필론은 이러한 방향에서 서로 다르지만 상호 연관된 노력의 결과를 보여준다. 바오로가 창녀와 동침하는 데 대해 극도로 강하게 반대한 까닭은 당시 이러한 상황이 영향을 끼쳤으리라 본다.

동성애: 바오로는 직접적인 성행위가 있든 없든, 남자 사이든 여자 사이든, 동성애에 반대했다. 이것은 그가 유다인이었음을 드러낸다. 고대 그리스-로마 사회의 동성애가 널리 알려져 있지 않으므로, 먼저 이에 대해 개략적으로 설명하고자 한다.

고대 그리스-로마 사회에서는 동성의 성관계에 대해 오로지 동성 사이라는 이유로 단죄하지는 않았다. 동성에게 성적으로 이끌리거나, 동성과 성행위하는 것을 단죄하기는커녕, 어떤 집단에서는 교육적이고 교양 있는 삶의 일부로서 긍정적 가치가 있다고 여겼다. 고대 아테네를 예로 들면, 소년이나 청년이 성인 남성에게 구애받는 것은 명예로운 일이었다. 이때 성인 남성은 소년을 지혜와 용기로 이끌어주려고 노력해야 할 뿐만 아니라, 성적으로도 원해야 했다. 일반적으로 젊은 남자의 몸은 자연에 있는 아름다움 중에 가장 뛰어난 것으로 여겨졌으며, 따라서 고귀한 욕망의 대상이 됐다. 성인 남성이 훌륭한 사람이라면, 그는 소년에게 성적 욕망ἔρως이 아니라 욕정 없는 사랑φίλος을 불어넣어준다. 소년은 이에 따라 동기가 유발돼 남자의 욕망을 받아들인다. 하지만, 둘사이의 성교는 되도록 삽입 없이 허벅지 사이에서만 일어났다. 더욱이, 소년 자신이 육체적 즐거움을 누리는 것은 금기시됐다.

실제로 이처럼 정결한 이상과 맞아떨어진 경우가 얼마나 되는지는 알 수 없다. 분명, 남용되는 경우가 많았을 것이다. 이교도들 스스로 역시 이에 대해 비판했다. 그러나 우리는 여기에 주목할 필요가 있다. 첫째, 이런 종류의 동성애는 적어도 이상화됐고 호의적으로 평가됐다. 로마에서조차, 이처럼 특별한 미학 이론은 흔들리지 않았으며, 성인 남성이 소년에 대해 욕망을 품는 것을 정상으로 여겼다. 동성애 행위는 어떠한 형태든 때로 풍자의 대상이 되기도 하고, 어떤 형태의 유혹들은 법에 저촉되기도 했지만, 그럼에도 그에 대해 일반적으로 단죄하지는 않았다. 이 점이 그리스-로마 문화와 유다 문화 사이를 예리하게 가르고 있었다.

둘째, 삽입을 보류한 점에 주의해야 한다. 일반적으로 성인 남자가 동성애의 수동적 상대가 되는 것은 수치스러운 일로 여겨졌다. 한 소년이 성장하는 동안 성인인 연인이 원하는 바를 모두 허락했더라도, 성장한 뒤에는 그 자신이 능동적 역할을 맡아야 했다. 고대 아테네에서, 성인 남성이 수동적 역할을 한다는 사실은 시민권을 행사하는 데 장애가 됐다. 노예들은 수동적 역할을 할 수 있었고, 여자들도 당연히 그러했다. 그리스인과 로마인은 남성이 여성화하는 것을 경멸했다. 이러한 금기사항은 이후 로마에서 약화된 듯하지만, 1세기에 율리우스 카이사르마저도 수동적 역할을 해서 웃음거리가 된 적이 있을 정도로 여전히 강력했다. 쿠리오가 카이사르를 두고 "모든 여자의 남편이며 모든 남자의 마누라"라고 조롱한 것은 부분적으로 카이사르의 난잡한 성관계를 겨냥한 것이기도 하지만, 쏘아붙이는 풍자의 핵심은 두번째 부분에 있다. 남자와 함께할 때 카이사르는 여자 역할을 맡았던 것이다. 예를 하나 더 들어보자. 세네카는 어떤 부자 남자를 조롱했다. 이 부자가 잘생긴 노예를 두고 식사 시중을 들 때는 여

7. 아테네 시민들에게 그리스도교를 설파하는 성 바오로.

자옷을 입혀놓았다가, 둘만 있을 때에는 남자 노릇을 하게 했다는 것이었다. 여기서도 핵심은 노예가 아니라 주인이 수동적 역할을 했다는 점이다.

능동적 상대가 되는 것이 그의 수동적 상대를 마치 노예나 여성처럼 만들어 욕보이는 것일지라도 그에 대해서는 아무런 비난도 받지 않았으니, 이러한 인간 행위에 대해 의문이 일지 않을 수 없다(현대사회 또한 성매매에 관해서는 똑같이 위선적이다). 로마제국에서는 남자들이 성적으로 적극적이어야 한다고 생각했으며, 동성애를 하더라도 받는 쪽이 아니라 주는 쪽이기만 하면, 대중의 여론이나 친구 및 동료들의 적의를 두려워할 필요가 없었다.

여성 동성애에 대한 정보는 훨씬 적다. 어떤 삭발한 여인이 하루에 얼마나 많은 여자들과 성교할 수 있었는지 자랑했다는 이야기가 있다. 그녀의 행동은 환영받지 못했다. 아마도 그녀가 공격적인 남자의 역할을 하려 했기 때문일 것이다.

유다인들이 바라본 이방인들의 세계는 온통 포르네이아 곧 온갖 종류의 성적인 죄로 가득했으며, 동성애는 중죄에 해당했다. 그들은 동성애를 모조리 단죄했다. 이는 성경에도 강조되어 있으며(예: 레위기 18:22), 후대의 유다 문학에서도 반복된다. 『아리스테아스의 편지Επιστολή Αριστέα(Letter of Aristeas)』(기원후 2세기, 이집트의 유다인이 썼다)에는 대부분의 비非유다인들이 동성애를 함으로써 스스로를 더럽히고 있으며 "온 나라와 도시들이 그런 악습을 오히려 스스로 자랑스러워한다"(『아리스테이스의 편지』152~153)라고 기록되어 있다. 유다인들의 『신탁 예언집Χρησμοί Σιβυλλιακοί』2장 73절에는 메 아르세노코이테인μὴ ἀρσενοκοιτεῖν, 글자 그대로 "남자들끼리 비역하지 말라"는 금지조항이 들어 있으며, 동성애 행위를 강도 및 살인과 동등하게 다루고 있다. 우리는 여기에서 단죄받고 있는 것이 능동적 역할의 동성애 행위라는 점에 주목할 필요가 있다. 필론은 성에 관련된 죄들에 대해 실제적 토론을 펼치며 동성애를 수간獸姦 다음으로 무거운 죄라고 보았다. 소년들과 맺은 성교토 파이데라스테인τὸ παιδεραστεῖν는 이방인 사회에서 일반적인 일이었으며, 필론은 특별히 남자가 능동적 역할만이 아니라 수동적 역할을 한다는 것에 대해 한탄하고 있다. 그러면서 그는 수동적 역할을 하는 남자들이 상대를 유혹하는 온갖 간계들을 속속들이 묘사하고 있다. 그는 법, 곧 모세의 율법에서 여자 옷차림을 하는 남자에 대해 죽음으로 다스리라고 쓰여 있음을 지적한다. 그리고 이런 말을 덧붙인다. "그런 자를 좋아하는 자호 파이데라스테스ὁ παιδεραστής(소년을 성적 대상으로 삼는 남색자―옮긴이) 또한 같은 형벌에 처해야 마땅하다."(『특별법』3:37~42) 여기에서 다시 한번, 능동적 역할을 하는 남자에 대해서도 단죄하고 있다.

그러므로 바오로에 대한 논의로 돌아가 이야기하자면, 그가 모든 동성애 행위를 단죄했다는 사실이나, 그가 능동적 상대나 수동적 상대를 모두 구체적으로 나열하고 있다는 점이 그리 놀라울 일은 아니다. 어떤 영어 성경 번역본들은 지나친 정숙함 때문에 코린토1서 6장 9절을 정확하게 번역하지 않았다. 개역표준성경RSV에서는 "성도착자들sexual perverts"이라고 했고, 새영어성경NEB에서는 "동성애적 변태 성욕homosexual perversion"이라고 했다. 예루살렘 성경Jerusalem Bible에서는 "미동"(美童, catamites〔또는 남창─옮긴이〕)과 "남색자sodomites"라고 옳게 표현했다. 바오로는 '부드러운'이란 뜻의 말라코스μαλακός 곧 여성스러운 상대와 적극적 상대인 아르세노코이테스ἀρσενοκοίτης 모두를 언급하고 있다. 어떤 학자들은 바오로가 사용한 단어들의 의미가 분명치 않으므로 그가 동성애를 정말로 단죄했는지 또한 분명치 않다는 의견을 제시한다. 그러나 이 단어들은 매우 분명하다. '부드러운'이란 말은 수동적 상대에 대한 일반용어였으며 '남자들과 비역하는 자'라는 말보다 더 분명한 표현이란 있을 수 없다. 우리는 『신탁 예언집』2장 73절에서 쓰인 단어에 주목했는데, 이 구절이나 바오로가 쓴 구절 모두 레위기 18장 22절과 20장 13절에 쓰인 '남자와 교접하는 남자'라는 뜻의 용어 메타 아르세노스 코이텐μετὰ ἀρσενός κοίτην을 반영하고 있다. 로마서

1장 26절과 27절에서 바오로는 남성 동성애와 여성 동성애를 총괄해 단죄하고 있으며 둘 사이에 어떠한 구분도 짓지 않았다.

이러한 구절들의 근원은 이러하다. 로마서 1장 18절~32절의 내용은 솔로몬의 지혜서에 있는 내용과 매우 가까운데, 이 책은 이집트에서 쓰인 유대교 책이다. "썩어 없어질 인간과 날짐승과 네발짐승과 길짐승 같은 형상"(로마서 1:23)이라는 바오로의 언급은 이집트에 있던 유대교회당들에 그 기원을 두고 있다(이집트의 우상들은 새, 짐승, 파충류의 모습을 하고 있었다. 그리스-로마 문화권에서는 드문 일이다). 코린토1서 6장 9절과 10절은 바오로 이전에 있었던 내용에서 기원한다. 하느님의 나라를 상속받지 못하는 불의한 자들이라는 표현과 그뒤에 나열되는 죄 목록은 전통적인 유대교 신조를 따르고 있다. 아마도 바오로 이전에 이미 존재하던 유다인 그리스도교 공동체를 통해 바오로에게까지 전해졌겠지만, 단순히 유대교회당의 설교에서 상기된 것일 수도 있다. 간단히 말하자면, 동성애를 단죄하는 이 두 구절은 바오로가 그의 이방인 개종자들에게도 유대교의 기준을 적용하고 있다는 사실을 보여준다. 물론 그는 그들이 그 기준에 미달한다는 걸 알게 되었다. "여러분 가운데에도 이런 자들이 더러 있었습니다."(코린토서 6:11) 우리는 여기에서 유다인 사도와 그의 이방인 추종자들 사이의 충돌을 보게 된다.

욕망과 결혼: 이 마지막 항목을 다루려면 코린토를 떠나 테살로니카로 가야 한다. 테살로니카에 있는 동안, 바오로는 그곳 신자들에게 성적 문란을 피하라고 이야기했다(테살로니카 1서 4:3). 그는 이후에 그들에게 편지를 쓰면서, 성적인 죄의 형태를 구체적으로 적고 있다. 남자들은 저마다 "자기의 그릇을 거룩하고 존중하는 마음으로" 취할 줄 알아야 하며, "이방인들처럼 욕정을 가지고" 취해선 안 된다. 여기서 "그릇"이란 분명 "아내"를 나타내는 은유다. 그릇이란 남자가 성적 문란을 피해 올바른 방법으로 "취할" 수 있는 것이었다. 이는 자신의 아내여야만 한다. 성적으로 취하면서도 여전히 "거룩하고 존중하는 마음"을 간직할 수 있는 "그릇"이란 아내밖에 없기 때문이다. "취하다"라고 번역된 동사는 축자적으로는 '얻다'지만 실제로는 '획득하다'에 가깝다. 따라서 이 훈계는 욕정을 채우려 아내를 '획득'해서는 안 된다는 의미가 될 것이다.

우리는 앞에서 바오로가 육체적 욕망을 인정했으며, 마치 그것이 존재하지 않는 것처럼 규율을 만들 수 있다고 생각하지는 않았음을 이미 보았다. 더욱이 삶의 기본 사실들을 보면, 성행위가 일어나려면 어느 정도 욕망이 꼭 필요하다는 것을 알 수 있다. 그가 성관계를 금지하지는 않았으므로 욕망을 완전히 제거하려고 했다고는 할 수 없다. 그보다 욕망을 좀더 급이 낮은 범위에 한정시키길 원했고, 아니면 욕망이 아닌 다른 이유들로 결혼할 것을 신자들에게 권하고자 했을 수도 있다. 결혼은 욕망을 채워줄 수 있다. 그러나 결혼이 욕망을 채우려는 것이라고만 할 수는 없다. 코린토1서 7장에서 욕망을 위한 결혼이 인정되고 있다. 그런데 몇 년 뒤에 쓰인 테살로니카1서에서는 다시 욕망을 제한하라고 쓰고 있다. 바오로는 아마도 그 사이에 마음을 바꾼 것 같다. 테살로니카1서에 나오는 훈계는, 코린토1서 7장의 끝에서 결혼하지 않은 연인들이 만약 그들의 열정을 참을 수 없다면 결혼하는 것이 낫다는 충고에 반하지 않는다. 그는 같은 입으로 '육체적인 욕망만으로 결혼하지 마십시오'라는 충고와 '육체적 욕망이 덮쳐온다면, 결혼하는 것이 더 좋습니다'라는 권고를 동시에 할 수 있었을 것이다.

결혼에 대한 욕망의 역할을 제한하려는 바오로의 바람은 어디에서 비롯한 것일까? 테살로니카1서는 철저히 유대교적이다. 그는 이방인 테살로니카 신자들에게(1:9 참조) 이방인들처럼 행동하지 말라고 한다(4:5, 개역표준성경RSV에서는 이방인Gentile 대신 "이교도heathen"라고 번역). 다시 말해, 바오로는 유다인인 것처럼 행동하라고 쓴 것이다. 그리고 그는 표준적 유대교회당의 강론을 빌려 쓴 듯하다. 따라서 열정적 욕망이 결혼에서 주된 고려 사항이어서는 안 된다는 견해는 유대교에서 왔을 가능성이 크다.

그러나 유대교는 어디에서 이러한 규율을 갖게 됐으며, 그 것은 어떠한 형태의 유대교였을까? 욕정에 반대하는 것은 그 리스 사상의 흐름 중 하나였다. 소크라테스와 플라톤은 '방종 으로 영혼의 비이성적이고 육욕적인 요소들을 부추기거나 고무하지 않으려면 육체적 향락을 목표로 하는 활동을 최소 한으로 줄이자'는 쪽이었다(도버K. J. Dover). 무소니우스 루푸 스 같은 몇몇 스토아 철학자 또한 성관계는 오직 출산을 목적 으로 해야 한다고 주장했다. 필론이 이런 견해를 채택해 유다 인들의 생활 원칙으로 삼았다. 그는 유다인 여성뿐 아니라 남 성도 동정으로 결혼해야 한다고 했으며, 결혼하고자 하는 마 음에 성교하려는 이유가 들어 있어서는 안 된다고까지 했다. "결혼생활에서 우리가 추구하는 목적은 쾌락헤도네ἡδονή이 아 니라 적법하게 자녀를 갖는 것이다."(『요셉』43) 요세푸스가 요약한 유다인 율법에서도 같은 관점이 눈에 띈다. "자녀 출 산을 위해 자연스레 합일하는 것 외에, 남편과 부인이 성적으 로 결합하는 것을 율법은 인정하지 않는다."(『아피온 반박περὶ ἀρχαιότητος Ἰουδαίων λόγος』2:199)

테살로니카1서 4장 3절~8절은 유다인들의 윤리에 관한 내용이며, 이는 디아스포라 유대교의 엄격하고 금욕주의적 인 흐름에서 비롯했다고 할 수 있겠다.

결론

성에 관한 바오로의 논의에는 형태상 두 가지 유형의 내용이 들어 있다. 하나는 악습에 관한 목록(과 그에 관련한 자료)이며, 다른 하나는 본질적 논의들이다. 바오로가 성에 대해 언급하는 여러 내용이 악습 목록에 포함되어 있으며, 로마서 1장 18절~32절에 있는 설교조의 논의에 결부되어 있다. 악습 목록은 전통적인 유대교의 설교 자료들과 같다. 유다인들이 보기에 크게 잘못된 이방인들의 두 가지 관습, 곧 우상숭배와 성범죄를 강조한다. 어떤 경우에 바오로의 견해는, 금욕주의에 기울여 쾌락을 부정하는 이교도 철학 유파들에 영향을 받은 유다인 사상가들과 긴밀하게 관련된다. 이처럼 전통적인 내용들에 대해 논할 때, 특히 악덕 목록을 언급할 때 바오로는 융통성도 없고 동정심도 없는 것처럼 보인다.

착각하지 마십시오. 성적으로 부도덕한 자도 우상 숭배자도 간음하는 자도 남창도 비역하는 자도, 도둑도 탐욕을 부리는 자도 주정꾼도 중상꾼도 강도도 하느님의 나라를 차지하지 못합니다(코린토1서 6:9~10).

이 많은 사람들을 싹 쓸어버리듯 한데 모아 지옥행 판정을 내리고 있는 것이다.

오직 구체적 상황에 맞춰 전통적인 목록을 버려야 했을 때만 바오로 특유의 감식력과 만나게 되고, 또한 연민도 훨씬 더 많이 보게 된다. 그의 신자 중 한 명이 실제로 근친상간 관계를 맺고 살면서, 새로운 피조물이 된다는 바오로의 설교에 근거해 자신의 생활을 합리화하던 상황에서 바오로의 새로운 사고와 마주하게 된다. 바오로는 죄인을 가차 없이 비난해 파멸에 이르도록 하는 전통적 관습을 따르지 않고, 그자의 영혼은 구원받으리라는 의견을 제시한다. 그의 교회에 속한 신자 하나가 동성애 행위와 관련됐다면 바오로는 그 문제에 대해서도 다시 생각했으리라고 생각해봄직하다. 다시 생각해야 하는 상황에 놓이면 바오로는 창의적인 신학자가 됐다. 그러나 윤리적 논점들에 관해서 그는 좀처럼 다시 생각해야 하는 상황에 부닥치는 일이 없었고, 단순히 이방인 개종자들에게 유다인들의 행동 양식을 따르라고 요구했다.

성 이외의 다른 주제들에 대해서는 그러했다. 코린토 신자들이 우상에게 바쳤던 음식에 관해 의문을 제기했던 경우처럼, 바오로는 자신이 가르쳤던 그리스도교의 원칙들에 근거해 신자들이 논쟁을 걸어올 때면, 그 문제에 대해 다시 숙고해 자신의 의견을 수정할 능력이 있었다. 성령 안에서 살아야 한다는 자신의 메시지가 신자들 사이에서 카리스마적 은사를 지나치게 과시하는 결과를 낳았을 때, 그는 그러한 행위에서 무엇이 잘못된 것인지 정확히 분석하고, 그리스도인들이 고유하게 지녀야 할 품성인 사랑에 대해 감동적으로 묘사함으로써 사태에 대처했다. 그래서 그는 이웃을 사랑하라는 유대교 원칙과 그리스도와 일치를 이룬다는 새 원칙에 기초해 윤리 행위에 관한 규율의 초석을 제시할 수 있었다.

이스라엘과 세계의 구원: 로마서 9장~11장

딜레마

이제 우리는 바오로 신학의 근본 문제로 돌아간다. 두 개의 질서, 곧 하느님이 이스라엘 민족을 선택하시고 그들에게 율법을 주신 옛 질서와 그리스도에 대한 믿음을 지닌 모두를 구원하시려는 새 질서를 어떻게 결합할 것인가. 이스라엘 민족에 대한 선택은 율법 자체보다 훨씬 더 어려운 문제를 제기했다. 로마서 9장의 도입부에서 바오로는 하느님이 이스라엘 민족에게 호의를 보여주신 증표들을 하나하나 나열하면서, 동시에 몹시 슬퍼하고 있다.

커다란 슬픔과 끊임없는 아픔이 내 마음속에 자리잡고 있다는 것입니다. 사실 육으로는 내 혈족인 동포들을 위해서라면, 나 자신이 저주를 받아 그리스도에게서 잘려나가기라도 했으면 하는 심정입니다. 그들은 이스라엘 사람입니다. 하느님의 자녀가 되는 자격, 영광, 여러 계약, 율법, (성전)예배, 여러 약속이 그들에게 주어졌습니다(로마서 9:2~4).

이러한 슬픔의 원인은 무엇일까? 왜 그는 그들을 위해서라면 그리스도에게서 "잘려나가기"를 바랄까? 바오로가 이스라엘 사람들 대부분이 잘려나갔다고 생각하는 것은 명백하다. 우리는 "믿음으로 의롭게 된다"는 것에 대해 논의하면서 바오로가 그리스도에 대한 믿음을 이방인들만이 아니라 유다인들에게도 요구하고 있다는 점을 짚어봤다. 훌륭한 유다인이었던 바오로와 베드로는 믿음으로 의롭게 되었다(갈라티아서 2:15). 하느님은 할례받지 않은 자들과 할례받은 자들을 모두 믿음으로 의롭게 하시기로 결정하셨다(로마서 3:30). 로마서 11장에서 바오로는 올리브나무의 이미지를 사용한다. 원래 나무에서 자라난 많은 가지가 잘려나갔다. 잘려나간 가지들은 오직 믿음에 근거해서 다시 접붙여질 것이다(11:17~24, 특히 23절). 믿음은 하느님을 믿는 일반적인 태도를 말하는 것이 아니라, 그리스도에 대한 구체적 헌신을 의미한다. 바오로는 예수에 대해서 알지 못했을 아브라함을 성경에 나타난 강한 믿음의 모범으로 제시하고 있긴 하지만, 그가 생각한 당대의 믿음이란 그리스도에 대한 믿음이다. "믿음이 온 뒤로는"(갈라티아서 3:25)이라는 구절은 그리스도가 왔었다는 사실을 가리키며, 그와 베드로가 공유하는 믿음이란 그리스도에 대한 믿음이었다.

유다인들 대부분에게 이러한 믿음이 없다는 사실은 '실존적' 문제를 불러일으켰다. 바오로는 개별적 인간 존재들의 운명에 대해 걱정했으며, 특히 이 경우엔 그의 '혈족'이 걱정의 대상이었다.

그러나 바오로는 하느님의 항구성이라는 개념과 관련해 엄격한 의미에서 신학적 문제를 가지고 있기도 했다. 우리는 이제까지 계속해서 바오로가 어떻게 하느님의 변함없는 의지에 대해 역설했는지를 봐왔다. 율법에 관한 가장 어려운 문제는 하느님이 그것을 주신 의도에 있다. 그러나 하느님이 이스라엘 민족을 선택하셨다는 것은 하느님이 지닌 목적의 일관성에 대해 더 많은 의문을 품게 했다. 왜 하느님은 이스라엘을 선택하시고 그들에게 율법을 주시고 나서는, 그들 또한 이방인들과 같이 그리스도에 대한 믿음으로 구원받아야 한다고 요구하시는 걸까? 하느님의 항구하심에 관한 의심들은 '신정론神正論'theodicy(그리스어의 '신'θεός과 '정의'δίκη의 합성어로 신의 정당함을 주장하는 이론을 가리킨다. 전지 전능 전선하며,

영원 불멸 항구한 신이 창조하고 주관하는 이 세상에 그와 모순되는 일들이 벌어지는 것을 두고 신을 변호하는 이론이라고 할 수 있다―옮긴이)이라는 신학적 문제를 낳았다. 우리가 봐왔듯이, 하느님은 변덕스러워서는 안 된다. 주요한 질문은 이것이다. 하느님이 이스라엘을 부르셨던 그 말씀은 실패했나?(로마서 9:6) 하느님은 지금까지 줄곧 공정하고, 정직하며, 정의롭고, 신뢰할 수 있으며, 항구한 분이셨던가? 두 개의 질서라는 설명은 그렇지 않다고 말하는 듯하다. 바오로가 이 두 개의 질서를 결합할 수 있을 때만, 그는 하느님의 명성을 다시 구할 수 있다.

로마서 9장~11장의 내용은 유다인들의 운명과 하느님의 공정하심에 대한 질문으로 시작되며, 이는 다시 우주 전체의 운명에 대한 또하나의 질문으로 이어진다. 이러한 질문들이 제기되는 맥락이 중요하다. 바오로는 소아시아와 그리스에서 활동을 마쳤다. 그리고 그는 에스파냐로 계속해서 나아가기를 바랐다. 그러나 그보다 먼저 이방인들의 봉헌금을 예루살렘으로 보내야 했다. 바오로 자신이 활동을 "완수"했다는 것은 (그가 생각한 대로라면) 그리스도가 곧 다시 오시리라는 것을 뜻했으며, 그래서 그는 하느님의 전체 계획에 대한 질문에 서둘리 답해야 했다. 만약 그 계획이 먼저 유다 민족을 구하고, 그다음 그리스인들을 구하는 것이었다면(로마서 1:16,

29), 여기엔 무언가가 빠져 있었다. 바오로의 이방인들은 이미 준비돼 있었지만, 오히려 유다인들에 대한 베드로의 선교는 그다지 성공적이지 못했다. 도입부에 표현된 바오로의 고통은 여기에서 비롯한다. 그들은 구원에서 누락될 것이다. 이는 이스라엘에 대한 하느님의 선택 또한 소용없게 됐다는 뜻이기도 하다.

로마서 9장~11장에는 일곱 개의 주요한 주장들이 있다. (1) 그렇게 보이지 않을지라도 하느님은 정의로우시다. (2) 이스라엘은 선택받았고 여전히 그러하다. (3) 선택은 언제나 개별적 선택이었으며, 아브라함의 후손들을 망라하는 것은 절대 아니다. (4) 적어도 현재의 이스라엘은 '걸려 넘어졌다'. (5) 하느님은 그리스도에 대한 믿음을 지닌 자들만 구원하실 것이다. (6) 모든 이스라엘은 구원될 것이다. (7) 모든 이와 모든 것이 구원될 것이다.

지금 이 장에서는 로마서 9장~11장을 정당하게 다룰 수 없다. 이 대목은 너무 많은 고뇌와 희망과 믿음을 가지고 쓰였기 때문이다. 부분적으로 모순적인 이 주장들은 바오로가 그 확실한 근거를 찾고자 함에 따라 그의 편지 속 다른 장들에서도 나타났다 사라지곤 한다. 하느님의 정의에 관한 물음에 대해 그는 별로 말할 것이 없었다. 그에게는 가장 당혹스러운 질문이었다. 그는 옹기가 옹기장이를 비난할 수 없듯 인간도 하느님에 반대할 수 없다는 의견을 내놓는다. 이처럼 로마서 9장~11장의 내용에서 신정론의 문제를 직접적으로 다루려는 시도들은 모두 유다 문학에 있는 표준적 설명들에 지나지 않는다. 어떤 것도 바오로 특유의 감식력이나 창의력을 드러내지 못한다.

이 논의에서 우리는 몇 가지 주요한 질문에 집중하게 된다. (1) 몇몇 구절에서 모든 이스라엘 민족이 하느님의 백성에 드는 것은 아니란 사실을 지적하고 있는데 그 근거 논리는 무엇인가? (2) 하느님이 이스라엘을 선택하시고 그 결정에 대해 동요가 없으시다는("하느님의 은사와 소명은 철회될 수 없는 것", 11:29) 내용과, 그럼에도 하느님이 그리스도를 통해 구원하신다는 내용 사이의 딜레마에 대해서 바오로는 어떤 해결책을 내놓고 있는가? (3) 이스라엘이 구원받으리라는 견해는 모든 이스라엘 사람이 그리스도를 믿게 되리라는 것을 전제로 하는가? (4) 보편적 구원에 관한 주장을 우리는 어떤 의미로 이해해야 하는가?

이스라엘의 잘못

무엇보다도 먼저, 바오로는 이스라엘 민족의 일부가 하느님의 백성에 포함되지 못한다는 것을 하느님이 예정하신 일이라고 설명하고 있다(로마서9:6~29). 하느님은 그들을 "완고"하게 하셨다(11:25). 그러나 우리가 되풀이해서 봐왔듯이 하느님의 섭리나 예정이라는 말이 인간들은 전혀 책임이 없음을 의미하지는 않는다. 그러므로 우리는 이스라엘 민족의 관점에서 무엇이 잘못됐는지를 물어야 한다.

가장 확실한 첫번째 해답은 이스라엘 사람들 대부분이 예수 그리스도를 믿지 않았다는 것이다. 이것이 로마서 9장 30절~32절(걸림돌은 그리스도를 의미한다), 10장 9절~13절, 10장 14절~17절(이 부분은 10:13을 뒷받침한다)의 요지다. 가장 중요한 대목은 11장 17절~24절에 나오는 올리브나무에 대한 내용이다. 나는 특히 11장 23절에 주목한다. "그들도 불신을 고집하지 않으면 다시 접붙여질 것입니다."

그리스도에 대한 믿음이 없었던 것 말고 또 무엇이 잘못됐을까? 전통적인 개신교 학자들은 바오로가 그의 혈족에 대해 스스로 의롭게 되려 했다는 점을 지적했다고 본다. 이렇게 이해될 수 있는 절이 셋 있는데 아래와 같다.

'그것'(의로움 또는 율법)을 믿음으로 찾지 않고 행위로 찾을 수 있다고 여겼기 때문입니다(9:32).

(그들은) 자기의 의로움을 내세우려고 힘을 쓰면서〔……〕(10:3)

('그것'〔하느님의 선택〕은) 은총으로 되는 것이지 사람의 행위
로 되는 것이 아닙니다(11:6).

로마서 9장 32절의 정확한 의미가 무엇인지 판단할 수는
없다. 31절과 32절을 글자 그대로 번역하면 이러하다. '그러
나 이스라엘은, 의로움의 법을 추구하면서, 법에 이르지 못했
습니다. 왜? 믿음에 근거해서가 아니라 〔마치 그것이〕 행위에
근거한 것처럼 〔그들이 그것을 추구했기〕 때문입니다.' '법에 이
르지 못했다'라는 말의 의미는 모호하며, 따라서 이 구절에
크게 기댈 수는 없다. 많은 이들이 '행위에 근거한 것처럼'이
다음과 같은 의미라고 추정한다. '각각의 유다인 모두가 자신
의 노력으로 의로움을 얻을 수 있다고 생각했다. 그들은 열심
히 노력했고, 그로써 이미 성공했다고 생각했으며, 따라서 스
스로 의롭게 되었다고 여겼다. 그러므로 그들을 단죄하는 것
은 옳다.' 이 견해가 지닌 첫번째 문제는, 바오로와 그의 동료
들 및 추종자들, 나무랄 데 없는 사람이 되고자 힘들게 노력
해왔거나 적어도 바오로에게서 그렇게 하라고 강하게 권고
받았던 모든 이를 단죄하게 된다는 것이다. 두번째 문제는 이
러한 해석이 시간 순서에 어긋난다는 점이다. 이 부분에서 바
오로는 이 사안에 대해 개인적이고 심리적인 방식으로 사고

하지 않는다. 그는 자신의 의로움이라는 일반적 실패 하나에 고정되어 있지 않으며, 살아 있는 유다인 모두를 그 이유로 비난하지도 않는다. 그는 "믿음"과 "율법"이라는 두 개의 질서를 대조하면서 이스라엘이 둘 중에 그릇된 선택을 했다고 비난했다. 그의 혈족이 지닌 운명에 대해 다루면서 바오로는 어떤 개인들이 스스로 의롭게 되려 한 것을 걱정했다기보다 전체 유다 민족과 이스라엘 백성에 대한 하느님의 약속을 두고 염려한 것이다. 그러나 로마서 9장 31절과 32절에서 많은 것을 밝혀내기는 어렵다. 문장이 모호하므로, 바오로가 의미하는 바는 뒤에 오는 확실한 구절들을 바탕으로 추론해야 할 것이다.

이스라엘은 걸림돌에 걸려 넘어졌다(로마서 9:32~33). 바오로가 걸림돌이라고 한 것은 그리스도다. 9장 33절의 근거 텍스트에서 우리는 "그를 믿는 이는 부끄러운 일을 당하지 않으리라"라는 구절을 발견하게 되는데, 바오로는 이를 분명 "그분" 곧 그리스도를 믿는 믿음으로 해석했다('돌'이라는 뜻의 리토스λίθος는 남성명사. '그것it'과 '그분him'의 차이는 영어에만 존재할 뿐 그리스어에는 이런 구분이 없다). 따라서 9장 33절에서 이스라엘의 잘못이란 그리스도를 믿지 않았다는 것이다.

로마서 10장 3절은 스스로 의롭게 되려는 데 대한 비판으로 보통 이해된다. "자기의 의로움을 내세우려고 힘을 쓰면서"라는 구절은 '각각의 유다인들이 개인적으로 가치 있고 기특한 공로를 쌓아 하느님의 총애를 얻으려고 노력했다'는 의미로 여겨졌다. 어떤 학자들은 10장 2절에 "열성"이란 단어가 보인다는 점에 주목해 이것이 이스라엘의 잘못을 묘사하는 것이라는 의견을 제시한다. 어떤 학자는 "율법을 향한 열성은 사람을 하느님과 완전히 멀어지게 할 수 있으며, 정확히 인간을 죄인으로 만드는 효과를 발휘했다"고 썼다. 그러나 바오로는 열성에 대한 이와 같은 의견을 갖고 있지 않았다. 그는 열성이 좋은 것이라 생각했으며, 그 점에 대해 유다인들을 칭찬했다. "나는 그들에 관하여 증언할 수 있습니다. 그들은 하느님을 위한 열성을 지니고 있다는 것입니다." 불행히도, 이는 "깨달음에 바탕을 두지 않은 열성"이었다(10:2). 그들은 그리스도를 인정하지 않는다. 그래서 그들은 잘못된 목표를 겨냥한다. "하느님에게서 오는 의로움을 알지 못한 채 자기의 의로움을 내세우려고 힘을 쓰면서, 하느님의 의로움에 복종하지 않았기 때문입니다."(10:3) 그들은 의로움을 추구하는 행위 자체 때문이 아니라, 그릇된 의로움을 추구했다는 점에서 잘못됐다.

올바른 목표가 무엇인지 정의 내릴 수 있는가? "자기의 의로움"에 대비되는 "하느님의 의로움"이란 '믿음을 지닌 모든 이'를 위한 것이다. 이는 다른 종류의 의로움, 율법에 의한 의로움을 끝내버린다(로마서 10:4). "자기의 의로움"은 한 집단인 유다 민족에 해당하는 고유한 것이지, 개인이 얻게 되는 것이 아니다. 유다인들의 의로움은 모세의 율법에 대한 충성에서 나오며, 이는 오직 유다인들에게만 해당할 뿐이므로 "자기의" 의로움이며, "누구나"의 것이 아니다. 로마서 10장 1절 ~4절에서도 바오로의 초점은 역사적이며 공동체적이다. 그는 하나의 집단으로서 이스라엘 민족에 대해 생각했으며, 하느님의 구원 계획과 관련해 모세의 율법 시대에 대해 생각했다. 그는 유다인 개개인에게 율법이 어떤 내적 효과를 발휘했는지 분석하는 것이 아니다. 이스라엘 민족이 문제를 일으킨 것은 그들이 하나의 전체 집단으로서 옛 질서만을 고집하며 하느님이 새 질서를 주셨다는 것은 보지 않았기 때문이다.

우리는 여기서 "의로움"이란 단어를 이해하기 위해 우리가 들었던 인용문들에 얼마나 중요한 의미가 있는지 짚어보고자 한다. 갈라티아서 전체와 로마서의 나머지 부분에서 바오로는 의로움이 율법에 의한 것이 아니라 믿음에 의한 것이라 주장했다. 좀더 정확하게 번역하자면 "사람은 율법이 아니라 믿음으로 의롭게 된다"라고 해야 한다. 이 사안에 대해서 바오로는 오직 한 가지 의로움에 대해서만 썼으며 그것을 어떻게 얻을 수 있는지에 대해, 곧 그리스도에 대한 복종이냐 율법에 대한 복종이냐를 놓고 논쟁을 벌였다. 그러나 로마서

10장에서 그는 의로움을 두 가지 의로움으로, 곧 유다인들의 의로움과 하느님의 의로움으로 구분했다. 전자는 율법에 의해서, 후자는 믿음에 의해서 얻을 수 있다. 이러한 공식은 필리피서 3장 6절과 9절에서도 볼 수 있다. 한때 순종적 유다인으로서 바오로 또한 가지고 있었던 "율법에 따른 의로움"이 "그리스도에 대한 믿음에 바탕한 의로움"과 대비되고 있다. 마침내 밝혀지는 진실은 다음과 같다. 율법에 따른 의로움이라는 것이 있다. 이것은 사악하지 않다. 그 자체로는 '득得'이 된다(필리피서 3:9). 그것이 잘못된 까닭은 오직 하느님이 새로운 의로움을 계시하셨기 때문이다.

로마서 9장의 마지막 부분과 10장의 첫 네 절에서 바오로는 유다인의 의로움은 그 배타성 때문에 잘못됐다고 비난한다. 같은 내용이 필리피서 3장 2절~11절에 더 명확하게 드러나 있다. 하느님은 이스라엘 민족을 따로 떼어 부르셨고, 그들은 하느님께 복종했다. 유다인들의 현세대는 그리스도가 그러한 시대에 마침표를 찍었다는 사실을 알아차리지 못한다. 바오로가 생각하기에 하느님은 그들이 분리된 채로 남아 있기를 원하지 않으신다. 유다인들이 하느님의 계획 안에서 우선권을 가진다는 생각을 바오로 스스로 철저히 포기하고 있지 않다는 점은 통렬하다(로마서 3:1~4, 9:4~6 참조). 이스라엘 민족은 너무나도 중요한 존재여서 그들을 배척하는 것마저도 "세상의 화해"를 의미할 정도다(11:15).

로마서 11장 6절("이렇게 은총으로 되는 것이라면 더이상 사람의 행위로 되는 것이 아닙니다")은 현존하는 바오로 서간 중에서 유일하게 은총과 행위라는 추상 개념들을 대조하고 있는 구절이다. 나는 이 둘이 대조되고 있다는 점과, 또한 그러한 대조가 바오로에게서는 흔하지 않은 것이라는 점 모두에 주목하고자 한다. 이러한 공식은 필시 '모세의 율법에 대한 복종에 의해서가 아니라, 그리스도를 믿는 이들에게 내려주시는 하느님의 은총에 의해서'라는 원칙을 축약한 것이다. 이 구절을 보고 바오로가 개별화되고 일반화된 추상 개념들에 대해 처음부터 생각하고 있었다고 보아서는 안 된다. 여기서 다루는 문제는 이스라엘 민족이 하느님께서 최근에 계시해주신 그분의 은총을 받아들이기를 거부했다는 구체적 사안을 다루는 것이지, 개인의 노력 여부에 대한 것이 아니다. 유다인들은 그리스도인 예수를 거부하는 단 하나의 잘못을 저질렀다는 것이다.

딜레마에 대한 바오로의 해결책

여기서 바오로의 딜레마를 상기해보자. 이스라엘 민족과 맺으신 하느님의 약속들과, 그리스도를 믿는 이들과 맺으신 구원의 약속을 어떻게 조화시킬 것인가. 그는 로마서 11장에서 하나의 해결책을 반복해 제시하고 있다. 그는 구원이란 이 방인들에게 먼저 왔으며, 이는 "이스라엘을 시기하게" 만들 려는 것이었다고 제안한다. 이것은 직접적으로 바오로 자신 의 활동과 연결된다. 그는 자신의 사목활동을 영광스럽게 여 긴다. "내가 내 살붙이들을 시기하게 만들어 그들 가운데에서 몇 사람만이라도 구원"하려고 하기 때문이다(11:14). 생각의 실마리는 "시기하게" 만든다는 것이다. 하느님은 이스라엘을 이방인 선교라는 방편을 통해 구원하실 것이다. 이방인 선교 가 그들을 시기하게 만들어 그리스도를 받아들이도록 이끌 것이기 때문이다. 바오로의 여러 문제 중 하나는 그의 이방인 들이 준비됐는데 유다인들은 그렇지 않았다는 것이다. 하느 님의 계획이 "유다인에게 먼저, 그다음 그리스인에게"라고 한다면, 이런 상황이 어떻게 가능할 수 있는가? 그는 지금 구 원 계획이 뒤집어졌고, 그래서 이방인들이 먼저 하느님의 백 성에 들게 됐다고 제안하는 것이다. 바오로는 처음으로 그 자 신에게 이스라엘 민족의 구원에 대한 책임이 있음을 밝히고 있지만, 이는 다만 간접적 책임일 뿐이다. 그는 겸손하지만 분명하게 말하고 있다. "그들 가운데 몇 사람만이라도 구원할 수 있을까 해서입니다." 그러나 예루살렘의 사도들이 그다지 잘하지 못했기 때문에, 그는 이 일이 자신에게 맡겨졌으며, 하느님은 자신의 자기 자랑마저도 좋게 쓰시리라 생각한다.

바오로는 구원의 순서가 바뀌었다는 것을 두 번이나 더 되풀이해서 언급한다. 로마서 11장 25절~27절에 따르면, 이스라엘은 잠시 동안 (하느님에 의해) 완고해졌지만, 이것은 "다른 민족들의 수가 다 찰 때까지"만 계속될 것이다. **이렇게 해서** (곧, 이방인들의 구원을 통해) "온 이스라엘이 구원받게 되리라는 것"이다. 하느님의 구원 계획이 이처럼 크게 뒤집어지면서 11장 30절과 31절의 논리적 결론에 이르게 된다. 이스라엘의 현재 불순종은 하느님의 자비가 이방인들에게로 옮겨가도록 만들었지만, 이방인들을 포함하게 된 것은 이스라엘의 구원이라는 결과를 낳게 될 것이다. 그리고 마침내 모든 사람이 구원될 것이다(11:32).

이 모두를 주관하시는 분은 여전히 하느님이시다. 유다인들의 불순종은 궁극적으로 그분의 손안에 놓여 있으며, 이는 하나의 목적을 향해 있다. 바로 이 때문에 이방인 선교를 할 수 있는 시간이 생겼다. 유다인들이 복음을 거부한 것, 곧 그들의 불순종으로 이방인들이 복음을 받아들이게 되는 계기가 됐다. 이제 이방인들이 하느님의 백성이 됐거나 곧 될 것이므로, 하느님은 그의 자비를 이방인들을 통해 다시 유다인들에게로 돌리실 것이다. 그들의 질투를 이용해 그분의 목적을 이루실 것이다.

이제 마침내 우리는 우리가 알았던, 그래서 좋아하거나 놀라게 됐던 바로 그 바오로와 다시 만나게 된다. 그것은 구원 계획의 독창적인 개정이며, 이 개정된 계획 안에서, 불순종 조차도 포함해 모든 것이 선을 이룬다. '죄를 죄스러운 것으로 만든' 율법이 그러했던 것처럼, 이스라엘 민족이 복음을 거부한 것 또한 그러할 것이다. 모든 것이 하느님 의지의 일부이며, 결국에 하느님은 그들의 불순종 또한 그분 자신의 목적을 이루는 데 사용하실 것이다. 그리하여 모두가 구원받을 것이다.

이스라엘이 구원받게 되리라는 예언은 **이스라엘 민족에 속한 개인 모두**가 그리스도를 믿게 되는 일에 달린 것일까? 우리는 이 질문을 두 개의 하위 질문으로 나눠볼 수 있다. 로마서 11장 26절의 "온 이스라엘"이란 '모든 이스라엘 사람'을 의미하는가? 바오로는 "온 이스라엘"의 구원을 그리스도에 대한 믿음과 상관없이 약속하는 것인가?

"온 이스라엘"에 대해서는 두 가지로 이해할 수 있다. '모든 이스라엘 사람'과 '충분하고 적절한 이스라엘 대표 집단'. 먼저, 이방인들에 관한 기술들에서부터 관련 구문들을 나열해보자. 우리는 바오로가 모든 이방인 하나하나를 개종시키는 데 성공하리라고는 생각하지 않았음을 알고 있다. 따라서 11장 25절에서 이방인들에 대해 "수가 다 찬다"거나 "완성된다"고 할 때, 개역표준성경RSV과 대부분의 주석가들이 이해하는 방식으로 우리도 이해할 수 있다. 다 차게 되는 이방인들의 수란 곧 (하느님의 관점에서) 선택받고, (그들 편에서) 믿음으로 부르심에 응답한 자들만을 의미한다. 같은 장의 이보다 앞부분에 유다인들에 대한 두 가지 구문이 있다. 첫번째 구문에서 바오로는 '그들의 거부'를 '그들의 완성'과 대조하고 있다(11:12). 대조가 매우 포괄적이기 때문에 '그들의 완성'이란 말을 '전부 포함'한다는 것으로 생각하는 것이 자연스러워 보인다. 그러나 11장 14절에서 바오로는 "그들 가운데에서 몇 사람만이라도 구원"하리라 말하고 있다. 이것이 그들 중 일부만이 구원받으리라는 의미일까? 아니면 바오로 혼자서는 모두 구원하지 못하리라는 것일까? 그뒤에 이어지는 올리브나무의 이미지는 이 말의 의미가 무엇인지를 분명하게 일러준다. 그중에서도 23절이 결정적으로 중요하다. 그들이 "불신을 고집하지 않으면" 다시 접붙여질 것이다. 바로 믿음이 관건이다. 바오로는 믿음이 없는 이들을 제외하고 있다. 결국, 올리브나무에 관한 구절을 다 읽고 나면, 11장 14절에서 바오로는 정말로 "몇 사람들만이라도 구원"하리라는 의미로 말했으며, 11장 12절의 '그들의 완성'이란 말은 11장 25절에 있는 이방인들의 '완성'과 같은 의미라는 것을 이해하게 된다. 하느님이 결정하신 바를 정확히 꽉 채운 수만큼 사람들이 구원받을 것이다.

그렇다면 우리는 11장 26절의 "온 이스라엘"이란 말과 "그 다음에는〔뒤집어진 순서에 따라〕온 이스라엘이 구원을 받게 되리라"는 구절에 조금 놀라게 된다. 바오로가 마음을 바꾼 것일까? 어찌됐든 결국에는 이스라엘이 어떤 유리한 입장을 갖게 되는 것일까? 그들이 예수를 그리스도로 믿으려 하지 않더라도 하느님은 그들을 구원하실 것인가?

어떤 학자들은 그렇다고 생각한다. 그들은 구세주가 와서 야곱에서부터, 곧 육체적 혈통으로써 정의되는 이스라엘 민족의 부정을 없애주시리라는 근거 텍스트로 로마서 11장 26절을 지목한다. 이러한 관점에서 보면, 바오로는 계약신학을 받아들이고 있는 셈이다. 하느님은 이스라엘과 계약을 맺었으며, 그들이 순종하든 불순종하든 그 계약을 지키실 것이다. 바오로는 이 책 제9장에서 육체적 혈통을 구원의 근거로 삼기를 거부했으나, 이 장에선 받아들이고 있다.

그러나 로마서 11장 25절~27절의 내용이 그 앞의 17절~24절의 (올리브나무) 내용을 뒤집는 것일까? 9장 1절부터 11장 24절까지 내내 이어진 관점은 구원받는 사람이 많든 적든, 그것은 오직 예수 그리스도에 대한 믿음을 통해서만 가능하리라는 것이다. 26절의 "온 이스라엘"이란 말은 이러한 내용을 철회하는 것일까? 결국에 바오로는 이스라엘을 편애한 것일까?

  사실 "온 이스라엘"(로마서 11:26)은 '믿는 이들만'(11:23)하고 충돌하지 않는다. 각 절의 주제가 다르기 때문이다. 만약 주제가 사도들과 다른 이들이 믿음을 선포하고 있는 일반 역사에 관한 것이라면 사람들이 응답하든 응답하지 않든 바오로는 한결같이 대답할 것이다. 믿음으로 받아들이는 사람들은 포함되고, 그렇지 않은 사람들은 제외된다. 그러나 우리는 11장 26절~27절의 근거 텍스트의 맥락이 달라졌다는 점에 주목한다. 이 구절은 더이상 사도들이 복음을 설파하는 시기에 적용되는 것이 아니라, 구세주가 시온에서 나오는 시간에 적용된다. 근거 텍스트를 인용할 때만 그 바탕이 옮겨간 것이 아니라, 그뒤로도 계속 옮겨간 채로 남아 있다. 이후의 구절들은 계속해서 구원('자비')을 **모든 사람**에게 약속하고 있다(11:32). 11장 25절이나 26절에서 바오로는 '베드로와 내가 복음을 설파하는 동안 그것을 거부하는 이스라엘 사람들에게 무슨 일이 일어나는가?'라는 질문에서 더 광대한 또 하나의 주제로 넘어가고 있다. 하느님은 모든 이들을 구원하실 것이다. 거기에 그치지 않고, 하느님은 모든 것을 구원하실 것이다. "만물 타 판타 τα παντα이 그분에게서 나와, 그분을 통하여 그분을 향하여 나아갑니다."(11:36)

  이것은 이제 우리가 측면적 사고라고 부르는 것의 승리다. 바오로는 이미 풀기 어려운 문제 하나(그의 이방인들이 베드로의 유다인들보다 먼저 준비됐다)를 풀었지만, 그의 앞에는 여전히 가장 어려운 문제 하나가 놓여 있었다. 이스라엘 민족 또한 오직 그리스도에 대한 믿음으로 구원받을 수 있다면, 하느님은 왜 그들을 선택하셨던 것일까? 그가 자신이 살고 있던 시대에 대해서만 생각하는 한, 그는 이 딜레마를 해결할 수 없다. 결국 그는 범주를 바꿈으로써 이를 해결한다. "온 이스라엘이 구원을 받게 되리라"라는 내용은 올리브나무 이야기를 하는 앞 단락과 충돌하지 않는다. 그것은 새로운 주제의 시작이며, 이 새로운 주제는 인간의 선택이라는 단계를 초월해 하느님의 가없는 자비에 초점을 맞춘다. "온 이스라엘"이란, 32절의 "모든 사람"과 36절의 "만물"과 같은 맥락에서 이해돼야 한다. 이스라엘은 따로 나뉜 경로를 따라 구원받고자 선발된 것이 아니며, 이방인들과 구별되는 것도 아니다. 다만 구원받게 될 모든 사람 중의 한 무리일 뿐이다. 하느님이 이루실 최종 승리는 피조물 전체를 품어 안는 승리이며, 이스라엘은 그 승리의 한 부분이다.

이제 우리는 바오로의 마지막 신학적 문제와 마주하게 된다. 이 마지막 문제는 다만 하느님이 이스라엘을 선택하셨고 그들에게 약속해주셨으나 실패로 돌아갔다는 것이 아니다. 바오로는 이 문제에 대해서도 염려하기는 했으나, 거기에는 또다른 문제가 있었다. 하느님은 우주 전체 또한 창조하셨다.

그분이 창조하고, 좋다고 선포하신 것, 특히 그의 형상을 따라 창조된 인간이 종국에는 파괴될 것인가? 그렇다면, 그것이야말로 하느님의 관점에서는, 이스라엘에 대한 약속의 실패보다 훨씬 더 심각한 최악의 실패가 되지 않겠는가?

로마서 11장 끝부분에 있는 우주적 구원의 선포가 의미하는 바는 무엇인가? 먼저 로마서 11장이 없더라도 우리가 갖게 되는 문제를 짚어보자. 이 문제는 로마서 5장 18절에서 마주치게 된다. "그러므로 한 사람의 범죄로 모든 사람이 유죄 판결을 받았듯이, 한 사람의 의로운 행위로 모든 사람이 의롭게 되어 생명을 받습니다." 이 구절은 코린토1서 15장 21절과 22절의 내용과 상응한다. 그는 "아담 안에서 모두 죽고, 그리스도 안에서 모두 살아날 것입니다"라고 말하지 않는다. 여기에 나오는 두 개의 "모두"란 단어는 직접적으로 평행하게 서로 대응한다. 모두가 죽듯, 모두가 살 것이다. 코린토1서에서 바오로는 계속해서 일단 "그분(그리스도)께 속한 이들"이 오고, 그다음에 종말이 올 것이라고 강하게 주장하고 있다. 그리스도는 모든 원수들을, 마침내는 죽음까지 부수고 난 뒤, 아버지 하느님께 복종할 것이다. 그리하여 "하느님께서는 모든 것 안에서 모든 것이 되실 것"이다(코린토1서 15:28). 우리는 여기에서 "그리스도께 속한 이들"이 일어난다는 것과 그렇지만 결국에 하느님이 "모든 것"을 끌어안으신다는 이중적 주장에 주목해야 한다. 여기서 로마서 11장 36절의 "만물이 그분에게서 나와, 그분을 통하여 그분을 향하여 나아"간다는 바오로의 주장을 상기하게 된다. 코린토1서 15장에 나오는 이 단락에서 우리는 주님의 재림과 세상의 종말에 어떠한 심판과 단죄도 없으리라는 예언을 얻는다. 그리스도는 승리해 만물을 아버지 하느님께 드릴 것이다.

바오로는 사람들이 그리스도를 믿게 되는 것이 몹시 중요하다고 생각하고, 그것이 그리스도의 생명을 나누게 되는지 아닌지를 결정한다고 말하면서 그의 메시지를 거부한 사람들은 멸망할 것이라고 예언한다. 하지만 다른 한편으로는(이를테면 필리피서 3:18~19), 하느님이 모든 사람과 만물을 구원하실 것이라고 말했다. 어떻게 그럴 수 있었을까? 그가 정말로 생각한 것은 어느 쪽일까? 두 가지 모두가 거의 확실하다. 그러나 그가 한쪽을 다른 쪽에 종속시키고 있다고 생각한다면 옳지 않다. 결국 모두가 믿음을 갖게 되고 그리하여, 오직 그렇게 됐을 때에야 하느님이 모두를 구원하시리란 것인가? 만약 바오로가 철학적인 신학자였다면 그렇게 모든 것을 수직적 계층으로 체계화하는 방식에 따라 사고했을지도 모른다. 그러나 그는 사도였고, 임기응변적 신학자였으며, 말씀의 선포자였고, 환시를 보고 방언을 하는 카리스마적 영성가였으며, 종교적 천재였다. 논리적 질서만으로 바오로를 완전히 구속하려 하지는 말자.

바오로는 표상이나 비유로 사고했다. 우리의 주제에 관해서 세 가지 이미지를 살펴보거나, 적어도 흘끗 스칠 수 있을 것이다. 첫째는 심판관의 자리로서 옥좌의 이미지가 있다. 둘째는 달리기나 다른 육상경기 이미지다. 바오로는 이들 이미지 중 하나를 통해 생각할 때면, 자연스레 무죄와 유죄, 승자와 패자라는 관점에서 사고했다. 필리피서 3장에서 우리는 경주競走의 이미지를 볼 수 있다. 그는 목표를 향해 달려가야 한다고 말한다(3:14). 그와 그에게 동의하는 이들, 특히 그를 본받는 이들은 경주에서 이길 것이다(3:17). 다른 이들은 하느님의 원수가 될 것이며(여기서 그는 경주의 이미지를 버린다) 멸망할 것이다(3:19). 심판의 이미지는 코린토1서 3장에 있다. "그날"이 올 것이며(3:13), 모든 이들이 저마다 한 일에 대해 심판받을 것이다(3:10~15). 바오로 그 자신조차도 전적으로 무죄하지 않을지도 모르며, 그 또한 조금은 벌을 받을 것이다(4:4). 심판에 관한 이미지들은 대부분 상대적인 형벌이나 그리스도 안에 있는 이들에 대한 포상의 내용을 담고 있긴 하지만(코린토2서 5:10 참조), 바오로는 이러한 설정에서 어떤 사람들은 전적으로 단죄받으리라 생각했던 것 같기도 하다. 그러나 그가 무죄한 이들과 사악한 이들을 구별해내는 심판에 관한 개념을 전수하였다는 것만은 의심의 여지가 없다.

이는 로마서 2장 13절 뒤에 숨어 있다. 비록 이 이미지가 그의 마음 뒤편에 남아 있는 것이었다 하더라도, 그가 사악한 이들의 멸망을 논하기 쉽게 만들어준 것만은 사실이다.

셋째 이미지는 창조주이시며 전능하신 왕으로서의 하느님이다. 하느님은 자신의 길을 내신다. 그분은 세상을 만드셨고, 또한 자신이 창조한 만물을 구원하실 것이다. 우리는 코린토1서 15장과 로마서 11장 36절("만물이 그분에게서 나와")에서 이 이미지를 매우 분명하게 볼 수 있다. 로마서 11장을 마무리짓는 구절들에서 지배적인 이미지는 바로 이것이다.

만약 바오로에게 이 모든 점을 지적할 수 있고, 또 바오로가 그에 대해 대답할 수 있다면, 과연 뭐라고 말할까? 추측하건대, 그는 단 한 가지도 철회하려 하지 않을 것이다. 물론, 그리스도의 지체가 되느냐 안 되느냐가 중요하다(라고 그는 말했을 것이다). 오직 이 방법을 통해서만 사람은 죄에 대해 죽고 하느님에 대해 살게 된다. 물론, 여기에는 당연히 개인의 헌신이 필요하다. 물론 하느님은 어떤 사람들은 선택하고 다른 사람들은 선택하지 않으셨다. 선택된 자들은 구원받고 나머지는 완고해진다(로마서 11:7). 물론 하느님은 모든 사람과 만물을 창조하셨으며, 그분의 것이라면 어느 것도 잃지 않으실 것이다. 우리 모두와 모든 피조물은 그분의 것이다.

바오로가 체계적인 신학자는 아니라는 사실에 주의하라고

반복해서 주의를 준 이유를 이제 충분히 알게 됐을 것이다. 그는 신학자가 아니었다. 로마서 9장~11장에서 바오로는 로마서 7장과 마찬가지로 신학적 문제들에 대해서 깊이 염려했다. 그러나 바오로는 체계적이지 않았다. 그는 이토록 다면적인 문제들에 대한 자신의 대안들조차 서로 일치하게끔 조정해놓지 않았다. 우리는 그의 다양한 응답들을 지배하고 있는 심층 원리들을 명백히 보게 된다. 하느님은 선하시고 자비로우시며 역사를 자신의 손안에서 주관하신다. 하느님은 이스라엘을 부르셨고 율법을 주셨다. 하느님은 세상을 구원하시려고 그리스도를 보내셨다. 바탕에 깔린 이 가정들과 가정들을 밀고 나가는 바오로의 열정은 폭발적인 재능 및 격렬한 논쟁과 짝을 이루어 그를 진지하고 설득력 있는 종교 사상가로 만들어준다. 사실 그는 우리에게 아주 중요한 질문을 제기하도록 강요하고 있는 셈이다. 하나의 종교는 여러 다양한 문제들에 대해 언급하면서 완전히 일관된 답안만을 제시해야 하는가? 계층 관계를 통해 모두를 정리할 수 있는 하나의 체계로 간추릴 수 없다면, 열정적인 희망과 결연한 서약들을 지니는 것은 좋지 않은 일이 되는 것일까?

출처 및 참고문헌

바오로 서간의 그리스어 원전은 여러 그리스어 신약성경 판본들이 여러 목적에 맞게끔 나와 있긴 하지만, 나는 네스틀레-알란트Nestle-Aland의 『그리스어 신약성경Novum Testamentum Graece』 26판을 썼다. 내 관점에서 가장 좋은 영어 번역본은 개역표준성경RSV이며, 나는 이 번역본을 아주 조금만 수정해서 썼다. 몇몇 지점에서 나는 이 번역본에 대해 비판적이긴 하지만, 어떤 번역본이나 비판받을 수 있는 법이다. 내가 참조한 다른 번역본들로는 예루살렘 성경Jerusalem Bible(JB), 새영어성경New English Bible(NEB), 새국제역성경New International Version(NIV)이 있다.

성경에서 인용한 구절들은 대부분 개역표준성경RSV의 해석을 따랐다. 구약성경의 경우, 개역표준성경은 히브리어 성경을 저본으로 삼아 번역했다. 그러나 바오로가 인용한 것은 그리스어로 번역된 구약성경으로, 때로 히브리어 성경과 차이가 있다. 바오로가 사용한 번역본은 오늘날 우리가 가지고 있는 칠십인역성경에 매우 가깝다. 이러한 이유로 나는 그가 인용한 구절들 중 하나가 칠십인역성경에서 나온 것이라서, 히브리어 성경을 번역한 영어 성경에서는 찾을 수 없다는 점에 주목했다. 칠십인역성경은 새뮤얼 백스터 앤 선스Samuel Bagster and Sons에서 출판한 그리스어-영역본을 참조할 수 있다.

칠십인역성경에는 그리스어를 썼던 유다인들과 그리스도인들이 널리 읽었던 작품들이 포함돼 있다. 그러나 이들은 히브리어 구약성경에는 들어 있지 않다. 이 작품들은 오늘날 '외경(外經, apocrypha)'이나 '제2정전(第二正典, deuterocanonical books)'이라고 부른다. 이들 중에서 「솔로몬의 지혜서」와 「토빗기」를 참조했다. 주요 영어 성경들은 이들을 포함하고 있다(개신교 번역본들에서 이들은 따로 분리된 항목 안에 놓여 있는 경우가 많다).

유다인 저술가 두 명의 책을 몇 차례 인용했다. 필론은 바오로와 동시대인이었지만 나이가 더 많았다. 알렉산드리아 유다인 공동체의 지도자적 일원이었으며 성경과 유대교에 대해 광범하게 다루는 저술들을 남겼다. 요세푸스 또한 바오로와 동시대인이었지만 그보다 나이가 적었다. 팔레스타인의 사제였으며 로마에 대항해 일어난 유다인들의 봉기(기원후 66년~73년 또는 74년)에서 살아남았다. 봉기 과정에 대한 저술(『유다 전쟁사』) 및 이스라엘 역사 전반에 대한 저술(『유다 고대사』)을 남겼으며, 자서전(『요세푸스 자서전ιωσήπου βίος』)과 함께 유대교를 옹호하는 작품(『아피온 반박』)을 썼다. 이 두 저술가가 쓴 그리스어 저술들은 영어 대역본과 함께 러브고전총서Loeb Classical Library(영국 런던 및 미국 매사추세츠주 케임브리지 소재)에 속해 있다.

『아리스테아스의 편지』와 『신탁 예언집』은 구약성경 '위경(僞經, pseudepigrapha)'으로 분류된다. 영어 번역본은 제임스 찰스워스가 편집한 구약성경 위경집 2권(『The Old Testament Pseudepigrapha』 2 vols, ed. James H. Charlesworth 〔New York, 1983 and 1985〕)에서 찾을수 있다.

바오로 당대의 유대교에 관한 정보들은 유다인 현자들의 토론을 광범위하게 담고 있는 랍비 문학에서 끌어낸 것들이다. 주요 선집들 (미슈나Mishna, 토세프타Tosefta, 팔레스타인 탈무드Palestinian Talmud, 바빌론 탈무드Babylonian Talmud)은 3세기에서 6세기 사이에 완성됐으나, 더 오래된 내용들을 담고 있기도 하다. 이 책에서는 단 한 번 랍비 문학을 인용하고 있는데, 바빌로니아 탈무드에 있는 「안식일에 관하여」의 구절에서 가져왔다. 영어 번역본은 손치노 출판사Soncino Press에서 나왔는데, 원래 35권으로 나왔던 것이 18권으로 다시 나왔다. 『안식일에 관하여』는 1권에 들어 있다.

「다마스쿠스의 계약」과 「공동체 규칙서」는 1세기 유대교의 가장 경건한 집단이었던 에세네파 내의 서로 다른 두 분파를 각기 드러내 보여준다. 에세네파 문헌 번역본 중 가장 잘된 영어 번역본은 게

저 베르메시Géza Vermes의『영역 사해문서The Dead Scrolls in English』
(3판, Harmondsworth, 1987)다.

고대 저술가들과 필사자들은 문장 안에 있는 단어들을 강조하는 방
법을 일절 사용하지 않았다. 고대 문헌에서 가져온 인용문들의 강조
표시는 저자 자신의 것이다.

더 읽을거리

현대 비평 이론들이 성경에 적용되기 시작한 뒤로, 바오로는 집중적으로 연구와 논의의 대상이 됐다. 좀 오래된 문헌 중에서는 알베르트 슈바이처Albert Schweitzer의 저술이 가장 예리한 편에 속한다(영역본으로는 두 권이 유명하다.『바오로와 그의 해석가들Paul and his interpreters』, London, 1912,『사도 바오로의 신비주의The Mysticism of Paul the Apostle』, London, 1951. 둘 다 여러 번 재판됐다). 바오로에 대한 해석을 유대교의 종말론과 연결시키려는 슈바이처의 노력에도, 많은 이들은 계속해서 사도 바오로를 별로 유다적이지 않다고 봐왔다. 바오로는 철저히 유다적인 맥락 안에서 이해돼야 한다는 점을 많은 학자들에게 설득시킨 책이 데이비스W. D. Davies가 쓴『바오로와 랍비 유대교Paul and Rabbinic Judaism』(London, 1948 / 4th edn, Philadelphia, Pa., 1980)다.

이 책에서는 이전에 내가 쓴 학술 저서『바울과 팔레스타인 유대교 Paul and Palestinian Judaism』(London and Philadelphia, 1977)와『바울, 율법, 유대인Paul, the Law, and the Jewish People』(Philadelphia, 1983 / London, 1985) 두 권에 주로 의존하고 있다. 전자는 그 이전까지 이뤄진 연구에 대해 꽤 길게 다루고 있다. 좀더 최근에 간행된 연구들 중에서 가장 중요한 성과들은 다음과 같다. 크리스티안 베커

J. Christiaan Beker의 『사도 바오로Paul the Apostle』(Philadelphia, 1980),
웨인 믹스Wayne A. Meeks의 『1세기 기독교와 도시 문화The First
Urban Christians』(New Haven, 1983), 헤이키 래이새넨Heikki Raisanen
의 『바오로와 율법Paul and the Law』(2nd edn. Tubingen. 1987. 1986년판
은 포트리스 출판사Fortress Press. Philadelphia에서 출판했으며, 더 구하기
쉽고 여러 가지 목적들에 사용하기 적합하다).

이 책 제6장에서 나는 마르틴 루터가 바오로에 대한 해석에 끼친 영
향에 대해 언급했다. 알베르트 슈바이처는 이전 시기의 독일어권 학
자들에 기초해 바오로를 루터의 손아귀에서 해방시키고자 노력했
다. 불행하게도 루돌프 불트만은 그것을 재확립했다. 그러나 그에
게는 뛰어난 재능과 창의력이 있었기에 그의 저작은 여전히 흥미
롭다(영역본 『신약성서신학Theology of the New Testaments』, 2 vols, New
York, 1951. 바오로는 1권에서 다뤄진다). 불트만이 견지한 입장의 요
지 ― 바오로 신학에서 '인간학'과 로마서 7장이 중심을 차지한다는
― 는 크리스터 스텐달Krister Stendahl이 쓴 「사도 바오로와 서구 세
계의 자기 성찰적 양심The Apostle Paul and the Introspective Conscience
of the West」에 의해 무너져내렸다. 지금은 스텐달의 논문집 『유대인
과 이방인 사이에 있는 바울Paul among Jews and Gentiles』(Philadelphia,
1976)에서 읽을 수 있다. 바오로와 루터에 관한 질문은 독일과 스위
스에서, 또 그보다는 조금 못하지만 미국에서도 중요하게 다뤄져왔

다. 바오로를 때로는 루터에 가깝게, 때로는 루터에서 멀리 당겼다 밀었다 한 것은 바로 이들 나라의 학자들이었으며, 종종 그러한 사실이 인정되지 않기도 했지만, 이 주제는 바오로의 신학을 논의하는 데 주요한 주제들 중 하나였다.

프랑스와 영국의 학자들은 종종 이러한 논쟁과 거리를 두면서 바오로의 사상에 대해 무척 유용한 탐구 결과들을 저술로 남겼다. 특별히 화이틀리D. E. H. Whiteley가 쓴 『바오로의 신학The Theology of St. Paul』(Oxford, 1972)은 상당히 훌륭하다.

바오로 사상에 대한 소책자들(본서만한 크기)도 몇 있다. 이들 중에 존 지슬러John Ziesler의 『바오로의 그리스도교Pauline Christianity』(Oxford, 1983)가 가장 좋다.

최근에 나온 바오로 관련 연구 중 가장 흥미로운 것들은 신학보다 '사회사社會史' 범주에서 나왔다. 사회사 연구는 제1차세계대전 이후 신약성경 연구에서 사실상 사라져버렸고, 이는 우리에게 큰 손실이었다. 사회사 연구는 학자들로 하여금 땅에 발을 딛게끔 도와주기 때문이다. 아돌프 다이스만Adolf Deissmann의 『바오로: 사회사 및 종교사 연구Paul: A Study in Social and Religious History』(2nd English den, London, 1927. 독일어 원본은 1911년 출판)는 여전히 교훈적이다. 앞에

305

서 언급한 웨인 믹스는 연구의 방향을 뒤로 돌려놓았다. 또한 게르트 타이센Gerd Theissen의 『바오로의 기독교가 처한 사회적 상황The Social Setting of Pauline Christianity』(Edinburgh, 1982)과 아이브러햄 맬허브Abraham J. Malherbe의 『초기 그리스도교의 사회적 측면들Social Aspects of Early Christianity』(2nd edn, Philadelphia, 1983)도 중요하다. 로널드 호크Ronald F. Hock는 『일하는 사도 바울의 사회적 배경과 맥락: 천막짓기와 사도직The Social Context of Paul's Ministry, Tentmaking and Apostleship』(Philadelphia, 1980)에서 바오로의 생애를 둘러싼 환경에 대해 매우 흥미로운 연구 결과를 제시한다.

수많은 훌륭한 연구들이 바오로의 삶과 경력과 그가 교회들과 맺었던 관계들을 주제로 다뤄왔다. 이중에는 디터 게오르기Dieter Georgi의 『코린토2서에 나오는 바오로의 반대자들The Opponents of Paul in Second Corinthians』(Philadelphia, 1986. 독일어 원본 1964), 존 슈츠John Schütz의 『바오로와 사도적 권위 해부Paul and the Anatomy of Apostolic Authority』(Cambridge, 1975), 벵트 홀름베르크Bengt Holmberg의 『바오로와 권력Paul and Power』(Lund, 1978 / Philadelphia, 1980) 등이 있다. 바오로에 관한 연대기는 최근 몇몇 주요한 학술 활동의 주제가 되어왔다. 이에는 로버트 주잇Robert Jewett의 『바오로 생애의 연대기A Chronology of Paul's Life』(Philadelphia, 1979), 게르트 뤼데만Gerd Lüdemann의 『바오로, 이방인들의 사도, 연대기 연구Paul, Apostle to the Gentiles. Studies in Chronology』(Philadelphia, 1984) 등이 있다. 여기서 빠져서는 안 될 연구로 존 녹스John Knox의 『바오로 인생의 사건들Chapters in a Life of Paul』(Nashville, 1950. 새로운 서문으로 재판, 런던, 1989)이 있다. 녹스의 『바오로 서간 중의 필레몬서Philemon among the Letters of Paul』(2판, Nashville, 1959)는 매력적인 인간으로서 바오로에 대해 주목할 만한 통찰을 제시한다. 기략이 뛰어나고, 때로 교묘하게까지 느껴지긴 하지만 좋은 이유에서 그러하다.

마지막으로, 바오로가 살았던 세상, 곧 1세기 로마제국의 역사와 그 안에서 일어났던 사회적, 지적 움직임들에 대해 알 필요가 있다. 그리고 지중해 전역에 걸쳐 유대교 안에서 일어났던 일들에 대해서도 알아야 한다. 앞에서 언급한 '사회사' 서적들은 바오로와 유대교에 관한 서적들만큼 도움이 된다. 여기에 더해, 웨인 믹스Wayne Meeks가 편집하고 웨스트민스터 출판사Westminster Press(Louisville, Ky.)에서 출간한 여덟 권 분량의 초기 그리스도교총서Library of Early Christianity에 대해서만 언급하고 싶다. 여덟 권 중 가장 좋은 것은 첫 번째 책으로, 로버트 그랜트Robert M. Grant의 『신들과 유일신Gods and the One God』(1986)이다. 이 책에서부터 시작해 독자들은 다른 책들을 찾아볼 수 있을 것이다. 여덟 권의 책들이 모두 똑같은 가치를 지닌 것은 아니지만, 이들 전체가 주제와 관련한 영역 전체를 유용하게 드러내 보여준다. 이 책의 제10장에서 다룬 그리스-로마의 성윤리에 관한 논의는 도버K. J. Dover의 『그리스의 동성애Greek Homosexuality』(London, 1978)와 에이미 리치린Amy Richlin의 『남근의 정원. 로마 시대 유머에 담긴 성과 공격성The Garden of Priapus, Sexuality and Aggression in Roman Humor』(New Haven, 1983)에 의존하고 있다. 이 두 책은 고대사회에 관한 모든 측면에서 학생들에게 실제적 도움을 주는 전문화된 문헌이란 어떤 것인지 보여줄 것이다.

개정판 역자 후기

　이 책은 뿌리와이파리에서 '그리스도교를 만든 3인의 사상가'라는 기획의 첫번째 책으로 처음 출간되었다. 그리스도교 역사에서 큰 획을 그은 세 사상가로 사도 바오로, 교부 아우구스티누스, 개혁가 마르틴 루터를 선정했고, 영국 옥스퍼드 출판사의 Very Short Introduction 시리즈에서 각 인물을 다루는 책을 우리말로 옮겨 내놓았다. 해당 분야에서 인정받는 탁월한 저자들이 부담스럽지 않은 분량으로 각 인물의 생애와 사상을 개괄적으로 다루면서도 핵심적인 문제들을 날카롭고 깊이 있게 제시한다는 점에서 탁월한 선택이었다고 생각한다. 뿌리와이파리에서 판권 계약이 종료되어 더이상 책이 나올 수 없게 되었을 때, 다행스럽게도 교유서가의 '첫

단추' 시리즈로 옮겨와 재출간할 수 있게 되었다. 세상의 거의 모든 주제에 관한 입문서를 제공하고 있는 이 시리즈 안에서 그리스도교의 사상가들을 다시 소개할 수 있게 되어 기쁘다. 개인적으로는 번역을 생업으로 삼아 살아갈 수 있는 계기가 되어준 이 책이 영영 절판되지 않고 다시 나올 수 있게 되어 무척 감사하다. 이 책을 읽는 독자들이 다양한 주제 가운데 하나로서 그리스도교의 역사와 교리를 이해하고, 그것들이 이 세상에서 갖는 의미를 생각하게 되기를 바란다.

번역한 책이 세상에 나올 때마다 사람들에게 이 책을 어떻게 제시해야 할지 생각하게 된다. 해마다 수많은 책이 출간되는데 그중에서도 이 책이 갖는 의미를 독자들에게 설득력 있게 설명하기란 쉬운 일이 아니다. 하물며 사도 바오로 같은 인물에 관한 책을 일반 독자들에게 내놓을 때는 번역자로서 고민이 깊어질 수밖에 없다. 더욱이 이미 한번 출간되었던 책을 출판사를 옮겨 다시 출간할 때는 더욱 그러하다.

누구나 알다시피 사도 바오로는 그리스도교의 기틀을 마련한 인물이다. 오랜 그리스도교 전통에서 사도 바오로는 예수의 수제자 베드로와 더불어 교회를 떠받치는 두 기둥으로 공경받았다. 신약성경 27권의 책 가운데 바오로의 서신이 14권을 차지한다는 사실만으로도 그가 초기 그리스도교는 물론 그리스도교 전체에서 갖는 위상을 충분히 짐작할 수 있다. 바오로의 서신들은 유대교의 한 분파로 시작된 그리스도교가 독립된 종교로서 정체성을 확립하고 교리를 확정 짓는 가장 오래된 신학적 자료일 뿐 아니라, 예수의 부활과 승천 이후 초기 교회들이 설립되고 확장되는 과정을 보여주는 중요한 역사적 자료다. 그는 실제로 '이방인들의 사도'를 자처하며 선교 활동에 매진했고, 팔레스타인 너머에 그가 세운 교회들은 이후 그리스도교가 세계종교로 발돋움하는 발판이 되었다. 물론 사도 바오로 이외에 다른 사도들이나 선교사들이 없지 않았기에 바오로가 없었다면 그리스도교도 없었다고 말하기는 어렵겠지만, 그가 아니었다면 그리스도교의 모습이 사뭇 달라졌으리라는 말에는 일리가 있다. 그러하기에 초기 그리스도교는 물론 오늘날의 그리스도교를 이해하려는 사람은 바오로를 거치지 않을 수 없다.

바오로에게 접근하는 과정에서 염두에 두어야 할 것은 그가 행한 모든 것이 처음부터 그리스도교를 설립하려는 구체적인 기획에서 비롯한 게 아니라는 점이다. 그가 환시 속에서 예수를 만나는 종교적 체험을 한 이후에 그리스도의 복음을 온 세상에 전하겠다는 목적으로 선교 활동에 매진했던 것은 사실이지만, 처음부터 미래 그리스도교의 청사진을 가지고 있었던 것은 아니다. 선교 과정에서 신약성경에 포함되는 서

신들을 작성했고 그 안에서 그리스도교의 교리를 이루는 주요한 내용도 다루었지만, 그가 이미 일관되고 완성된 신학 체계를 구상해 놓았던 것도 아니다. 그는 그때그때 구체적인 장소에서 특정한 문제 상황에 처해 있는 공동체나 개인을 향해 적절한 가르침을 전달하려 했을 뿐이다. 따라서 바오로를 이해하기 위해서는 그가 처한 시대적·지리적 맥락과 그의 생애를 이해하는 것이 필수적이다. 그래야 더 나중에 고착된 그리스도교의 교리와 바오로에 대한 시각에서 벗어나 본질의 바오로에 좀더 가까이 다가갈 수 있기 때문이다.

이 책의 저자 E. P. 샌더스는 사도 바오로를 기존의 그리스도교 정통 교리, 특히 마르틴 루터 이후 프로테스탄트 쪽의 입장과 해석에서 벗어나 기원후 1세기의 팔레스타인과 유대교라는 맥락에서 바오로를 이해하고자 했다. 그는 『바울과 팔레스타인 유대교Paul and Palestine Judaism』(1977)라는 방대한 저서를 통해, 이른바 '바오로에 관한 새 관점new perspective on Paul'을 전개한 대표적인 학자로 자리매김했다. 마르틴 루터 이래 개신교측에서는 바오로가 율법에 따른 행위를 강조했던 유대교를 비판하고 믿음에 의한 구원을 강조했다고 해석해왔다. 그리고 이러한 해석을 바탕으로 의례 중심의 가톨릭교회를 공격하고 인간은 '오직 믿음sola fide'으로 하느님께 의롭다 칭함을 받아 구원될 수 있다는 교리를 확립했다. 샌더스는 이러한 '옛 관점'에 반대하면서, 유대교 원전들을 분석하고 바오로를 오히려 유대교의 맥락 속에 이해하고자 했다. 그가 연구한 바에 따르면, 바오로의 배경이 되는 1세기 팔레스타인 유대교는 16세기 종교개혁가들이 생각하는 율법주의와 거리가 멀었으며, 바오로는 절대 행위를 무시한 채 오직 믿음에 의한 구원을 강조한 적이 없다. 바오로가 율법을 비판한 내용은 할례나 안식일같이 유대인들이 이방인들과 자신들을 구분하는 경계가 되는 규정에 한하며, 이는 어디까지나 이방인 그리스도인들이 굳이 이러한 규정을 통해 유대인이 될 필요는 없고 그리스도인들 사이에서 유대인과 이방인의 구분도 필요하지 않다는 주장을 피력한 것에 지나지 않는다. 이러한 샌더스의 견해는 이후 바오로 연구의 흐름을 주도하면서 오늘날까지 이어지고 있다.

바오로의 생애와 사상을 간단히 개괄하는 이 책에서 샌더스가 자신의 방대한 연구 성과와 창의적인 견해를 자세하게 모두 담아둔 것은 물론 아니다. 하지만 기존의 통념을 넘어 본래의 바오로에 접근하면서 오늘날까지 주요한 논쟁의 대상이 되는 주제들을 체계적으로 균형 있게 다루고 있다. 더구나 이렇게 짧은 분량의 책에서 핵심적인 내용들을 거의 빠짐

없이 언급하고 있다는 사실은 이 분야의 대가만이 할 수 있는 일이 아닐까 싶다. 바오로에게 관심이 있는 독자들이 처음 접하는 입문서로서 이만한 책이 없을 것이다. 본문에서 언급하는 신약성경의 구절들을 성경책이나 인터넷에서 직접 찾아가며 읽는다면 더욱 유익하겠다. 책을 꼼꼼히 읽어가다보면, 엄청난 믿음과 뛰어난 지성, 타의 추종을 불허하는 의지와 활력으로 부단하게 복음을 전파하는 사도 바오로가 사실은 얼마나 많은 반대와 난관에 부딪히며 고민하고 사색했으며 해결하지 못한 모순들을 어떻게 무마하고 뛰어넘으려고 분투했는지 볼 수 있을 것이다. 그리고 이를 통해 유대교의 한 분파로 시작된 그리스도 운동이 별개의 그리스도교라는 종교로 변이되는 과정에서 마주해야 했던 문제들과 그 해답들을 간단하게나마 이해하고, 그것이 오늘날 우리에게 갖는 의미들에 대해서도 생각해볼 수 있을 것이다.

이미 번역했던 책을 다시 출간하는 과정에서 원서를 다시 읽고 번역 원고를 다시 다듬으면서 몇 가지 오류들을 발견하여 수정했다. 특히 원서에도 잘못 표기되어 있던 그리스어 단어들을 일일이 찾아 주의를 기울여 올바로 표기했다. 지난한 과정이었지만, 한편으로 바오로에 대한 기본적인 생각들을 다시 정리할 수 있는 계기가 되었다. 여전히 부족한 점들이

남았을지라도, 모쪼록 관심 있는 독자들이 바오로라는 인물
과 초기 그리스도교를 이해하는 데 작은 도움이라도 되었으
면 하는 바람이다.

2024년 10월

전경훈

초판 역자 후기

　'그리스도교를 만든 3인의 사상가'를 세 권의 책으로 기획해 출간할 것이란 이야기를 처음 들었을 때 반가운 마음에 선뜻 번역을 맡기로 했다. 흔히 그리스도교는 그리스 문명과 함께 서구 문화를 이루는 두 뿌리라고 이야기하지만, 우리나라에선 그리스도교를 소개하는 책들이 상대적으로 드물었기 때문이다. 그리스도교의 사상과 역사를 학문과 교양으로 접근하는 일은, 일반인들에게 서구 문화를 보다 깊고 풍요롭게 이해할 수 있는 배경을 마련해줄 것이고, 그리스도교 신자들에게는 자신의 신앙을 성찰하는 계기가 되어줄 것이라 믿는다. 우리가 신이라고 부르는 절대 진리를 완전히 이해할 수는 없을지라도 더 많은 지식과 더 다양한 사유를 통해 그 속성들을 더 잘 알아갈 수는 있을 것이기 때문이다. 그런 점에서 그리스도교 2000년 역사의 중요한 순간들을 대표하는 바오로, 아우구스티누스, 루터의 사상과 생애를 간결하면서도 깊이 있게 정리한 세 권의 책을 내놓을 수 있게 되어 기쁘다.

바오로는 유대교 안에서 시작된 그리스도 운동을 그리스도교라는 정식 종교로서 성립시킬 수 있는 기틀을 마련한 인물이다. 그는 생전의 예수를 만난 적도 없고 오히려 예수의 제자들을 핍박했던 인물이지만, 극적인 환시를 통해 부활한 예수를 만난 뒤 누구보다 열렬한 예수의 사도가 되어 그리스도교를 전파했다. 그가 그렇게 할 수 있었던 것은, 그 자신이 지칠 줄 모르는 열정을 지닌 사람이었고, 유대교에 정통했던 바리사이였을 뿐 아니라, 당시의 국제어였던 그리스어를 할 줄 알았기 때문이다. 그러나 무엇보다 중요한 것은 그가 종교의 핵심을 '믿음'에서 찾는 사상적 전환을 이루었다는 점이다. 그리스도를 믿음으로써 세상 누구든 의롭게 되어 구원을 받을 수 있다는 깨달음 덕분에 바오로는 유대교라는 민족 종교의 틀을 벗어나 세계 보편종교로서 그리스도교의 신학적 초석을 놓고 전 세계를 향한 선교활동의 발판을 마련했다.

바오로의 '믿음'을 중심으로 한 신학과 선교활동은 서구 사상사에서도 획기적 변화를 가져왔다. 바오로 이전까지 종교란 모두 정해진 의례를 행하고 계율을 지키는 외적 행위 중심의 종교였지만 바오로는 그 중심을 '믿음'으로 전환함으로써 혁명적 변화를 불러온 것이다. 인간 외부의 온 우주만큼이나 드넓은 인간의 내면세계를 발견하고 그곳으로 사상의 중심이 옮겨가도록 하는 계기를 마련한 것은 바로 바오로였다. 종교에서 '믿음'을 강조하고 인간 내면세계로 깊이 침잠해 들어감으로써 진리를 발견하고자 하는 이러한 경향은 이후 아우구스티누스의 내적 독백을 통해 한층 더 발전해 서구 사상의 한 원류를 이룬다. 또한 중세의 끝에서 종교개혁을 일으키는 마르틴 루터의 사상은 중세 시대를 거치며 행위와 의례 중심으로 변질된 로마가톨릭교회를 다시 '믿음' 중심의 내면 종교로 환원하려는 시도였다고 할 수 있을 것이다.

책을 번역하면서 새삼 발견하게 된 것은 바오로, 아우구스티누스, 루터 세 사람 모두 인생의 한순간 큰 변화를 겪었다는 점이다. 그리고 그들 개인의 변화는 그리스도교 역사의 변화로 이어졌고, 그들 삶에 나타난 단절과 연속이 그리스도교 역사의 변증법적 발전과 맞물렸다. 골수 유대교 바리사이였던 바오로는 자신이 박해해온 그리스도교의 선교사가 되어 그리스도교를 세계 보편종교로 확립하는 기틀을 마련했다.

세상 모든 사상과 종교를 편력하며 방황하던 아우구스티누스는 그리스도교로 개종한 뒤 기존의 철학과 신학을 종합해 중세 신학으로 나아갈 수 있는 토대를 마련했다. 로마가톨릭 교회의 수도자였던 마르틴 루터는 당시 교회의 문제점들을 공개적으로 질의함으로써 종교개혁의 불꽃을 터뜨렸고 그리스도교 역사뿐 아니라 서구 역사의 한 분기점을 이루었다. 세 사람은 모두 두려움 없이 진리를 추구했고, 그 진리를 끊임없이 사유했을 뿐 아니라 다른 생각을 가진 사람들과 계속해서 대화하고 논쟁했다. 그리고 한 걸음 더 나아가 자신의 삶에서 진리를 실천하고 그 진리에 따라 사람들을 이끌고자 노력했다. 물론 그들의 사상과 인생 또한 수많은 모순으로 가득차 있지만, 그들의 삶과 생각을 따라가다보면 그리스도교에서 추구하는 진리의 특징, 그 특징들을 증명하려는 과정에서 발생하는 문제, 그 문제들을 해결하려는 시도, 그 시도가 현실 세계에 미친 영향을 파악할 수 있을 것이다.

번역하는 동안 개인적으로는 수도자 신분에서 벗어나는 변화를 겪었다. 참된 진리와 옳은 가치를 추구하면서, 단절됐지만 또 연속된 삶을 살아낸 세 사람이 내게 위안이 되었다. 그 위안은 그들이 역경 속에서도 신을 추구했다는 것이기보다는, 오히려 신을 추구하는 삶에서도 온갖 모순과 혼란이 끊이지 않았다는 사실이었다. 책을 읽는 독자들에게도 현실에 발붙이고 절대 진리를 추구하며 열정적으로 살아간 세 사람의 사상과 인생이 지적 즐거움과 삶의 위안으로 다가갈 수 있길 바란다.

2016년 푸른 5월에

전경훈

도판 목록

사도 바오로

PAUL

초판 1쇄 인쇄 2024년 11월 25일
초판 1쇄 발행 2024년 12월 5일

지은이 E. P. 샌더스
옮긴이 전경훈

편집 이고호 이원주 이희연
디자인 최윤미
저작권 박지영 형소진 최은진 오서영
마케팅 김선진 김다정
브랜딩 함유지 함근아 박민재 김희숙 이송이
박다솔 조다현 배진성 이서진 김하연
제작 강신은 김동욱 이순호
제작처 한영문화사(인쇄) 한영제책사(제본)

펴낸곳 (주)교유당 **펴낸이** 신정민
출판등록 2019년 5월 24일
제406-2019-000052호
주소 10881 경기도 파주시 회동길 210
전자우편 gyoyudang@munhak.com
문의전화 031) 955-8891(마케팅)
031) 955-2680(편집)
031) 955-8855(팩스)

페이스북 @gyoyubooks
트위터 @gyoyu_books **인스타그램** @gyoyu_books

ISBN 979-11-93710-76-0 03160